JN291337

男女共同参画
山梨からの発信

0歳からのジェンダー・フリー

山梨県立女子短大ジェンダー研究プロジェクト
&
私らしく、あなたらしく＊やまなし
編著

生活思想社

0歳からのジェンダー・フリー◎もくじ

第2章 地域へ飛び出した人たち——人づくりとネットワーク

第3章中扉イラスト＊小林美穂（山梨県立女子短期大学二〇〇一年度卒業生）
似顔絵カット＊執筆者が明記していないものは各自の提供によります
装幀＊渡辺美知子

はじめに――山梨と女性政策、そして出会い

山梨県立女子短大ジェンダー研究プロジェクト＆
私らしく、あなたらしく＊やまなしを代表して
池田政子

山梨県は、人口八八万八〇〇〇人、県土のほぼ八割は森林である。甲府への物流を支えた甲州街道の峠にトンネルができてから、まだ五〇年たっていない。隣接する大都市東京の影響は、長いこと山が隔ててきた。しかし、現在はＪＲ中央線「特急あずさ」で新宿まで一時間半、桃・ぶどうなどの果樹、ワインの産地、そして富士山を擁する観光県として知られている。

この本は、その山梨で〈乳幼児期からジェンダー・フリーで育てよう〉と取り組んだ、研究と実践の記録である。

本書の三つの柱

柱は三つ。一つは一九九九年度に国の「平成一一年度少子化対策臨時特例交付金関係事業」として実施した「男女共同参画社会をひらくジェンダー・フリー教育と啓発」研究事業（本書では九九年度事業と表記）。もう一つは、二〇〇一年度に文部科学省委嘱事業「０才からのジェンダー教育推進事業」として実施した「やまなし『男女共同参画社会をひらく乳幼児期からのジェンダー・フリー教育』研究・啓発事業」（本書で

は〇一年度事業と表記)。そして、このような動きを支える〈人づくり〉の場としての大学と、そこで学んだ人々の活動実践である。

大きな特徴は、保育者養成課程を持つ県立の短期大学が中心となって、地域の子育てや保育の現場、そして男女共同参画社会づくりを進める人々とネットワークしたことである。

女子短大という限界をプラスに変えて

山梨県立女子短大(山梨では「県短」と呼ばれ、本書の各所で使われている「県短」とは当短大のこと)は、一九六六年に「山梨県にふさわしい教養豊かな家庭婦人を育成する」趣旨で創立された。これは入学生の反発を招き、第一期生のほとんどが職業を持つ道を選択し、県議会で「〈農村の花嫁養成〉が目的だったのに、約束が違う」と問題になったほどである。この当時、全国の短期大学新卒者の就職率は五〇%台であり、山梨県立女子短大は全国の短大の中でも「花嫁養成」とは異なる実績を示してスタートした。

その後も全国的に見るとかなり早くから、『女性学入門』などジェンダーをテーマとした授業や生涯学習の講座を提供し、「女子短大」という場の限界を認識しつつ、女性たちの意識変革を促す発信をしてきた実績がある。一般的に、「(女子)短期大学」という存在は「ジェンダー再生産装置」としての歴史を負ってきた。しかし、そのことは、装置の「ソフト」を変更すれば、非常に効果的な「ジェンダー・フリー」メッセージの発信・伝達装置にも変わることを意味するのである。

とくに、開学以来県内外の保育現場に保育者を送り出してきた幼児教育科は、親として、保育者として、二重に子どもたちに影響する可能性を持つ女性を教育する立場であり、その責任は大きい。単に「大学」というだけでなく、「保育者養成校」が、このテーマに組織的に取り組んだことが、全国的にも、歴史的にも意義があるのだ。

市町村の男女共同参画プラン策定率は全国第五位――山梨が誇れること

山梨県は二〇〇三年四月時点で、五八市町村のうち、四三市町村が男女共同参画プラン（または女性プラン）を策定済みで、七四％の策定率である。これは、大阪、東京、神奈川、埼玉に次いで高い策定率であり、大都市圏にない県としては特筆すべきことだろう。しかも、住民が（多くは女性たちが）行政に働きかけ、担当者や首長を動かして、プラン作りを始めたところも多い。意識調査も一軒一軒に配布して回収するなど、まさに〈手づくり〉で我が町や村のプランを作った市町村が多いのである。

もちろん、「策定率」という数字自体に意味があるのではない。県内のあちこちの地域で、たくさんの人々が、自分たちの地域を女性問題や男女共同参画という視点で見直し、膨大な時間とエネルギーを使って、話し合いや学習を重ね、調査をし、結果を読み取り、プランに結晶させていった、その過程が地域にとって、貴重な財産になっているのだ。

これは七四％という数字以上に、山梨の人々が誇っていいことだと思う。

乳幼児期の男女平等教育に注目すると

しかし、全国的にもそうだが、山梨でも、まだまだ乳幼児期は注目されていなかった。

策定率の高い市町村のプランの中で、学校教育での男女平等教育は掲げていても、就学前期や幼稚園、保育所に言及したプランを持つ市町村はまだあまりなかった。性教育に市を挙げて取り組んだ実績を持つ塩山市の女性プランが、一九九三年の段階で「保育園、幼稚園」の男女平等教育を明記し、「保母の研修」にふれているのが先駆的である。そして、一九九八年の石和《いさわ》町のプランでは、保育所・幼稚園以外に託児所も、また乳幼児の保護者・保育者も男女平等教育の対象とし、男女混合名簿の一斉実施を目標にした講習会実施などが掲げられており、最近では、乳幼児期にふれたプランも多くなってきた。

幼児教育や保育行政に関しては、九八年、幼稚園の園長研修会（県私学文書課主催）で、「保育の中の『女の子・男の子』」というタイトルで、ジェンダー視点の講座を提案し担当させてもらった。これは山梨県の保育関係者の研修で、ジェンダー・フリーが初めて取り上げられたものだったと思う。その後、新規採用幼稚園教諭の研修や保育士の研修でも、「ジェンダー・フリー」をテーマとした講座が開かれるようになった。

そして、二〇〇二年に策定された「山梨県男女共同参画計画」では、「幼稚園、保育所において、幼児期からジェンダーに敏感な視点にたっての男女平等教育に努めます」と明記されている。

なぜ、「0歳からのジェンダー・フリー」なのか

乳幼児期からのジェンダー・フリー教育をテーマとした九九年度事業は、当時としては画期的な問題提起を含んでいた。小学校以上の学校教育での〈ジェンダー・フリー〉については、すでに「男女平等教育」としての理論や実践が積み上げられ、その流れの中で〈ジェンダー・フリー教育〉という新しい言葉がわかりやすい表現として受け入れられていた。

しかし、就学前の幼い子どもたちには関心が払われていなかった。「〈性〉なんて…。小さいうちは女も男もない」――。女も男もなければ、ジェンダー問題はないことになり、〈ジェンダー・フリー〉を乳幼児と結びつける発想もない。でも、ほんとうにそうだろうか？

子どもたちは生まれる前から、女の子ならピンク、男の子なら水色の産着を用意され、女の子は〈かわいらしく〉、男の子は〈強く、元気に〉育つことを期待される。期待だけではない。実際そう「しつけ」られる。男の子は「強いから、泣いちゃダメ」と言われ、女の子は乱暴な行動や言葉を叱られる。私たちの調査で一番多かった、「性別しつけ」の典型だ。

親や保育者が「女の子だから・男の子だから〜しなさい、〜しちゃだめ」などと直接言わなくても、毎日見ているテレビや絵本などのメディアから、たくさんの「女はこうで、男はこうだよ」情報が流れてくる。〈自分づくり〉の最初の段階からもう、子どもたちはあらゆる種類のバイアスがかかったジェンダー情報を浴びて、育っているのである。

しかも、幼児はこの情報を受身的にただ浴びているだけではない。自分の性別の「ラベル」を知ると、今度は、入ってくるジェンダー情報を自分に当てはめるようになる。「女（男）の子だから〜しなくちゃ」と幼児自身が意識し、それに沿って行動しようとする。同時に、〈女と男〉について、性について、たくさんの疑問をおとなに投げかける。

二〇年ほど前、山梨県内の保育所の保育者と保護者に、いのちや性について、子どもたちがどんな質問をしているか、それにどう答えたか、調査をしたことがある。

「赤ちゃんはどこから来るの?」「男の子にオチンチンがあるのはどうして?」「お母さんのおっぱいはどうして大きいの?」「〈けっこん〉て、なに?」「死んだらどうなるの?」――。返ってきたアンケートは、自分がどこから来て、どこへ行くのかという、子どもたちの根源的な問いに満ちていた。子どもとおとな、女と男、その関係――〈誕生と死〉の間を結ぶこれらのことを問いながら、幼い子どもたちは過去から未来への時間を展望し、〈自分〉をつくっていくのだと、実感した。

だから、子どもの問いかけに、おとながどんな視点で答えてやるかは、とても重要なことだ。子どもたちの育つ環境の中にあるジェンダーや性についての情報がバイアスのかかったものかどうか。それはみな、子どもがどれだけ「その子らしい」自分づくり、生き方ができるかにつながるからだ。

小学校に入ってからのジェンダー・フリー教育では、遅い！　すでに十分ジェンダー・バイアスをたっぷり身につけてから、それを**はがす**のに力を注ぐのではなく、就学前の、赤ちゃんのときからのジェンダー・

フリーでなくちゃ——ずっとそう思ってきた。

〈ジェンダー・フリー〉という言葉

今危機に瀕しているこの〈ジェンダー・フリー〉という言葉は、もともと、（これも全国から反対の声が寄せられたにもかかわらず解散の決まった）「東京女性財団」が教師や学生用の教材として作成したハンドブック「あなたのクラスはジェンダー・フリー？」（一九九五年）が新聞などで大きく取り上げられ、広まったものである。女と男という〈性別〉によって隔てられている壁（バリア）を取りはずそう、制度のバリアだけでなく、むしろ私たちが持っている性別にまつわる〈心のバリア〉をなくしていこう——そんなアピールとして〈発見〉された大切な言葉だ。

〈男女平等〉は、社会制度や待遇面での男女間の不平等をなくすために掲げられてきた。「男女共同参画社会基本法」も、もともと〈男女平等〉という言葉が反発を招くからと〈共同参画〉という言葉がひねり出され、国会を通過したことが知られている。ハンドブックの作成に関わった深谷和子さん（東京成徳大学教授）によれば、ジェンダー・フリーという言葉は、「女権拡張論者が言っているという、情緒的な反発をなくすために」使ったという（「ジェンダー・フリーな教育のために　II」東京女性財団、一九九六年）。当時の新聞も、「『ジェンダー・フリー』とは、つくられた性別にこだわらずに行動しよう、という考え方だ。男女が中性になることではなく、『女(男)だからできない』といった否定的な意識や行動から自由になることを指している」などと、紹介している（東京新聞、一九九五年七月一二日）。

使いやすいコトバを持てば、人々の意識は大きく変わるだろう、ジェンダー・フリーという語の概念が理解されて、広く日常的に使われれば、それだけで目的が達成される力を持つのではないか——深谷さんたちの当初の期待は、二つの意味で実現されたと思う。

一つはジェンダー・フリーという言葉が急速に広まったから。それは、この言葉が、現実を変えようとして〈意識の壁〉にぶつかっている人々にとって、変革の方向をぴたりと示す「腑に落ちる」表現だったからだ。もう一つは、まさに広まって、現実的な変化が起こってきたことによって、この言葉が葬り去られようとしているからだ。

人々を動かし、連携できた〈ジェンダー・フリー〉

「0才からのジェンダー教育推進事業委嘱要綱」では、本事業の趣旨は「幼児期から、個性を大切にし、理由のない男女の固定的役割分担意識にとらわれない、男女共同参画の視点に立った教育を家庭及び地域で推進するため…」と書かれている。〈ジェンダー・フリー〉という言葉は使われていないが、二〇〇〇年、この事業が開始される年の参議院予算委員会で、「ジェンダー・フリー教育の推進」についての質問に、当時の中曽根弘文国務大臣が「ジェンダー・フリーの世の中にしていかなければならないと思っている」と応じて、この事業の紹介をしている。私たちが委嘱された〇一年度の全一〇事業のうち、半数の五団体が事業名称に〈ジェンダー・フリー〉を使っており、それで選考に通ったのである。

ところが、その後日本女性学習財団の作成した子育て支援のパンフレットが国会で問題視されたことが発端となり、「ジェンダー・フリーは行きすぎ」というような〈バックラッシュ〉の動きが強まった。その影響か、この事業についても、〇二年度には〈ジェンダー・フリー〉という言葉はいっさい使用しないようにという説明が文科省からあったという。

「男女の固定的役割分担意識」の崩壊という現実的変化にあわて、後戻りさせたい人々は、その変化に大きな役割を果たした〈ジェンダー・フリー〉という言葉を葬ってしまいたいのだろう。

〈ジェンダー・フリー〉という言葉をこの本で使ったのは、私たちの事業名称がそうだったからだ。この言葉で連携できる人々がいたからである。

「男女共同参画社会基本法」の前文には、「男女が、互いにその人権を尊重しつつ責任も分かち合い、**性別にかかわりなく**、その個性と能力を十分に発揮することができる男女共同参画社会」とある。ここに使われている〈性別にかかわりなく〉という言葉は、〈ジェンダー・フリー〉と同じ内実を持つ言葉だと思う。

私たちの意識を「女だから、男だから」という〈こだわり〉や〈とらわれ〉から解放しよう――。〈ジェンダー・フリー〉はそういう呼びかけとして、人々を動かす力がある。だから大切に使われてきたのだ。

もし、もっと私たちを揺さぶる別の言葉が生まれてきたとしても、この言葉がもたらしてくれたものを忘れてはならない。

思いと出会いを重ねた貴重な足跡

この本に稿を寄せてくれたのは、みな、何らかの形で「県短」とかかわりがあった人々である。そして、それぞれの地域で、自分の「場」を持ち、自分の「実践」をしてきた人々だ。その人たちが〈乳幼児期からのジェンダー・フリー〉というテーマで、出会った。ジェンダーやジェンダー・フリーという言葉との距離も様々だけれど、ここに書かれたそれぞれの人の思い、戸惑い、実践は、一つ一つが山梨の男女共同参画の地域づくりの貴重な足跡だ。

たくさんの人々の思いや動きが積み上げられて私たちの〈いま〉がある。でも、県史、市町村史などには、なかなかこういう記録が残らない。地道な足跡をきちんと記録しておくことは、後の人にとっても、これからの実践にとっても、大切な財産だ。

ひとりひとりの〈私の物語〉が出会って紡ぎ出された〈山梨の物語〉――。励ましでも共感でも、ノウハウでも、疑問でも、なんでもいい。私たちからのメッセージを受けとってくださると、とてもうれしい。

―第1章―

ジェンダー・フリーが　やってきた

0才からのジェンダー教育推進事業に参加して

チャイルドルームまみい
父親ダンサーズの寸劇「割り勘」
2002年1月（本文67ページ）

自分探しの旅の始まり

子育て支援センター「ちびっこはうす」からの発信

宮沢由佳●NPO法人子育て支援センター「ちびっこはうす」代表

わたしらしい私ってどんなだろう

そもそも、ジェンダー・フリーという言葉に抵抗感がありました。よく知りもしないくせに、むずかしそうだ、とか、一部のすごくがんばっている人達のものだ、と思っていたのです。自分には関係ないことだろうと……。知ろうともせず、知りたいとも思いませんでした。

だから、山梨県立女子短期大学の池田政子先生から「一緒にジェンダー・フリーの勉強をしてみない？」と言われて、「0才からのジェンダー教育推進事業」に誘われても、正直言って、面倒だなあーと思っていました。

なにしろ私たちは、子育てサークルの支援や育児相談、遊びの広場の開設など、体の忙しさはもちろんのこと、若い親達の考えていることや求めていることを知ろうと、胸の中もいっぱいなのです。そんな忙しさのなかで、ジェンダー・フリーという私にとって新しい分野の勉強をする時間はあるのだろうか？ 仲間達を巻き込んでゆけるのだろうか？ それよりも、ジェンダー・フリーを進めることによって、親達をさらに苦しめることにならないだろうか？ 考えれば考えるほど、やはり断るしかない、と思うのでした。

「池田先生、ジェンダー・フリーのお話、やっぱりお断りします。今の若い親達はただでさえ不安や悩みがいっぱいな

のに、これ以上いろいろ要求することはできないと思うんです」。

するとと池田先生はちょっと不思議そうな顔をして、「いろいろ要求するってどういうことかしら?」と聞きました。

私は、「だってジェンダー・フリーっていうのは、『男らしく』とか『女らしく』ということを言ってはいけないんですよね。男の子に青い服、女の子に赤い服を着せてもいけないんですよね。男の子も女の子も同じように育てなければいけないんですよね」。

少し興奮気味で話すと、「そうじゃないのよ。~でなければいけない、というのじゃなくて、~じゃなくてもいい、ということなのよ。女らしさとか男らしさという、らしさの枠は、子ども達の心や体を縛って、その子らしく生きることを邪魔しちゃうから、それを取り除いて、その子の個性やその子らしさを大切にしていこうっていうことなの」。

私はこの話を聞いたとき、何かがストンと胸の中に落ちました。「ああ、そうか、ジェンダー・フリーって、もしかすると、私達の子育てをすごく楽にしてくれるのかもしれない」。

自分も含めて、子育て中の親達を少しでも楽にしてくれるものなら、少々大変でもやってみる価値はある、と考え、この事業に参加してみようと思いました。そしてまた、親が子どもをその子らしく育てていくためには、まず親自身が自分らしく生きていかなければいけないのじゃないか、と考え、池田先生にその思いを伝えました。

そして、初めは「あなたらしく、あなたらしく」としていた事業のキャッチフレーズが、「私らしく、あなたらしく」と変わっていったのです。もう、そのころには、私はわくわくしていました。「わたしらしい私って、どんなだろう? 私はこれからどんなふうに変わっていくのだろう?」。

期待と不安を載せて、ジェンダー・フリーという、自分探しの旅が始まりました。

1　私を縛っていたジェンダーという鎖

子育て支援センター「ちびっこはうす」

ちびっこはうすは、一九九一年、長女が生後三カ月のときに、私が個人で作った私立の子育て支援センターです(〇二年一二月、NPO法人認可)。五〇坪ほどの敷地に小さなプレハブが建っていて、二四畳のフローリングの保育室一つと事務所。おもちゃや絵本がたくさんあり、お庭には、砂場と滑り台、太鼓橋なども置いてある、母親たちの楽園です。

なぜ、このようなことを始めたのか。私自身がとにかく友達が欲しくて欲しくて仕方なかったのです。他県の出身のため知り合いもなく、初めての育児は不安ばかり……。いくら自分が元保育士でも、孤独のなかでは育児は楽しめないのだと気づいたのです。もっと育児を楽しみたい、楽しく子育てをしたい、そんな気持ちで、無我夢中で育児サークル作りをしました。

「ちびっこはうすへ通うようになって、何が変わりましたか？」という質問に、多くの母親が「育児雑誌を買わなくなった」「毎日の生活にメリハリができた」「子育てに元気がでた」と答えています。ちびっこはうすでたくさんの育児仲間と出会い、一緒に子育てに関わることで、悩みや不安を共有したり共感できることが、母親達を勇気づけているのだと思います。

そして、元気を取り戻した母親達は、自分達のため、他の母親達のために、次々と行動を起こしました。

子育て情報紙「ちびっこぷれす」、毎月四〇〇〇部、無料配布。親子の遊びの教室「ちびっこきゃらばん」の出前。そのほかに育児用品のフリーマーケットや子育て支援イベントなども開催しています。子育て中だって、母親達だけだって、やればできるんだ、とちびっこはうすの仲間達はいつも元気いっぱいです。

一二年の活動では、「母親だったら、そんなことしていないで、子育てに専念しなさい」とか、「こんなところがあるから、最近の母親は自分で子育てができないんじゃないの？」と、先輩の女性たちに言われ、悲しく、情けない思いもしました。今思えば、あのころはまだ、社会も子育て支援に乗り出しておらず、私達の活動も認められていなかったのだと思います。

子育てサークルネットワーク・ママネットやまなしの誕生

ちびっこはうすも四年目になるころ、ちびっこはうすから生まれたサークルが一〇カ所になっていました。すべてママたちの自主運営で、私のように元保育士だった人はほとんどいませんでした。それで行きづまることも多く、ちびっこはうすへSOSの相談の電話がかかるようになってきました。

そこで、子育てサークルがネットワークを作ってお互いに相談しあったり、内容についても学習しあえばよいと思いました。そうして生まれたのが「子育てサークルネットワーク・

ママネットやまなし」です。発足して七年、現在、四〇サークルを超える加入があり、会員数は五〇〇組にのぼっています。

私が私を縛っていた

「女はこうでないといけない、男はこうあるべき」という意識は、当たり前のことだと思って、私なりに一生懸命努力してきました。

夫に対しても、男らしく、夫らしく、父親らしく振る舞ってほしいと、要求してきました。でも、なかなかうまくいきませんでした。いろいろな不満が次々とでてきたのです。また、自分の自信も失いつつありました。

理想と現実の違いを夫のせいにしたり、自分のせいにしたり、子どものせいにしたこともありました。やがて子どもも大きくなり、あまり手がかからなくなると、「まあ、しょうがない……、何を言っても夫は変わりそうにないし、私もこれ以上できないんだから」。理想を追い求めればつらくなるばかりだし、現実を受け止めるしかない、それなりにやっていけばいいや、と思っていたころでした。池田先生からジェンダー・フリーの話があったのは。

私の結婚生活や子育てのなかにある愚痴や不満を話すと、「なぜ、そうしようと思ったの?」「どうして、そういうふうに考えたの?」「それは何故?」――。池田先生は、次々と私に質問しました。私の答えは「だって、母親だから」「やっぱり妻っていうものは……」「女である以上……」。

答えれば答えるほど、私自身が「女はこうでないといけない、男はこうあるべき」という、固定的性役割分担意識、つまりジェンダーにとらわれていたんだ、ということがわかってきました。一時間ほどそんな会話をした後で、何かが私のなかでとけていくのがわかりました。

「ああ、私だったんだ!」

それが、ジェンダーから解放された私の第一声でした。子どもが生まれたとき、仕事を辞めて育児に専念しようと決めたのは私。結婚をしたとき、炊事・洗濯は妻である私の仕事としたのも私。子育ての主導権を握るのも私だと私が決めた。私が不満に思っていたことの始まりは、すべて私が決定したことからきていたのです。

しかも、それらの決定は、「こうでなければならない」という思いからでした。決して「そうしたい」という私自身の意志ではなかったのです。自分で自分をジェンダーの鎖でがんじがらめに縛り、苦しみもがいていたのです。

私がどう思うのか、私はどう考えるのか。そして、夫とも、たくさん話し合うべきでした。私達流の家庭生活や育児のあり方を、固定的性役割分担意識にとらわれることなく、自分たちで創り出していけばよかったのです。そうしていれば、こんなに不満や愚痴をこぼさずにすんだと思います。

ヒロインになりたい——少女マンガと私

いつから、私はそんなジェンダーにとらわれていたのか。そういえば、私は少女マンガで育ったような気がします。小学生のころからマンガのような恋愛にあこがれ、イメージトレーニングをし、マンガに出てくるヒロインのような「かわいげのある女の子」をめざしていました。

保育園に勤め始めたころ、職場の先輩達に彼氏を紹介すると、「由佳先生って彼氏と一緒にいるときはすごく可愛らしくなっちゃうんだね。いつもは元気いっぱいで、男性にも負けないくらい堂々としているのに」——、そんなふうに言われたのは、一度や二度ではありませんでした。私自身も、どうしてそうなってしまうのか、よくわかりませんでした。いつもどおりの自分でいたいような、彼女らしくしていたいような……。当時、「ぶりっこ」という言葉が流行っていましたが、私の場合、それとは違っていたと思います。なにしろ、使い分けようと思ってそうするのではなくて、そうなってしまうのだから……。うまく言えないけれど、自分の態度の変化に一番驚いていたのは、私かもしれません……。

2　よし、やってみよう！

仲間に呼びかける

ジェンダー・フリーの事業をやってみようと決意して、ちびっこはうすの仲間達（スタッフ）の巻き込みにかかりました。

「ねえ、ジェンダー・フリーって知ってる？」と、聞いてみると、「耳にしたことはあるけど、よくわからない」「ときどき新聞に書いてあるよねえ」等々、ほとんどの人が一度くらいは聞いたことがあるけど、それがどんなものなのかはよくわからないと言っていました。

「じゃあ、ジェンダー・フリーってどんなものだと思う？」。私が聞くと、「年輩のおばさまがたが、がんばろうっていうやつでしょ？」「女よ、立ち上がろう！っていうものじゃないのかな?」。

いろいろな意見が出た結果、つまり、いちおう若いと思っている私達には関係のないことらしい、という結論になってしまいました。さあ、困った。私自身、まだあまりよくわかっていないし、どう説明したらよいのやら……。

その後、何度も池田先生の研究室へ通い、いろいろな資料を見せてもらい、そのなかで子育て中の私達に一番近い事例を集めて持ち帰ることにしました。そして、打ち合わせのときや、休憩時間、立ち話のついでに、できるだけわかりやすく、事例の説明をしていったのです。

「男の子を育てるとき、よく『男は泣かない』って言ってしまうけど、よく考えてみればおかしな話だと思わない? 男だから泣いてはいけなくて、女なら泣いてもいいというのは、言われた子どもも納得できないよね。それから、『女の子なんだから行儀よくしなさい』というのも、やっぱりおかしい。子どもに伝えるとしたら、『けんちゃんは、強いんだから、もう泣きやんでみようよ』とか、『スカートをはいているときは、下着が見えちゃうから足を閉じて座ろうね』という言うほうが、ちゃんと納得ができるんじゃないかな?」

「男の子は男らしく、女の子は女らしくって、小さいころから枠にはめて育ててしまったら、その子の可能性をすごく小さくしてしまうかもしれないよね。男らしく女らしくよりも、その子らしくっていうのがいいんじゃないかな?」

説明していると、少しずつでも仲間達の胸に落ちていくようで、「そうだね、女のくせに、なんて言っちゃいけないね」とか、「今の世の中、女の生き方、男の生き方なんてないかもしれないね」等々、自分の意見も出してくれるようになりました。

その後、県短での学習会にも幾度か参加して、ジェンダー・フリーについて理解を深めていきました。

情報紙「ちびっこぷれす」で母親たちに働きかけ

スタッフのジェンダー・フリーへの興味も高まってきたところで、いよいよ、ちびっこはうすに通ってきている母親達に働きかけることにしました。

まずは、子育て情報紙「ちびっこぷれす」(B5判六ページ)へ「ジェンダー・フリーを考える」と題して、ジェンダー・フリーの記事を掲載することにしました。読者対象が入園前の親子なので、〇歳から三、四歳の子育てにかかわるようなジェンダー・フリーの情報を載せることにしました。

情報紙「ちびっこぷれす」(上)と「ジェンダー・フリーを考える」内容目次

1　ジェンダー・フリーってなあに?
2　男性と女性の違いについて
3　ジェンダー・バイアスをなくすために
4　性別による固定的な役割分業意識からの解放
5　生まれかわるとしたら女性?　男性?　ほか
6　私とジェンダーフリー
7　子どものことばかけの中のジェンダー
8　ジェンダーチェック

「ジェンダー・フリーってなあに?」から始まって、いろいろな事例を紹介していきました。「ジェンダー・フリーとはこういうものです。だからこうしましょう」と、いうのではなくて、「こんな話があるけれど、あなたはどう思いますか? どうしたらいいのでしょう?」といったように、いつも、読者に投げかけて、考えてもらうようにしました。二〇〇一年の八月から翌〇二年の三月まで、計八回連載し、さまざまな反響がありました。

*まだ、よくわからないけど、ジェンダーという言葉に敏感になって、新聞等に「ジェンダー」という言葉を見つけると、読んでみようかなって思うようになった。

*「ジェンダー・フリー」って横文字を見ると、なんかむずかしそう

で、つい避けたくなるけれど、マンガといっしょにわかりやすく書いてあるから、読む気になる。

＊ジェンダー・フリーの記事を読んで、我が家がジェンダー家だということがわかった。夫にも読んでもらおうと思って、わざと目につくところに置いておいたら、「こんなのは一〇年早い。おまえが一人前に稼げるようになったら、読んでやる」と、言われた。

＊あの記事は性を否定しているように思えてなりません。私は娘に美しい日本語を使ってほしいし、おしゃれも楽しんでほしいです。ジェンダーよりも食や環境の問題のほうが大切だと思います。

……私自身、ジェンダーについてよくわかっていないところがあったり、勉強不足でうまく伝えられなかったりして、かなり乱暴な問題提起になったんじゃないかと思います。でも、たとえ一方通行でも、たくさんの情報を発信できたことは私達の喜びです。

もっと聞いて、もっと聞いて、私も私がもっと知りたい！

「ちびっこぷれす」の発行と並行して、ちびっこはうすのスタッフや会員へインタビューを試みました。このインタビューは、私にとってすばらしい体験になりました。インタビューするのも、されるのも、こんなに楽しいなんて知りませんでした。

初めは、池田先生が私にインタビューをしてくれました。「もしも生まれ変われるとしたら、男性女性どちらがいい？」「自分を一〇とすると、母と妻と自分自身はどういう割合？」「もしもやり直せるとしたら、何歳にもどりたい？」……。

次々と出される質問に答えていくうちに、私の気づかなかった私の姿が浮き彫りになり、「ああ、私ってこんなふうに考えていたんだ。私自身が自分を縛っていたんだ」と、ジェンダーに頭まで浸かってしまっている自分に驚きながら、インタビューされるおもしろさを実感していました。

インタビューされればされるほど、自分のなかに新発見があり、自分に興味が湧いてくるのです。そのとき私の気持ちは、「もっと聞いて、もっと聞いて、私も私がもっと知りたい！」といった感じでした。

スタッフや会員にインタビューしたときも、みんなとても嬉しそうに答えていたことが印象に残っています。

育児相談に生かされたインタビュー方式

インタビューする側の体験は、子育て支援をしている私達に、とても大切なことを教えてくれました。「インタビューをするときは、どうしてそうしたのか、なぜ、そう思ったのか、相手に興味をもつことが大事」と、池田先生に教えてもらい、育児相談にそれを生かすことができました。

いままでは、育児相談があると、「何とかしてあげなくちゃ」と、一生懸命、その対処法を伝えようとしてきました。しかし、それはとても大変なことで、なかなか解決には結びつきませんでした。ところが、相手に興味をもってインタビューしていくと、問題となっていることの裏に別の問題が潜んでいることがわかったり、インタビューを受けながら、自分で解決法を見つけたりと、相談者自身の力を引き出しながら、問題解決への道筋をみつけることができるようになりました。

ジェンダー・フリーのインタビューは、想像していたよりも人それぞれで、いろいろな考え方があることを教えてくれました。

＊生まれ変わっても、また女に生まれたい。お嬢様に生まれて、ふりふりのドレスを着てちやほやされたい。

＊男に生まれたい。男のように自由に生きてみたい。

＊違う親のもとに生まれたい。

一言にジェンダー・フリーといっても、生まれや育ちによってその重みは十人十色。自分だけの物差しで見るのではなく、いろいろな角度から見る必要があることをこのインタビューによって学びました。

観客・演じ手、それぞれの気づき——ワークショップ

少しずつみんなの肌に感じてきたジェンダー・フリー、次はワークショップ。

パネルシアターと劇をすることになりました。ジェンダー家とフリー家の赤ちゃん誕生から子育て、遊びなどの様子を交互に演じてその違いに気づいてもらい、考えてもらおうというものです。

まずは台本づくり。事業の実行委員一〇名で内容について話し合いました。ところが、話し合っているうちに、実行委員のなかに温度差があることに気づいたのです。ジェンダー・フリー初心者のちびっこはうすのスタッフ達と比較して、他の人達はかなりレベルが高いと感じました。県短の先生達、男女共同参画推進スタッフ、自主グループ、みんな何年も活動してきた人達です。各家庭においても、ジェンダー・フリーを実践していることがうかがえます。

ところが、私達ときたら、台本のなかのジェンダー家にすっぽりとあてはまるのです。こんな状態でワークショップができるのだろうか？　いろいろと考えた末、初心者が作る初心者向けのワークショップもいいんじゃないかと、半ば強引にちびっこはうす流の台本「ジェンダー家とフリー家」が出来上がりました。

「男の子を産んでくれ」「跡継ぎを産むのが嫁のつとめよ」「女の子でしょ。女の子らしくしなさい」

私自身が実際に言われたことのある言葉が、いくつもセリフとなって登場します。ちびっこはうすのスタッフ四人が、ジェンダー家になったりフリー家になったりしながら、役になりきって演技するのです。

演じながら、「そうだよね、こういう言い方ってないよね」「やっぱり、その子自身をどれだけ認めてあげるかだよね」等々、練習しながら話し合ういい機会をもつことができました。また、「フリー家の役はとても良い気分で演じることができるが、ジェンダー家の役は演じていても嫌な気分になる」という感想も聞かれました。アドリブも入り、より自然に演技できるようになっていきました。

いよいよワークショップ本番。子育てサークルの親子約三〇名が対象です。衣装も用意してやる気は十分ですが、楽しければいいというものではないのです。何かを感じてもらわなくてはいけない。かなりの緊張感で汗びっしょりになりながら、最初の演技が終わりました。

はたして、なにか伝わったのだろうか？　何にも感じてもらえなかったんじゃないだろうか。そんな心配はすぐに消え去ることとなりました。お母さん方は、にわかづくりの私達の劇からでも、ちゃんと感じてくれていたのです。その感想は私達の予想を超えて、とても興味深いものでした。

＊この劇を見ていたら、どうして私は産み分けなんかしたんだろうって考えてしまいました。

＊息子のものを選ぶとき、つい青いものを選んでしまうので、それってよくないと思いました。これからは、本人に選ばせてみようと思いました。

＊私も夫もフリーな考え方ですが、夫の実家がジェンダー家なので困っています。

こんなに簡単な劇でもちゃんと伝わるんだと、少々驚きながら、ワークショップを続けていく自信とやる気をもつことができました。

3　どんどん変わっていく……私が、みんなが

「〇〇せんせい」から「〇〇ちゃん」へ

この事業に関わるようになって、ちびっこはうすのスタッフが「大学の先生と一緒に仕事をするなんて緊張しちゃうわ。私なんて、ただの専業主婦だもの」と口にしました。私自身も先生方と一緒にいると、ついへりくだってしまうのでした。

池田先生は「みんな同じ〈にんげん〉なんだから、だれが偉いということはないのよ」と話してくれましたが、今ひとつ納得できません。

しかし、山梨県立女性センターでのセミナーで、司会の方が「指導するとか、されるとかではなく、対等な関係で学び合っていきたいと思いますので、講師の先生方も『～さん』で呼ばせていただきます」と言われて、なるほど、そのとおりだと思いました。

そして、ちびっこはうすでも「先生」という呼び方を変えていきたいと思い、スタッフで話し合いました。

まず、スタッフが「〇〇先生」と呼び合うのをやめるようにしました。名字もなるべく避けて名前で「〇〇ちゃん」と呼び合うようにしました。会員のお母さんたちもできるだけ「〇〇ちゃんのママ」ではなくて、お母さん自身の名前で「〇〇ちゃん」、または「〇〇さん」と呼ぶようにしています。

「先生」という肩書きをはずして、さらに、結婚したときにもらった名字もはずして、名前だけになったとき、たったそれだけのことなのに、なんだか自分自身になれたような不思議な感じがしました。「〇〇ちゃん」と呼ぶときも、「〇〇先生」と呼ぶより、とても親しい気持ちになれます。たかが呼び方、されど呼び方です。

育っていくジェンダーのアンテナ

ジェンダー・フリーについて少しずつでも学んでいくと、知らず知らずのうちに自分にジェンダーのアンテナが育っていくようです。このアンテナはいろいろなところでピピッと反応します。

今まではまったく気にならなかった会話が、このアンテナのせいで、心に引っかかったりします。「こら、女の子に乱暴しちゃだめでしょ。男は女に優しくしなくちゃね」……。アンテナが育つ前なら、ほほえましく聞こえたであろう親子

の会話に、ジェンダーアンテナがピピピと反応して、「うーん、これもジェンダーだ」と聞き流せなくなってしまいました。

「ご主人様はいらっしゃいますか?」。とても丁寧だと思っていた言い方も、ピピピ(私は夫に仕えているわけじゃないんだよ!)と、ストレスに感じたりします。

ジェンダーアンテナはどんどん敏感になっていくので、自分の意志にかかわらず、素早く反応してしまうのです。

ジェンダーアンテナが育ってから、近所のお葬式の手伝いをしたときは、さすがに大変でした。男と女の役割分担がはっきりと決まっていて、男はいつも先、女は後。男は表、女は裏。ジェンダーアンテナは、常に反応しっぱなし!

でも、どうすることもできないのです。疑問を口に出すこともできない雰囲気なのです。ほとんどの人が五〇~六〇代で、言うなれば、ジェンダーのなかでしっかりと自分の足場を固めて生きてきた人達なのです。そんななかで私に何ができたでしょう? できることと言えば、アンテナがあまり反応しないように、他のことを考えて、神経を鈍らせることくらいでした。

黄色いこいのぼり

ちびっこはうすのスタッフにも、ジェンダーアンテナは確実に育っていきました。思いがけずにアンテナが反応すると、「ねえねえ、これってジェンダーだよねえー」と、周りの仲間に投げかけてみんなで話し合っています。

毎年恒例になっている、「こいのぼり作り」をしようと、二、三歳児とその親たちに作り方の説明を始めたところ、突然あることにジェンダーのアンテナが反応しました。それは、私たち保育者が用意したこいのぼりの色が赤と青の二色だけだったということです。

前年までは、何の疑問も感じずに「さぁみんな、こいのぼりを作りますよ。赤がお母さんこいのぼり、青がお父さんこいのぼりですよ」と、言っていました。しかし、ジェンダーの勉強をしたあとは、そういうわけにはいきません。

「ねえ、どうする? これって絶対ジェンダーだよ」「赤と青だけじゃまずいよね」と保育者同士で話し合い、急いでほかの色のこいのぼりを作ることにしました。

黄色、緑、ピンク、オレンジのこいのぼりができました。そして、説明も次のようになりました。「今日は、みんなの好きな色のこいのぼりを作りましょう。好きな色のこいのぼりを二つ選んで、めだまとうろこを書きましょう」。

さて、どんなこいのぼりができるのか、もう、私達のほうがわくわくしていました。子ども達はじつに自由に二つのこいのぼりを選んでいました。

「こっちがおにいちゃん、こっちがぼく」と言って、黄色いのを二つ選ぶ子。「ママとこうちゃん」と言って緑とオレンジを選ぶ子。

固定概念に縛られていない二、三歳児のピュアな感性によって、色とりどりのすばらしいこいのぼりが出来上がりました。また、その親たちも、予想以上に柔軟な姿勢で子ども達の選択を認めてあげていました。もしも、子ども達に選ばせずに、親達に選ばせていたら、こんなに自由なこいのぼりはできなかったのではないかと思います。純粋な子どもの感性に触れたとき、「ああ、そうか、それでもいいんだ」と、逆に大人が気づかされるのでしょう。

この活動を終えて、私達は充実感でいっぱいでした。今までに作ってきたこいのぼりよりもはるかに楽しく、個性的で、自由なこいのぼりになったからです。

ジェンダー・フリーにとらわれる

ジェンダー・フリーの考えは、私達の活動の幅を広げたり、自由にしてくれたりしましたが、ときには「ジェンダー・フリーでなければならない」というような、おかしな現象を生みました。

ちびっこはうすのあるスタッフの話です。

「私、最近、ジェンダー・フリーにとらわれちゃって、困ることがあるの。六歳の娘が『赤い服が欲しい』なんて言うもんだから、『青色にしなさい』なんて言っちゃった。逆に、息子には、やたらと赤いものを勧めてしまったり……。女が男っぽいことをしたり、男が女っぽいことをするのが、ジェンダー・フリーなんじゃないんだよね」。

別のスタッフは、「ちびっこはうすに来る子ども達に、女の子には『かっこいい!』、男の子には『かわいい!』と意識的に言ってしまう。でも、そういうことをしていると、なんだか疲れてしまって、口数が減ってしまう」、と言っていました。意識していないと見逃してしまうけれど、意識しすぎると息切れして、嫌になってしまうようです。

ときに、ジェンダー・フリーについて学んだばかりの私達のような初心者ほど、自分の性らしくないことが良いことだと、単純に思いこんでしまうようです。ついつい、戦いごっこが好きな女の子や、フリルの服を着ている男の子の親に対して、即、ジェンダー・フリーだ、良いことだ、と思ってしまうのです。

となると、今度は、男らしい言動や女らしい言動がいけないことのように思えてしまいます。ある日、「私、大きくなったら結婚してお嫁さんになって、赤ちゃん産んでお母さんになるんだ」と娘に言われて、あわてて、「べつに結婚しなくても赤ちゃん産まなくてもいいんだよ。自分のやりたい仕事を見つけてバリバリ働くのもきっと楽しいよ」、と一生懸命に言う自分がおかしく思えたこともありました。

いままで自分のなかにあった固定概念が崩れたとき、今度はどっちへいったらいいのかわからず、ついムキになって、「これこそが正しい」というものを求めてしまうのではないか、と思います。

4　子育て支援とジェンダー・フリー

子育て支援とジェンダー・フリーの深い関係

「0才からのジェンダー教育推進事業」に関わって、いろいろな体験をし、どんどん変わっていく自分自身や仲間達、そして母親達の姿を見て、子育て支援とジェンダー・フリーには深い関係があることを確信しました。

なぜなら、さまざまな子育ての悩みの多くがジェンダーに起因しているからです。私のところへ寄せられる母親達の悩みのなかに、「子育てに自信が持てない」というものがとても多いのですが、よくよく聞いてみるとそれは、ジェンダー的な考え方から問題が生じている場合がとても多いようです。

「子育てをしていても、仕事がしたくて、育児を楽しめません。こんな私は母親失格ですよね」「子どもはかわいいし、子育ても大切な仕事だということはわかっているんだけど、ときどき、私って何？って思うことがあるんです」「子育てが上手できれいでやさしくて、子育てを楽しんでいる人をみると落ち込んでしまいます」。

どの悩みも「理想の母親像」に悩まされているように思い

ます。「理想の母親像」というのは、たとえば、歌手を引退して専業主婦になって育児に専念して、教育やパッチワークに熱心な山口百恵さんでしょうか。やさしくて綺麗で、夫や子どものために尽くして、自分を犠牲にしても家族を優先する、昔では当たり前の大和なでしこタイプなのでしょう。

しかし、現代の若い母親たちは昔とは違い、「女性も男性と同じように勉強し社会に出て働きなさい」と教育を受けています。ところが、この教育は独身時代はいいけれど、結婚や出産をすると、社会の意識や体制が昔とほとんど変わっていないので、現実との違いに戸惑い、悩むことになるのです。仕事は続けたいけれど良い母親にならなければいけない、夫に尽くしてあげたいけれど私だって自己実現したい……等々。

そのギャップを埋めていくのが、ジェンダー・フリー教育だと思います。

女性や弱者にやさしければ

勉強不足ながらも、ジェンダー・フリーや男女共同参画という言葉を耳にしていると、いろいろな場面で行動にうつさなくちゃ、と思うことがあります。

運動会のテント設営のときのことです。設営はほとんど父親達が動きます。しかしそこは「男女共同参画」。私も一緒に鉄柱を運びはじめ、立ち上げまで手伝いました。その間「持ってやるよ！」「代わってやるよ」と、数人のお父さんが声を掛けてくれましたが、「大丈夫！　ありがとう」と言って、結構たくさん運ぶことができました。

しかしテントカバーのひもを結ぶとき、上にあるひもに手が届かないのです。「背の低さや力のなさは、どうしようもない男女の差なんだ……」とがっかりしましたが、ふと、あることに気がつきました。「そうだ！　テントが男性用に出来ていたんだ。女性が簡単に組み立てられるようなテントを作ればいいんだ！」。

いままでの男性中心の社会は、いろいろなものが男性に合わせて作られているので、そのままのかたちで女性が使おうとすると、不釣合いだったり、不具合だったりして、「やっぱり女性には無理」という印象を与えてしまうのだと思いました。「女性や弱者にやさしいものづくり」が、これから大切なのだと思います。

これからの私とジェンダー・フリー

ジェンダー・フリーと出会って、いまだに変わり続けている私がいます。ジェンダーアンテナがどんどん敏感になって反応するので、おもしろかったり、落ち込んだりしています。

たとえば、テレビの時代劇を楽しめなくなってしまいました。女性が虐げられている姿をみるのが嫌だからです。アニメを観ていても、？マークが頭にたくさん浮かぶようになりました。サザエさんもそのうち共働きになるんじゃないかと思います。

ハンカチや傘、かばんなどを選ぶときの選択肢が増えました。紳士用と書かれたコーナーにも、意外と私の気に入るデザインのものがあることに気づきました。婦人用のものよりも紳士用のもののほうが実用的にできているようです。洋服もサイズが合えば紳士物を買うことができます。ファッション重視の婦人物に比べて、機能性や着心地に富んでいることを知りました。おかげで、ショッピングが二倍楽しめます。

また、夫に対し、とても興味が湧いてきました。父親らしくない夫に腹を立てていた母親らしくない私が、いろいろな枠をはずしていくと、夫をひとりの人として見ることができ、どうしてこのような社会的な性差が生まれたのか、とても興味をもって見ることができるのです。そして、あまり多くのことを夫に求めようとしなくなったと思います。

二人の娘たちの子育てにも、ジェンダー・フリーのいい風が吹いていると思います。つい「女の子なんだから」、なんて言ってしまったり、「お手伝いしてくれてありがとう。やっぱり女の子はいいわね」と言ってハッとしたりしますが。

この間も三人で入浴中に、「ママはてっきり男の子が三人生まれると思って、たける、かける、ひかる、っていう名前を考えていたんだよ」と言ったら、娘に「生んだら女の子だったから女の子の名前にしたの？」と聞かれて、あっそうか、女の子でも名前はそのままでよかったんだ、なんて思いました。少しずつふくらんでくる胸に「早くもっと大きくならないかなー」という娘に、どんな言葉をかけたらいいのか悩んだりしています。

これからもジェンダーアンテナを元気よく反応させて、自分探しをしながら、子育て支援を続けていきたいと思います。私が、ジェンダー・フリーと出会えてどんどん楽になっていったように、子育て中だからこそもっている敏感な気持ちに働きかけていきたいと思います。

〈インタビューを通して〉

「わたし」との出会い

松本恵子●NPO法人子育て支援センター「ちびっこはうす」スタッフ

夢物語「ピンクの殻」

この事業で行った、ちびっこはうすに来ている子育て中の母親とのインタビューのことを思い出しながら布団に入ったある夜、とても不思議な夢を見ました。

ここからは、夢物語「ピンクの殻」の始まり…。

♪　♪　♪

私は「かたつむり」だった。それもとびっきりのかわいいかたつむり。ショッキングピンクの大きな殻を背負ってゆっくりゆっくり進んでいる。きれいな湖の水面には、緑色の大きなスイレンの葉が一枚、夏の日差しにきらきら輝きながら浮かんでいる。私は、雑木林の中の苔むした岩の上をゆっくり進み湖のほとりに着くと、まぶしそうに空を仰ぎながらゆっくりとピンクの殻を背中から下ろす。

それからスイレンの葉の上に乗り、黒いサングラスをかけ、ごろっと横になるとCDのスイッチをいれた。のりの良い音楽に身体を揺らせ踊った後、大好きな本を読み、お昼寝をした。目覚めるとちびっこはうすに行く時間。慌てて葉っぱから降り、ピンクの殻を背負うとちびっこはうすへ向かう。

ところがどうしたのだろう。殻が妙に重く感じる。前に進めば進むほどにずしずしと背中に食い込んでくる。それになんだか色も茶色くくすんできてしまった。「もうこれ以上背負っていられない！」。殻をたたきつけて粉々にした私は、ナメクジになってちびっこはうすにやっとたどり着いた。

「おはよう」と入り口のドアを開けたとたん「キャー、ナメクジ！」と言う宮沢さんの声とともに、山盛りの塩が私の上に…。

♪　♪　♪

夢から覚めた私は汗びっしょり。悪夢に近い夢で、なんだか憂鬱な気分でした。けれどどこか今までにない心の動きがありました。この感情は、インタビューをしたときに感じたものと同じでした。

初めての経験でぎこちないながらも一人目、二人目、三人目とインタビューを進めていくうちに、不思議なことに気づきました。彼女たちは「私はあんまり女の子らしくしなさいと言われて育った思い出がない」と口を揃えて言うのです。二人姉妹の妹で、小さいときから特に「女の子だから…」と親の口から聞いたことはなく、自分の思うように自由に生きてこられたというのです。親はいつも自分を応援してくれていた、という思いがある点にも驚きました。

ある人は夫も男三人兄弟で、夫の母親は「男だから…」と夫を育てず、「一人で何でもできるように」と育てたそうです。彼女が子どもの世話で忙しいときには、そうじ、洗濯、料理、買い物と一通りの家事をしてくれるというのです。しかもその行為は彼の自発的なもので彼女に頼まれたからではなく、パートナーとしてとても自然に彼女をサポートしている。そのことを聞いたとき、あまりのことに次の言葉が出てきませんでした。ショックだったのです。そんな男の人がいるのだと…、「うそでしょ?」というのが本音でした。

そして彼女とのインタビューを通して「わたし自身」に出会ってしまったのです。私が普通に幸せだと思ってきた幼いころの思い出は、ジェンダーの鎖に絡まっていたのです。

「女の子だから」と言われ続けて

女の子だから、おしとやかに　どちらかと言えばおてんばだった私は、ことあるごとに「女の子だからおしとやかにしなさい」と言われました。河原で石を積むことも草花を集めることも好きだったけれど、石の上を跳ねて渡ることや石を投げることのほうが私にはとっても魅力的でした。親や祖母など大人の前では木登りなんてとんでもなかったので、決して挑戦しませんでした。

女のくせに生意気を言うな　父は厳しい人でしたから、「私は○○したい」「私はこう思う」という私にいつも「女のくせに生意気を言うな!」と怒鳴りました。大きな声で怒鳴られるのでとても怖くて、父を怒らせないようにびくびくしていました。自分が話していることが生意気かどうかがわからず話しては怒鳴られたので、父の好みの話にしてみたり、思ったことも言わないで忘れるようにしました。何が生意気かわからないので、話ができなくなってしまったこともありました。「女のくせに生意気を言うな」=「生意気なことを言う女は嫌われる」、私はこう解釈していたのです。

女だから適当に仕事をして嫁に行け　「女は男に食わせてもらえば良い。女の幸せは結婚して家庭に入り、子どもを育て、夫の帰りを待ち暖かい食事を用意する。どんなにつらいことがあっても笑顔ですごす。それが母親というもの。嫁いだら嫁ぎ先の父や母の言うことを聞いて、その家のやり方に早く慣れなさい。そして困ったらなんでも相談して解決しなさい。泣いて家になんか帰ってきてはいけない。ましてや、あんたは生意気なんだから余計なことを言わず、思わず、嫁ぎ先に従いなさい」と言われて結婚しました。小さい子どものころから、「女の幸せ」を聞かされていたので、泣きたいときによく「女はつらいときにも笑顔ですごす練習をしておかなきゃ、良い母になれない」と思って唇をかみしめて我慢しました。

女の子だから優しくしなさい

「優しくない子は女の子じゃない」そんなふうに解釈していた私は、「やさしい」ことってどんなことかいつも敏感にアンテナを張っていました。「やさしさ」とは「頼まれたら断らない」こと。「断るなんてとても意地悪なこと」、そう思って過ごしてきた日々は今思うととても大変で、人とコミュニケーションをとるのが苦手になった原因かもしれません。そして「誰の意見にも賛成する」ということもやさしさだと思っていました。ですから友達とのトラブルは耐えませんでした。こっちのグループで「うん、うん」とうなずき、別のグループで「うん、うん」とうなずき、そのつもりはないのに八方美人になっていました。

自然は何も要求しない

そしてやさしさと一緒に求められたのは、「女の子なのだから、もっと周りに気を使いなさい」ということです。周りのことを私なりに気を使いながら、人の意見にいつも賛成して、何か頼まれたら断らず笑顔ですごす。私のような子どもは、大人にはとても受け入れられやすいらしく、小学五年生のときに担任の先生から雑用を頼まれるようになり（そのことに対して私はべつに大変とも思いません。だって女の子はこうでなくっちゃ…）、がんばっていました。

ところが、それを「ひいき」と思った友達が思わぬ行動にでたのです。それは今でいういじめです。つらい日々が三年間続きました。けれど、だれにも言えませんでした。「友達に意地悪されるなんて、私がやさしくないからだ。やさしくない私が嫌われるのは当然で、仕方がないこと。先生や親に話したら、きっと人のことを悪く言うなんていけない子だと怒られるに決まっている。どんなにつらくても我慢して笑顔で過ごす…、女の子なんだから」。

しかし、ついに「こんなにがんばっているのに、どうして私ばかりこんなめにあうのだろう？ 私なんていなくなればいいんだ」と思ってしまい、母の鏡台にあったかみそりで顔や手首を切りました。けれどやはり恐怖感から深くは切れず、うっすらと血がにじみました。その痛みは、転んだときよりもどんなときよりも痛くて、初めて涙がでました。痛みでこれ以上傷を深くすることもできない自分を惨めだと思い、生きていくこともつらい。けれど生きるしかしかたがないんだと思いました。

その後、私は友達と関わろうとせず、一人で過ごすことでやっと「自分」を周りからも自分からも守っていました。一人で過ごす時間は空を眺めたり、虫や花をじっと見ていました。そして自然の中にいると居心地がとても良いことに気づきました。自然は私に何も要求しません。否定もしません。

私が「わたし」でいても何も言わず、時間が流れていく。あたりまえのことなのに、そのときの私はとてもうれしかったです。朝になれば朝日があがる。そういう一つ一つのことが、そのときにはとてもうれしくて、自分が悩んでいることがとてもばかばかしくなってきたのです。それから少し元気になった私はいじめから解放されました。

前述のほかにも「女だから」と行動を制限されたり、考え方を変えなければならなかったことはたくさんありました。また、「女なんだから」と自分でできることも「かわいさ」を装ってできないふりをして、都合よく「女」を使ったこともありました。「女だから仕方ない」と言われて、「女でよかった」とほっとしたときもあります。

「私らしく」前をむいて

このように、私はいつも「女」という前提でさまざまな行動や思考をしてきていたのです。ところがこうしてこの研究に関わることで「私は、私らしく生きて良いのだよ」と言われてもただ戸惑うばかり…、というよりも恐怖に近い感情が私を包んだのです。あの夢をみた後の気持ちはこれだったのです。

今までの自分自身の生き方が否定されるような恐怖心がありました。私の既存の概念・価値観がすべて崩れてしまって、また一から新しい価値観を組み立てていくことが不安になってしまったのです。「自由に・ありのままに・私らしく」と言われても、自分自身にどう折り合いをつけてよいのかわからない。そんな不安定で、ちっぽけな自分との出会い、それが「わたし」だったのです。

♪　♪　♪

宮沢さんが夢物語の続きを考えてくれました。

塩をかけられたナメクジの私は、人間の「わたし」として塩の中から現れるという素敵な物語。

今、「私らしく」前をむいて歩いていきます。「わたし」に出会う機会を与えてくれたこの事業に感謝しています。

幼稚園とジェンダー・フリー

桜井京子●進徳幼稚園園長

1 幼稚園でジェンダー・フリー研究？

今のままで充分なのに

二〇〇〇年の年の瀬も押し迫ったころ、山梨県立女子短大の池田政子先生から、「研究にご協力お願いします」の電話があるまでは、ジェンダー・フリーについて関心を持ち、情報を集め、何のことだか自分なりに理解を深める努力を始めるなんてことになるとは思ってもみないことでした。

そして取りかかったはじめのうちは、この考え方に、正直言って、とても抵抗がありました。今のままの生活で、家庭でも充分自己主張させていただき、夫も適当に協力的で、不自由も不満もありません。社会的には、幼稚園の園長と理事長、事務長の役を一人で背負って立っているのですが、周囲の方々、とくに職場全員の温かいフォローのお陰か、プレッシャー？　自己責任？　もさほど感ぜずにやっており、このままでよいのに。

職場もそれほど縦の関係もきつくなく充分平等だよ。幼稚園は女性の職場なので、簡単なことなら電気の修理でも、重い物を運ぶのも、男女いる職場では、当然男性がやることをすべて女性でもやる。男性がいないのがそもそも変なのかも知れないが、はじめからそういうところなのです。

それに、集団で生活する子ども達の教育に取り組んでいる幼稚園と致しましては、少子化はとにかく困るのです。幸せで安定した家庭を築いていただき、幸せな子育てをする親、幸せに包まれて成長する子ども達がたくさんいる社会を希望します。でもジェンダー・フリーの考え方は、他方これと逆行したりはしませんか。

長年フランスで生活したことのあるファミリーに伺ったところ、「フランスは男女平等が進んでいて対等よ。でも自己責任と言うことがあるから、女性もしっかりせざるを得なくなる。女性も生活力があり社会的にも認められている。となると、離婚もとっても多いわ」。

このファミリーは、この考え方には裏も表もあるから全体をよく把握して、自分の考えに取り込んでいかないと、案外落とし穴がある、女の人をただで自由にしてくれると思ったら大間違い！　自己責任という重たい物が両肩に……、ということを教えてくれました。

そして私と致しましては、離婚＝少子化？　とんでもない。ジェンダー・フリーの考え方は、新しい方向への流れなので、止めることはできなくても、スピードダウン??を少々願ったりしてしまいます。

よりよき情報発信源となるために

職場の人々や、園児、保護者へ向けての情報発信源という私の立場を考えると、そういうジェンダー・フリー全体をすべて情報として発信しつつ、それぞれの人がそれぞれの責任で、自分の考え方のなかへ、取り込んでいっていただきたいと考えています。

そのため、情報発信源としての責任を感じた私は、情報収集活動を開始しました（だって何にも知らない私が、知らないうちに情報発信源になっていたわけですから、そりゃー焦りました。）

「ジェンダー・フリーで育ちあおう！　私らしく、あなたらしく」やまなし実行委員会第一回の山梨学院大学・山内幸雄先生の講義や、県立女子短大の池田先生のお話、説明、そこでいただいた資料や、エル・ネット「オープンカレッジ」（文部科学省）のビデオや冊子が主な情報源でした。

ただし、一方向からの情報だけを信じて行動するには、あまりにも責任の重いことを請け負った観がありましたので、自分なりに身の回りからも情報を集める努力を始めました。

二〇〇一年、アメリカからお客様を迎える機会が二回ほどあり、それぞれの家庭の様子や考え方を伺ってみました。すると、二〇代前半の女の子のファミリーは、両親ともに大学の先生。お父さんはとっても忙しいということで、家事も育児もほとんどのことはお母さんがやっている、二人目の四〇代の男性は、「掃除は僕が、料理は妻が上手なので妻に任せています」とのこと。アメリカはもっと対等に半々に家の中のことをやっていると思ったのですが、日本とあまり変わらない、という印象を持ちました。アメリカは進んだ考え方をしているはずと思っていた私にとっては意外な答えでした。

一方、ＮＨＫの教育テレビでたまたま視聴した番組など、メディアからの情報で、人種差別の問題を抱え、それを乗り越えて自由と平等を掲げるアメリカは、男女平等の問題を乗り越え、次にゲイやホモセクシャルの人々の権利や主張も受け入れる、というところまですでにきているということを見聞きしました。

何年か先の日本を考えるなら、アメリカを見ればよいと思っている私にとっては、この差別撤廃、自由と平等の流れのなかには当然、ジェンダーの次には同性愛のことがやってくるのだ、ということがわかってきました。

「けっこう一般的なところで流されている情報なのだ。にも関わらず、今までまったく気づかなかった」ということに驚きました。

すべての人を巻き込んで

初めて県立女子短大から持ち帰った研究の資料を前に職員で話し合いをしたときも、「もちろん、差別するのはよくない。なんていったって平等のほうがよい」という意見でした。それは当たり前のことです。

「今のままで公私とも充分うまくいっている。不自由を感じていない。このままで平等。保育のなかでもジェンダー・フリーの考え方で、子どもたちに充分配慮しているつもり」。なのにいまさら……、という考えが主流でした。

そこで幼稚園では、

1　直接子どもの保育をする職員（①）と園長が、まず、この考え方を勉強し始め、

2　園長が保護者とのおしゃべり会を通して、母親（②）に園の取り組みを説明するとともに、家庭での様子、地域での様子をどんなふうに受け止め、感じているのかおしゃべりするなかでこの考えを普及させる。

3　ワークショップを開催し、母親、父親（③）にその場

で感じ、気づき、考えていただく。

4　園児（④）は当園職員の考案した独自のあそびを経験するなかで、「自己決定するってステキ、それを行動に移し、自分の決定を認めてもらうとともに、他者の決定も認める」という体験をする。

以上、園を直接取り巻く①～④すべての人を巻き込んでの取り組みとなりました。

2　職員の学習会

職員の自主性を重んじながら

前述のとおり、私同様、今に満足していて、問題意識をほとんど感じていない職員たち。

しかし、各自会議のなかでは、自分の家庭（未婚者が多い・ほとんど二〇代）を振り返って、父母の関係やら、自分がどう育てられたか、などの話が出されました。こんなことでもなければ語られない話題です。これを聞くと、育てたい子ども像がかいま見えたり、保育観をこんな感じで持っていたということがわかり、職員それぞれの内面に触れる話ができたことは、大きな収穫となりました。

みんな若いけど、けっこうしっかりした考えを持って子どもの前に立っているんだ、と、園長としてはよくできた職員に脱帽！　また、それぞれ職員がジェンダー・フリーの保育で日々心がけていることや、工夫していることなど、情報交換し、私もやってみよう、気をつけよう、など以後の保育の新しい方向性を見いだした職員もいて、実りのある会となりました。

やってみると、柔軟で、何でも受け入れようとする気持ちを持った素直な職員なので、何とかスタートでき、「本当によかった」と思いました。

当幼稚園の基本に、「子どもの主体性を重視する」という考えがあります。ということは職員にも主体性が要求されます。園長がやれと言ったから、やるのではなく、職員各自が、やりたい、やってみたいという気持ちで取り組んでくれなくては、よい研究はできないと思っています。

園を変えたければ、ここが問題だからこう変えなさいと私が職員に命ずるよりは、職員が自ら感じ考えて、園のここを変えようとか、自分の保育のやり方を変えてみようとか、職員自らの主体性によることが一番の近道と信じています。

「先生らしく」取り組んで

二回目の話し合いでは、その子らしさを大切にする保育ってどういうことなんだろうと考えているうちに、「自分がどっぷりジェンダーだ」ということに気づいたようです。

大なり小なり事例を挙げて、ここは直していきたい、とか、子ども達の家庭とやりとりしながらの個人記録にも、「さん付けで統一してはどうか」など、ここを変えようとか、変わらなくては、という前向きな意見がたくさん出てきました。

園全体で統一して変えるところと、それぞれの先生の考えで、必ずそうしなくても、というところと、二本立てでやっていくことになりました。ここでも、子ども達に「あなたらしくしていいのよ」と言うなら、それぞれの先生に、その先生らしい考え方、やり方があってもよいはず。ここまで一緒に勉強してきたのだから、あとはそれぞれの先生を信頼して……。

経験のある職員も、ない職員も、自由にはっきりと思っていることを言い、同時に人の意見を聞きながら、自分の考えを深めたり、確認したり、自分の変わらなければいけない部分に気付いたり、話し合いの会を重ねるごとに、職員が一回りも二回りも大きくなっていく姿を、実感することができました。

初めのうちは、男の子がピンクを選んだり、女の子が紺色を選んだりすると、「ジェンダー・フリーだ！」などと喜んでしまう時期もありましたが、それはまったく違います。ジェンダーをかぎ分ける確かな鼻も身につけた職員達です。

そんななか、自転車やスクーターを乗り回すのがいつも男の子と気づいた職員が、「誰でも乗っていいんだよ」ということを子ども達に伝えるため、一斉保育のなかで全員が順に乗り物に乗る機会を作りました。すると、次の日から、楽しそうに乗る女の子の姿がちらほらと見られるようになりました。

3　おしゃべり会でのお母さん達への取り組み

本音がでる、保護者と園長のおしゃべり会

保護者と園長のおしゃべり会は、毎月のお誕生会が園で開催される日に、そのお誕生月の子どもは、壇上で園のみんなからお祝いされ、そのお祝いされている我が子の様子を参観に来る、というシステムになっています。

その参観に来た保護者（父、母、祖父母、誰でもよい）のなかの希望者が集まって、悩みや、日頃の不満、その他前向きな発言などやり取りしていくという会が毎月幼稚園では開かれています。

新米お母さんの悩みや疑問を、そこに居合わせたベテランお母さんが体験を交えて、「うちはこうしたらうまくいきました」など……。園長はそこにいても、橋渡しさえすれば、お母さん同士で、問題解決して帰られます。

そのような会も今年で二年目、というときでした。

この会のお話し合いのたたき台に、ジェンダー・フリーについて提供することが情報発信になり、保護者のジェンダー・フリーについての意識がどのようになっているかの情報収集もできるのでは？　と考え、毎回この話題をのせるようにしました。

園がジェンダー・フリーの保育について研究を始めたこと、ジェンダー・フリーってたとえばこういうことのようですよ、と「ちびっこぷれす」（二一ページ参照）をコピーした物を見ながらお話して、子どもの服装や、らしさの押しつけだけでなく、ご家庭や、お父さんの意識、そういう意味でのお母さん自身のもっとフリーだったらいいのにという不満でもよいことをお話し、あとはフリートークとしました。

お母さんたちは、「ジェンダー・フリーについては条件付きで賛成。世間体も少し気になるし、その子らしさといっても、あまりかけ離れていると、いじめの対象になっては困る。男の子だったら、家でリボンをつけようが、キティちゃんのパジャマを着ようがかまわないが、外では困る。男らしさ女らしさにとらわれず、その子らしさを大事にする。個性を尊重するって大切。親の好みを押しつけないように、今後気をつけます」というのが、おおかたの意見のようでした。

性についても話題に

ある母親からはこんな話がでてきました。

「たいがい風呂も私が子どもと一緒に入るのだが、月に何日かは下着だけつけて入り、『ママどうしたの』と、子どもに聞かれて何となくごまかしてしまっている。皆さんはどうしていますか?」。

すると他の母親から、「うちは、男の子二人ですが、その日にトイレへ連れていき、出血を見せた。もちろんビックリしていたが、それをきっかけに女の人の体は、という話をし、どこまでわかったかわからないが、それ以後、そういうときには『大変だね。僕手伝うよ。お母さん休んでいて』という言葉が聞かれるようになりました。体のこと、性のこと、人間として一番大切なことなので、曖昧にしないで親の口からしっかりと伝えたい」と。

この発言には園長も感動！　何せ自分もそういう教育を受けてこなかったので、我が子にもどう伝えてよいかさっぱりわからない。なにも伝えていないのが現実。

このお母さんから、子ども向けの絵本『おちんちんのはなし』と、お母さん向けに書かれた『はじめましておとこのこ』という本を紹介していただき、園の職員全員に購入、配布しました。やはり性（セックス）の話は切り離せないことと、実感しました。

情報提供の大切さを実感

この会でも職員のときと同じように、発言したり、人の発言を聞きながら、いろいろ感じ、考え、自分で気づき、親自身が変革していく姿を見ながら、情報提供がいかに大切であるか、実感することとなりました。

この話し合いが功を奏したのか、ヘアピンをつけてくる男の子や、ピンクのズボンをはいてくる男の子、など、持ち物や身につける物がその子の好みを大事にしている、と思われるようになったのも嬉しいことです。

読み聞かせのボランティアをしている母親の一人から、「昔話やお遊戯会のダンスなどのことを考えると、先生、困ってしまうかもしれませんが、大丈夫ですよ。あれは日本の昔からの文化だからで、今の自分たちの生き方や生活は違うってこと、子どもにだってきちんと理解できるときがくるわけだから、日本の文化をとりあげないでおきましょうよ」と、子どもを信頼する心の広いお考えに、少し勇気もいただいたりしました。

4　お父さんとお話したくて

保育サポートの活用

当時は第一、第三、第五土曜日の保育がありましたが、当幼稚園では、土曜日は自由登園となっていました。毎回だいたい一〇〇人ぐらい（全体の半分ぐらい）の園児の出席があり、「その子ども達の保育を、保護者の方（希望者）にお願いする」という、保育サポートを実施していました。

保護者の方は毎回一〇～一五人ほど参加してくださいまし

た。普段の保育が女性の先生ばかりでしたので、できればお父さんにたくさん来ていただきたいと伝えると、半分以上はお父さんということになりました。たまたまそのようなことでおいでくださった保護者の方々に出席していただき、ワークショップを二回開催しました。

ワークショップ一回目

一回目（二〇〇一年一一月一七日）のときは、「ちびっこはうす」のスタッフの方が、三歳の子ども達を前に、「何色の折り紙でも好きな色でいいんだよね」という、パネルシアターをはじめとするいくつかの〇×遊び（ジェンダーってこういうことかと見ていた親は気づく）をする子ども達の様子を参観しました。

そのあと、その保護者（父親四人、母親八人）が、「子どもに着せる服について、家事・育児の父母の役割分担のこと、我が子をどのように育てたいか（男は強くたくましく、女は優しく美しく？　固定概念どおりか、またはその子らしさを大切に？）」などを話題とし、フリートーク形式で自由に発言していただきました。

今の二〇代～三〇代前半の若いファミリーは、家事や育児もけっこう分担している、普段は仕事に追われて充分とはいえないが休みの日や時間を見つけて手伝う、など、思った以上に父親も家事・育児に参加していて驚きました。

なかに、まったく家事も育児も積極的に係わったことのない父親がいて、この日の午後、この父親は子ども達を外へ連れだし、遅くなるまで相手をして遊んできたという話をお母さんから後々耳にしました。ワークショップに参加しただけで、この父親は変革したのだと思います。

育てたい子ども像や、しつけについては母親より父親のほうが男らしさや女らしさにこだわっていて、男の子には手をあげることがあっても、女の子にはしない。男の子には絶対スカートは困る。外では男の子らしい物を、など、世間体を気にする傾向が強いように感じました。

しかし、男女平等の新しい流れには理解があるようで、「条件付きで、ジェンダー・フリーに賛成です」というのが父親の考えの主流のように感じました。

また、「二歳になったある日、お姉ちゃんのお古を着せようとすると、嫌がって着なくなってしまったが、誰かに何か言われたのかな、と思うときがあった。家では関係なく育てているつもりだが、子ども同士、幼稚園や近所のお友達、その他いろいろ外圧がかかっていると思う」というような意見が母親からも聞かれました。

ワークショップ後、夫婦で参加した方のお母さんから、「参加してよかった。その後夫婦でいろいろなことを会話し、さらに考えさせられました。とてもよい勉強になりました」と感謝されました。

二回目のワークショップ後の話し合いで

二回目（一二月一五日）のときは、一回目とは別のクラスの年少児の保護者と年長児の保護者が参加するなかで（父親八人、母親四人）、前回同様、子ども達向けのワークショップ（お花屋さんごっこ。五一ページ参照）を参観後、話し合いの会がもたれました。

＊　＊　＊

情報発信者としてジェンダー・フリーについて学習した私が、次のように口火を切りました。

「進徳幼稚園はジェンダー・フリーになっている園で、とてもよいと言われました。たとえば園服は男女問わずピンクだし、名簿も男女混合、上履きも男女とも白になりつつあります。だけど、ジェンダー・フリーについて勉強していくと、ただそれだけのことではないと思うようになってきました。人種差別の問題が互いの文化を認め合う、異文化を受け入れることで違和感が少なくなったように、ジェンダー問題は次の解決すべき課題になっているのでしょう。

進徳では、その子らしさを大事にする教育をしてきたし、男の子らしさ／女の子らしさよりも個性を大事にしたいと考えています。

以前のジェンダーについての話し合いでは、あまり過激にジェンダー・フリーだといじめの対象になるのでは、という心配が出ました。昔からの日本の考え方は、「男は外で働き、女は家」でしたし、私自身も、面倒なことは男性にまかせ、自分は守ってもらうほうが楽、役割も決まっていたほうが楽と感じてしまいます。このようないろいろなことについて、みなさんはどう考えていらっしゃるか、お聞きしたいのですが」。

すると、じつに多岐にわたり、様々な考えを聞くことができました。

母親からは、「わが家ではだいたい夫婦どちらでも家事をするが、外の世界とのギャップはある気がする」「いちがいにジェンダー・フリーがいいとは言えないが、男の子らしく

／女の子らしくは時代遅れではないか」「子どもについては、女らしさ／男らしさはまったく考えず、自分のことは自分で決められる子、自分に自信が持てる子になってほしいと思っている」「ジェンダー・フリーの考え方をすると、専業主婦は弱い立場、ということではない。自分は主婦を楽しんでいる」などなど。

父親からは、「ジェンダー・フリーはあまり聞かないことばだし、幅が広すぎるのでよくわからない。男女は絶対に違うので、その区別は必要。だが、差別はいけない」「男の子が赤でもいいが、可愛いキャラクターはちょっとな、と思う。しかし幼児のときから生き方を決めたくないし、個性を大事にしたい」「形式的平等ではおかしい」などなど。

各ご家庭の様子も伺うことができ、またジェンダー・フリーというより、個性を大事にする教育をしてほしい、という意見もあり、参考になりました。

この日のワークショップを企画した園の職員の意見は、「一番大切なのは『その子らしさ』」「家庭で子育てについていろいろ考えていることがわかってよかった。自分の意見を言えて、思いやりのある子どもを育てたいと思っている。幼稚園でジェンダーとか男の子女の子ばかり気にして、教育することはできない」「その子がやりたいことをやれるように、どうしてもできないときは、それについて話せるよう、自分の気持ちを人に伝えられる子を育てたい」といったものでした。

＊　＊　＊

このワークショップのときにも、たぶん参加しながらにして、保護者は気づき、考え、今までとは少し違う子どもへの関わりや、期待、見る目を持つことになったと考えています。いや、保護者のみならず、私を含めてこの会に参加した全員の人たちが……。

5　子ども達には自己決定能力を

応援してくれる先生がいなくても

園児については、こちらは相も変わらず、自由奔放！　一〇〇人いれば、一〇〇通りのペースと、考え方と、まったく多種多様な個性の持ち主です。今までもそれぞれの子のペースにお互いつきあいながら、みんなで譲り合って集団で行動することの素敵さも味わいながら、日増しにどんどん成長する子ども達です。

「女のくせに変だぞ！」と言われて、驚いたり、つぶされそうになったり、自分の考えや、やりたいという意志が伝えられなくても、一回目にそばで先生が「そんなことないでしょ。女でもいいんだよ。先生だってできるよ。するよ」と言ってあげれば、その女の子は、何回かの繰り返しの経験のなかで、今度は自分の考えを応援してくれる先生がいなくても、自分で「いいんだよ、女の子でもするよ」と、堂々と言えるようになったり、また、友達の女の子が言われているときに、「そんな考えおかしいよ。私もするし、この子がするのは当たり前だよ」と自分の考えが言えるようになれば、すばらしいですね。

子ども達には、男性とか女性とかに縛られることなく、自分で考えた、自分らしい決断、これができるようになることを願っています。

6　幼稚園にとってジェンダー・フリーとは？

日ごとにふくらんでくる疑問？

「なぜ、幼稚園関係者の私が自分の首を絞めるような研究をせねばならぬのか？」。これが日ごとに私のなかにふくらんできている疑問です。この研究のはじめのとっかかりは、「私らしく！　あなたらしく！」。それは、個性尊重の教育を掲げている当幼稚園にはぴったり！　〇一年度中の園での研究取り組み期間中は、その疑問にはいたりませんでした。

しかし、親ごさんからの意見は、おおかた「それぞれの人、それぞれの家庭、それぞれの考えで、ジェンダー・フリーについて条件付きで賛成で充分ではないのでしょうか」というもので、私自身もそのような気持ちでいます。

1　この本を出すにあたっての編集会議に出ていると、私の考えすぎかもしれませんが、男女平等、男女共同参画社会、それって男も女も社会に出て働け！　ということ？

2　幼稚園は、お母さんは家庭にいて家事に専念しているところから送り出されている子どもを対象としていました。

今は下の兄弟の一番下が入園したので、子どもが幼稚園へ行っているあいだの時間だけパートでもしましょうか、という家庭はでてきていますが、あとはお母さんのかわりをする、または全面的にバックアップしてくれる祖父母などがいる家庭の子どもに限って入園してきます。

幼稚園は、九時頃から始まり二時半頃には終わってしまいますから、お母さんが誰からのバックアップもなしに、子育てと仕事を並行していこうとすれば、保育園に通わせざるを得ません。

1と2を合わせて考えると、完全にジェンダー・フリーになるということは、幼稚園がなくなって、保育園だけになるってこと？

幼稚園関係者にとってみれば、自分で自分の首を絞めているようなものですよね。

「桜井さんらしさ」を出していきたい

物質の豊かさだけでも安心して生活できる世界をつくれない、ということに世の中全体が気づいたころ幼稚園を任され、心を大切にということを中心に据えた教育を進めてきた私です。

ここ五年ほど、園の取り組みに共感してくださる方が増えてきています。世の中が経済を軸にむずかしい時代になってきています。世の中から笑顔が失われている時代だからこそ、幼稚園では子ども達や職員の笑顔がいつもあふれ、さらに「幼稚園って癒やされるね」と保護者の人たちにも感じてもらえる園にしていきたいと考えています。

幼稚園も変わらなければならないときがきているのかもしれません。「預かる」というシステムについて学びを深め、研究し、これまで積み上げてきた幼児教育にこれをプラスして、未来型の幼稚園をさっそく目指すべきなのかもしれません。

しかし、保育園化はもう少し先に延ばして、子どもにも大人にも安らぎや安心できる場、癒やしのある幼稚園をまずは目指したい。

それが「私らしく、あなたらしく」でいう、「桜井さんらしさ」と受けとめていただければ幸いです。

現状に照らして

何年か先には、女性が男らしいことをしようが、女らしいことをしようが、またその逆でもなんにも言わなくなるときがくる。それが理想でしょう。

でも今の幼稚園のなかでは、年齢が上がり、子どもの視野が広がるとともに、やっぱり男は男らしく、女は女らしくという意識が定着してきてしまいます。それが現実なのです。

小学校へあがれば、もっと顕著になるでしょう。

その定着を阻止するより、定着されつつあっても、「男らしいってどういうこと、女らしいってどういうこと」を理解したうえで、「そんなことに縛られることないんだよ。自分で考えて、決めたことが一番で、大事なこと。そのかわり、決めるときには正しいかどうか、誰かに何か言われてもびくともしないようにしっかり考えて決めるのさ!」、というしっかりとした考えが持てることを、子ども達には望みます。

男らしいってどういうことか、女らしいってことがどういうことかを曖昧にして、わからないまま学校へ送り出すことのほうが、子どもの意識の成長を阻むようで、考えられないことです。ですから、いつもそばで見守っていてくれる、ジェンダー・フリーの保育がよくわかった人が必要になってくると思います。

この園の先生達全員、いや保育にかかわる人すべてがこのような人でいてほしいと思っています。

生きる力はジェンダー・フリーにもつながっているようだ

須田聡子●進徳幼稚園教諭

いろいろな方の思いに触れる機会

幼稚園教諭として、子どもたちが生活のなかでつかんでほしいものは何だろう、と考えたとき、自分で考え、判断し、行動する力（生きる力）ではないだろうかという思いが浮かびました。これは、進徳幼稚園が青少年赤十字に加入したときに、改めて認識する必要があると感じた言葉です。私の保育においても、かなりウエイトを占めている言葉です。

二〇〇一年七月、ジェンダー・フリー教育というテーマの研究会に、協力園の代表者のひとりとして参加し始めた私ですが、研究会を進めていくなかでは、疑問と戸惑いと理解、いつも複雑な思いが胸に沸き起こっていました。

私が保育者として育ってきた進徳幼稚園という環境が、すでにジェンダー・フリーというテーマを少しずつ、噛み砕きながら受け入れてきていたというところ、また、この年に担任した五歳児クラスは、ジェンダーといった言葉をあまり連想させない子どもたちが多かったというところが関係しているように思いました。

このクラスの子どもたちは男女を問わず、保育室でも園庭でも家、基地、お店屋さんをつくることが大好きで、おままごとに戦いごっこ、ポケモンごっこに砂場での山作りや泥団子屋さんごっこなど、いろいろな遊びがいろいろな場で行われていたからでしょうか。男の子が泥んこジュースを作って「先生、このジュース美味しいよ！」と言っても、女の子が「ポケモンごっこの…、ピッチューになっているの!!」と走っていても、どれもが自然に見えるクラスだったのです。そして、友だちの楽しそうな声や保育者と友だちとの遊びの様子、目にとまる環境設定などに敏感に反応し、楽しそうな遊びにはどんどん参加する子どもたちでもありました。

研究会に参加するなかで、タイトル「ジェンダー・フリーで育ちあおう！　私らしく、あなたらしく」は、自分らしく生きる（生きる力）につながっているように感じ、保育者として共感できる部分として捉えられるようになりました。また、この会はいろいろな方の思いに触れるというよい機会でもあったので、私なりにジェンダー・フリーについて受け止めていこうとも思いました。

1　幼稚園児向けワークショップの工夫

幼稚園児に必要か？　疑問が残ったワークショップ

〇一年一一月一七日、研究の一環として進徳幼稚園にてワークショップが行われました。教材開発に携わった子育て支援サークルメンバーと大学教員など外部の方々が担当し、幼稚園の三歳児とその保護者、幼稚園教諭が参加メンバー、時間は四〇分程度でした（ワークショップのパフォーマンスは、ピンクの服を男の子が着たら？　水色の折り紙を女の子が選んだら？　お父さんがお料理をするのは？　女の子が戦いごっこをしたら？「どうだろう」ということを、参加した園児と保護者、保育者になげかけ、そして答える、というもの）。

「男の子だからこうしてはいけない、女の子だからこうしなさい」といった行動の規制はせず、基本的に同じ人間として接し見ていくことの大切さ、また反対に、体つき一つをとっても違うように、本能的なそれぞれの好みの違いがあることを認めてあげられる、広く柔軟な心が大人側に必要であるということは、参加した保護者の方々に伝わったように思います。

けれど、子どもたちには、このパフォーマンスのなかで使われたセリフによって、逆に「女の子が青を選ぶことはダメなこと！　ヘンなこと！」と意識づけされたり、「女の子だけど青色を選んでいいよ！」の「女の子だけど…」の部分が強調された状態で耳に残ったりすることはないだろうか、と考えてしまいました。幼稚園ぐらいの年齢の子どもたちは、言葉というものをあまり意識して使っていないように思います。子どもたちの言葉に敏感に反応してしまうのは大人のほうではないでしょうか。

今回のようなパフォーマンスを、幼稚園の子どもたちが体験する必要はあったのでしょうか。

言葉がけに工夫を——自主制作教材・お花屋さんごっこ

二回目のワークショップは担当予定だった教材開発メンバーの都合が折り合わず、私たち保育者が行うことになりました。子どもたちの日常の遊びをとおして何かを伝えることはできないだろうか、という観点からごっこ遊び（お花屋さんごっこ＝お買い物ごっこ）を題材としました。担当保育者間で、子どもたちが自分で考え、判断し、行動する、こういう小さな体験（遊び）の積み重ねが、子どもたちの自分らしさ育成につながっていくのではないだろうか、という意見が繰り返し出されたからです。

この自分らしさは、自分でいられる第一歩であり、ジェンダー・フリーにもつながっていくのではないだろうかという思いが強くなりました。花屋という設定で、赤・青・黄・オレンジ・ピンク・黄緑などいろいろな色の花を用意しました。

お買い物ごっこのときには、自分のための花、お家の人にあげたい花など、自分の考えで花を選べるよう、また遊びという点を心がけるような言葉がけをすることにしました。「好きなお花を選んでおいで」よりは「好きなお花を買っておいで」というような、雰囲気作りもできる言葉がけです。

保育者はお店屋さんの店員と、子どもたちと一緒に買い物をする仲間との二つに分かれ、保護者には子どもたちの様子を見守ってもらうことにしました。前回の色・キャラクターに関する意識調査的なものは、保護者のみが体験することにしました。

題材検討時には、保護者への対応点においても論議が繰り返されました。ワークショップ内で使われる保育者の言葉はメッセージ的要素が強くなりすぎてしまうことはないだろうか、という戸惑いが論点です。前回のワークショップは外部の方々が担当だったので、講演会に参加し講師の話を聞くような感じで、保護者は自分がいいと思った知識・情報のみを上手に受け入れることが自然にできます。

しかし、保育者という立場の者が伝える言葉には重さ（影響力）が生まれるように思ったのです。幼稚園が、保育者が

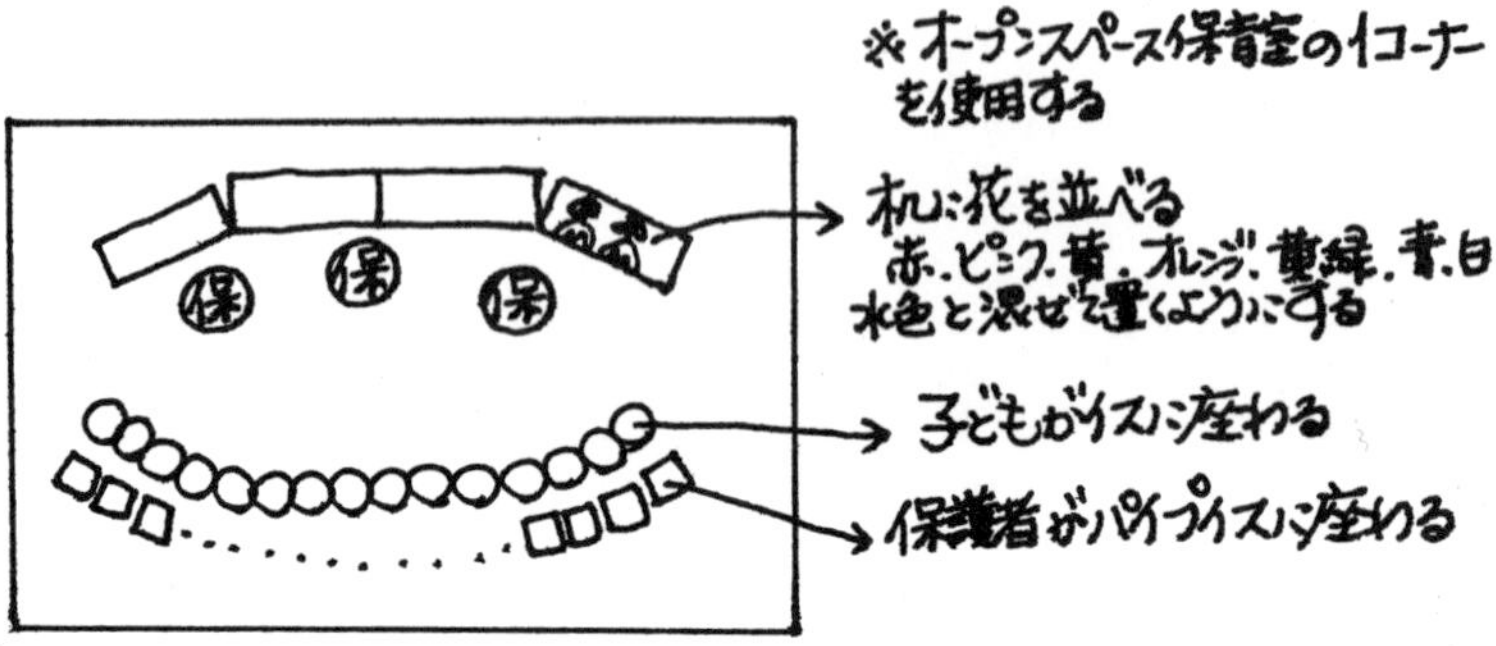

お花屋さんごっこの環境構成

『ジェンダー・フリーで育ちあおう！　私らしく、あなたらしく調査研究報告書』2002年3月より

「こういうことを要求している」とは思わないだろうか、伝えること、考えてもらうことは大事だけれども選択するのは保護者であり、選択できる環境でなくてはいけないのだろうと、いろいろな思いが巡りました。幼稚園という環境は家庭と一緒に子育てを考えていく場だと思うけれど、家庭に介入しすぎてはいけないのではないだろうか……。題材検討会に参加した三名の保育者はこのように感じたのでした。そして保護者に気づいてもらう、何かを感じてもらうだけでも、ワークショップを幼稚園で行う重要性があるのではないだろうか、と考えるようになっていきました。

お花屋さんごっこ――二回目ワークショップ

〇一年一二月一五日、保育者によるワークショップが行われました。ハンドゲームでごっこあそびの雰囲気作りをしたり、「いらっしゃいませ～　どのお花にしますか？　いくらですよ!!」と保育者が言葉がけをしたりするなかで、子どもたちは「やったぁ。どれにしようかな」とお花屋さんでの買い物を楽しんでいました。買い物ごっこの途中で、子どもたちにどうしてその花を選んだのか尋ねてみると、「赤が好きだからこの花にした」「かわいいからこの花を買った」と返事がかえってきました。どの子どもたちも自分の好きな花、選んだ花を手にすることができていたのではないかと思いました。

子どもたちの活動に続いて、クイズ形式で保護者の方へも色・キャラクターものについてどのように考えているか尋ねました（これは、意識調査的に、ということが狙いなので、テンポよく行いました）。

保育者が遊びのなかで「○○さん、どうしてこの花を買ったの?」「すてきな花を買うことができたのね。良かったね」などと言葉がけをすることは、子どもたちに周りの存在への関心（こんな友だちもいるんだ!）をもたせることにつながり、一緒によかったねと喜ぶことは友だちを認める、そして自分を認めてもらうという体験にもつながると思います。

自分らしく生きるということは、人を認め合える関係、環境がなくては叶わないことだとも思います。保育者として、こういう体験（遊び）を見逃さないようにし、大切にし、そのような場面では、どの子どもたちも自分の選びたいものを選べるように、そして自分を認めてもらったり反対に友だちを認めたりできる関係が築いていけるように、言葉がけや配慮をしていかなければいけないと思いました。

ワークショップに参加した保育者から、「現段階では、ジェンダー・フリーという考えは幼稚園でここまでする、小学校でここまでするといったものではなく、子どもたちの未来に少しでもこのような考え方を、ということで取り組んでいくものだと思います」、「今日の子どもたちは自信を持って選ぶことができていて、自分の好きなものを選んだ子、好きな友だちと同じものを選んだ子、どの子も自分の力で選んでいたので認めてあげたいと思います。自分自身を認めること、人を認めること、どちらも大切なことであると思います」との意見も出て、ワークショップを行ったことによって、ジェンダー・フリーという考えがあるということに少しでも気づいたり、心の中で小さな変化が起きたりするきっかけとなればよいのではないだろうか、という気持ちが再度沸きました。

ジェンダー・フリーを知ると

○二年度も五歳児を担任しています。新しいクラスは前年、お誕生会など保護者が集まる機会に園長先生がジェンダー・フリーについて話をされていたのを聞いたことがある保護者の方々だからか、子どもたちの持ち物などがさまざまであるように思います。少々気になる点は色彩のことですが、園で使う歯ブラシ、コップなどは黄色やオレンジなどが多いということです。意識してあえて中間色にしていることはないのだろうかと考えてしまいます。

女の子がピンク系のものを選んでも、男の子がブルー系のものを選んでも、その子がいいと思うものであればいいはずなのですが、子どもたちが黄、オレンジ、緑や、女の子がブルー系、男の子がピンク系などを選んだりすると、なんとなくホッとしてしまう……。ジェンダー・フリーという言葉を聞いたり知っていたりする人も、一度はこんなことを思い巡らすのではないでしょうか。なんだかこのことは、落とし穴のようにも思います。

〇一年一二月、二回目のワークショップ内容を検討していたときにも、こんな意見が保育者間で検討されていました。選ぶという状況に子どもたちがいた場合、子どもたちにとっての大人は子どもが選んだものを認める必要があると思う、という意見がほとんどでした。

こんなふうに何かに立ち止まる、答えがでなくても考えるということが必要で大切ではないでしょうか。

■あのね、ぼく、間違えちゃった!!

朝の自由遊び時間のことである。

その子は、おうちの都合で朝の登園時間が友だちより少し早い。そこであるていど友だちが揃い始めるまでは、早く登園した友だちと保育室で過ごしている。

その日は、隣のクラスの友だちと二人でぬり絵をしていた。用意しておいたお絵かきコーナーに、二〜三種類のぬり絵が置いてあり、その子は戦隊もののぬり絵を広げていた。ちょうど、私が保育室に戻ったとき、その子は女の子戦士をピンクの色鉛筆で塗っていた。私の気配に気づいた途端、「あのね、ぼく、間違えちゃった!!」と言った。私は、「えー　だってピンクレンジャーがいるから、何も間違ってないでしょう」と声をかけたが、その子はぬり絵を閉じることもせず走っていってしまった。

私が保育室に戻ってくることがもう少し遅ければ、と思った。以前パラパラとぬり絵に目をとおしたとき、戦隊ものに登場する女の子の色がほとんど塗られていなくて、目をとめたことを思い出したからである。アンパンマンや戦隊ものなど二〜三種類のぬり絵は、女の子がアンパンマンを塗り、反対に戦隊ものは男の子が塗るという様子が多かったように思う。男の子が戦隊ものに登場する女の子の色を塗らなかったのはなぜだろう、と考えてしまった。自分の好きなキャラクターがあってそれを塗っていたから、そのときの気分で、または友だちや保育者といった大人の目を感じたから……、いろいろあるのだろうなあと思った。
日々のこの子の様子を見ていると、大人の目を感じてしまったのだろうと思った。（一学期）

2　自己表現ができるように

遊びの大切さ

子どもたちと日々過ごすなかで感じることは、遊びの大切さ、一緒に遊ぶことの大切さです。楽しいことは子どもたちにすると、「何でも遊びだ」と感じると思います。楽しいと感じたことはまたしたいとも思い、またしたいということは覚えていると思います。だから、遊びのなかで伝えることは大切なのだと思います。

そして友だちと遊ぶことは人と関わりあいをもって生きる方法、自分を表現する方法、人を認め合うということを体得するよい機会になると思います。そこに保育者がいることで、さらに表現する経験、関わることの楽しさを味わう経験、友だちという存在に気がつくという機会が増えることもあるのではないでしょうか。

遊びを含めた生活のなかで、繰り返しちょっとした体験を経験することが、子どもたちの生きる力を養うことにつながると思います。それには、子どもたちにとってなじみのあるままごと遊びが大切で、それが第一歩になるのではないかと私は考えます。ままごと遊びで、そこに登場する人物に子どもたちといっしょになって保育者もなりきって遊び、遊びながら男女を問わず誰がどんな役割をはたしてもいいことを子どもたちに気づいてもらい、子どもたちが「わたしは〇〇になる！」と自分のなりたいものになれるということが、自分表現の第一歩だと思います。

男女を問わず、誰がどんな役割をはたしてもいいというポイントがジェンダー・フリーにつながるとも思いますし、自分の力（生きる力）は、自分らしく生きることのパワーとなると思います。自分らしさを出すことができる場はジェンダー・フリーという場でもあると思います。

友だちと思いを伝えあう楽しさ

保育の、次のこんな一コマも、自分らしく生きることにつながるのではないでしょうか。

保育室中にめぐらしたビニールテープの線路で電車ごっこを楽しんだときのことです。私から「切符はどこで売っていますか?」という一言があったのですが、そこから子どもたちは、「そうか! 切符がないと電車に乗れないから、切符を作らないとね」「お客さんは駅で待っていてください」「ここが踏み切りです。気をつけてください」。こんな言葉を友だちと伝えあいながら、遊びを繰り広げていました。

ちょっとした体験を見逃さない眼をもつこと、その体験を一緒に味わえるように子どもたちと日々過ごすことが、これからも私の保育の重要ポイントだと再確認させられました。さらに子どもたちにも、自分らしく生きるための〈生きる力〉に気づいてもらい、その力を自分のものにしてほしいと思います。

遊びのなかで、自分の気持ちを伝えるときにはドキドキすること、伝えたあと自分のなかに沸き起こる喜びと自信、「え～! でも……」と友だちにも思いがあることに気づくこと、何度も何度も友だちと伝えあいながら遊びの方向性を決めること、そして遊びを開始していくこと、さまざまなことを十分体験できると思うのです。

私たち保育者は子どもたちばかりでなく、その保護者とも幼稚園という環境をとおしてつながっています。つながりとはお互いの思いを交流させることができる関係だと思います。保育者が生きる力やジェンダー・フリーなどを心にとめて、保護者の方々と接するだけでも、何かに気づいてもらったり感じてもらったりすることになるような気がします。それが私たちにできるメッセージだと思います。

〈進徳幼稚園から〉

ジェンダー・フリーを知って変わってきた物事の捉え方

♪♪♪

●歯ブラシ（保育歴五年）

二つのトレイに分けて並べてある歯ブラシの置き方に、ジェンダーが見られたと感じた。歯みがきが終わった子どもたちは、自分たちで歯ブラシをトレイに戻す。

あるときAが「男の子はこっち（のトレイ）で、女の子はこっち（のトレイ）」と言った。どの子も何の疑問もなく、そのとおりにしていた。「あっ、これはジェンダー!!」と思い、子どもたちに「男の子でも女の子でも、どっちのトレイに置いてもいいんだよ」と言葉がけをした。Bが「そうだよ、どっちでもいいよ」と言って、子どもたちはそれぞれ好きな方（置きやすい方）のトレイに歯ブラシを置いていた。

男の子用と女の子用に分けてトレイに歯ブラシを置いたのはなぜか？　歯ブラシは二つのトレイのどちらかに置くので、見つけるのに多少時間がかかる。せめて、自分の歯ブラシがあるトレイがわかれば、見つけやすい。子どもたちが歯ブラシを男女に分けようとしたのは、自分の歯ブラシを次に見つけやすくするための知恵ではないだろうか。

これまで子どもたちは、このような分け方をしていないし、私も提案しなかったが、子どもたちが自分たちの物を、自分たちで使いやすくしようと考えることができるようになった一つの成長であったかもしれない。それをジェンダーにとらわれ阻んでしまったのは、安易な考えだったと感じる。子どもたちが行ったことは、男女の「差別」ではなく「区別」であった。ジェンダーということより、子どもたちの成長を素直に認めるべきだったという思いがある。ジェンダーを気にするあまり、大切な部分を見落とすことは避けたいものである。

しかし、その分け方が男女で行わなければならない理由もまた、ない。実際その後子どもたちは、歯ブラシの色でトレイを分けることもしていた。いくつかある分け方の選択肢のなかで、子どもたちが男女という分け方を選んだのは、最もわかりやすい方法であったからだろう。けれど私は、このような経験は女の子だから、男の子だからこっちのトレイに置くことができない、してはいけないという、「女の子だから、男の子だから」という選択ができないことがあるという気持ちを子どもたちのなかに残してしまうように思う。このような分け方が日常になってしまうことが後々、男と女が違うことが当たり前につながるように思う。

同じということこそ当たり前であってほしいし、違うということは男女に関係なくすべての人が違う、それぞれの個性なのだということに気づいてほしい。子どもたちは今、そんなジェンダー・フリーの入り口に立っている。私たち保育者はそれぞれの個性（他人も自分も）を大切にすることを、子どもたち自身にも伝えていかなければならないだろう。それはやがて、自分自身とそして相手を尊重することにもつながっていくのである。

♪♪♪

●プールバック（保育歴一二年）

ジェンダーについて、自分のなかでこだわっている部分はそうないと思っていたが、ときおりジェンダーに染まっている自分に気づかされることがあった。

プールバックを回収していたとき、一人足りなくて無意識に色で男の子、女の子の数を確認し、探していた。ハッとした。何かにつけて、あと一人というときにこの男女という方法で探していたように思う。

名前を見て男の子か、女の子かわからないとき、自分の基準で判断していた。

保育しているなかで男の子はこうである、女の子はこうであると決めつけている部分が、ジェンダーを勉強している自分のなかにまだあることに気づかされる。プールバックのことにしても、保護者自身がまだジェンダーにつかっていることがわかる。すぐに変わることは難しいのだが、ジェンダーのことを少しでも知ることができたのは、学ぶきっかけがあったおかげだと思っている。

♪♪♪

●歯ブラシが分けられていて（保育歴四年）

ジェンダー・フリーについて研究している園なのに歯ブラシが男の子、女の子に分けられていて、正直困ったなぁという思いがあった。そのまま見守って一週間ほど経ったころ、相変わらずなので洗いながらこっそり混ぜてみた。……が、キレイに青系／赤系で分けられていた。

男の子、女の子で分けているのか、色で分けているのかハッキリしなかったが何日も続くので「女の子と男の子と、色で分けなくてもいいんだよ」ということは伝えた。その後しばらくは、分けられているということはなかったが、つい最近から、またキレイに分けられるようになった。ただ色で分けているかもしれないのに、少しジェンダー・フリーに取り組んだために私自身が「これってジェンダーなの?!」と意識してしまい、また「ジェンダー・フリーにしなくては……」と思ってしまう。だからキレイに分けられている今でも、こっそり混ぜてみて、明日は混ざっているかもしれない、と楽しみにする自分がいる。

♪♪♪

●俺について（保育歴二年）

幼稚園教諭として働いて二年目となるが、自分のことを「俺」と言う子の言葉をそのまま聞き逃していいものかと思うことがある。現在年中組の担任だが、徐々に「俺」と言う子が増えているように思う。これが年長組になるころには…。

ある日、遊びのなかで「俺も！」「俺!!」「俺も!!」「なぁー！」と言う子どもたちに続いて、私も「俺もー！」と言ってみた。「えー、先生は女だから俺って言っちゃいけないんだよ」「そうそう、先生は髪の毛が長いから女！」「じゃ、髪の毛が短いと男なの？」「そうだよ、なぁ！」とおもしろい言葉が返ってきた。

テレビ番組や大人のように「俺」と自分のことを言う姿は、背伸びをしているようでかわいらしいが、男は「僕」「俺」、女は「私」？　教育的な面から見たとき、「俺」と言っている子どもたちをそのままにしていていいのだろうか、自分のことを名前で「〇〇ねぇ」と言う子もいるが、そのままでいいのだろうかと思う。

また、無意識的に「僕」や「俺」と聞くと頼もしい感じ、「私」と聞くとかわいらしさやおしとやかさが感じられるのは、たぶん私だけではないと思う。

「僕」より「俺」のほうが、カッコイイ!!　男が「俺」で女が「私」という考えが、四歳児の頭のなかに、見事に植えつけられていることは、事実のようだ。これからも子どもたちにいろいろ突っ込んでみると、けっこう楽しい言葉が返ってきそうな気がしている。

ジェンダー視点で保育をチェック

チャイルドルームまみいの実践

乙黒いく子●チャイルドルームまみい園長

1　私がめざした保育園とは

私とジェンダーの出会い

ジェンダーという語句を知ったのは、新聞だったと思う。

その「ジェンダー」にかかわる事業に、私が協力園として関わるようになったのは、二〇〇〇年の県立女子短期大学での男女共同参画アドバイザー養成講座で、出席者のための託児を保育者という立場から、お手伝いしたことに始まる。そのとき、研修会の内容を知り関心を抱いた。その後、〇一年の文部科学省の委嘱事業「0才からのジェンダー教育推進事業」を「保育園の立場から一緒にしましょう」と池田政子先生からお誘いを受ける。

そのとき、「参加しよう、ジェンダーの学習をしたい」と思ったのは、保育園の園長の立場より私の個人的問題を考えるよい機会になるのではないかと思ったからだ。

それは、昭和二五年生まれの自分の生育歴にある。兄は送迎つきで幼稚園、私は地元の保育園に通園。兄は家庭教師がつき、私は「勉強より家事手伝いを習得せよ」と祖父母や父に言われていた。当時の嫁としての立場を固持されていた母は黙っていたが、そんな母にも苛立ち、今思うと幼い抵抗はしていたとは思う。たとえばテスト前の台所での片付けなど、食器を必要以上に音を立てて洗ったりした。

でも、大人を説得するだけの理論というか理屈が考え出せなかった自分が、今でも情けない。要するに子どもの頃の兄妹差別を今も引きずっている。それに、私はトラブルを避けたり、生きやすいために「自分は女だから」と都合に合わせて「〜（女）だから」を利用している部分があるのではないかと思うときがある。そんな自分が嫌で学習することにより自分を変えたいと思った。

しかし、園長として保育園全体での事業の関わりは、かなりしんどそうだった。何より保育園は忙しい。行事と日々の保育でてんてこ舞い。それに園長である私はその気でも職員がどの程度関心が持てるかが、大きな問題である。園長職にあっても自分ひとりの力なんてたかが知れているし、周囲を巻き込んでこそ活動の意味があるように思えた。

自分が関心を抱いたことなので、かなり情熱を持って職員を説得したと思う。たとえば「保育に必要と思える知識を得るための勉強だけではないんだよ。あなたのこれからの生き方にも関わってくると思うの。彼氏やパートナーとよい関係にあるの？　女性だからって自分を封じ込めている言葉や行動はないかしら？　自分の子どもを育てるとき、きっと役に立つと思うよ」等々……。

職員の反応は「大賛成」とはいかないまでも、「保育に無理のかからない範囲でなら」ということで始まった。

共働き家庭を応援したい

「チャイルドルームまみい」は一九八五年、中巨摩郡玉穂町に認可外保育園としてスタートした（二〇〇一年、認可園として再スタート）。現在定員は六〇名（七一名在籍）で、職員数は一六名。特徴は「なんてったってアットホーム！」。

ＪＲ甲府駅から車で南西に三〇分。周囲は田んぼや畑が広がり富士山も南正面に見える。当然この豊かな自然を利用させていただく保育を心がけている。規模が小さいことや地域性もあるのか、どことなくゆったりしている。

このチャイルドルームまみいを開園したのは、私が三五歳のとき。勤務していた園を辞めて、認可外保育園を開いたのには二つの理由がある。まず、共働き家庭の立場に立った「安心して子どもを預けておける場所」を提供したかった。

当時、認可園は今のように延長保育を実施しているところは少なく、共働き家庭は時間的に大変だった。それで、とにかく親の仕事が終了するまで預かるようにした。夜は入浴、夕食を済ませ、パジャマに着替えさせてそのまま帰宅後ベッドに入れるようにした。仕事も育児もがんばっている女性からは感謝されたが、私が応援したかったのだ。

私の経験を私の言葉で伝えたい

二つ目の理由は「自分が考える保育を実践したい」という欲求が強かった。

今考えると恥ずかしい限りだが、私は二五歳で長男を出産したとき「ウソー！　子どもって、もっと単純な生き物なんじゃあなかったの？」とカルチャーショック（と言えるかどうかわからないが）を持ったほど無知な女性だった。そこで、子どものことを勉強したことから保育の道に進んだような人なのだ。

自分がそんなだったので、母親のなかには私ほどではないにしろ育児がわからない女性っていると思えた。そう、女性だから出産さえすれば「良い母親」になれるわけではない……と気がついたのだ。また、超甘えん坊で病弱な息子を育てていたせいか、子どもの「甘え」に対して寛大な自分にもなっていたので、「手のかかる子もドーンときなさい」的な保育士に息子から育てられたと思う。そんな自分の経験を自分の言葉でお母さんたちに伝える場がほしかった。

＊　＊　＊

文章にするとなんかカッコいいけれど、そんなにすばらしいことをしていたつもりはない。なにせ、私はお金がたくさんあったわけではなく、夫は普通の勤め人。要するにないものだらけで資本金はそのとき三〇万円でプレハブ物置を改装してのスタートだった。

町内に公立保育園はひとつで、０歳児保育は実施されていなかったため需要はあった。もちろん苦労はあったが、家族の協力もあり自分のしたいことを実践している満足感があった。

今でもその当時の保護者とはお付き合いがあるし、「まみいっ子クラブ」なる卒園児たちの集まりもある。そしてだんだんに協力者を得ながら、まだまだ課題はあるが今の認可園につながっている。

父親も保育に引っ張りだそう――父親ダンサーズ

今回のジェンダー学習に、父親たちがとても協力してくれたが、私は自分の園にお父さんたちがたくさん関わってほしいと思っていた。私の夫が比較的子煩悩で「男性も子どももと十分遊べるんだあ」とわかったし、女性保育士ばかりの当園に男性の視点は貴重だと思えた。

そこで園の懇親会を「父親と保育士」「母親と保育士」に分けて行った。すると自然に同性の仲間意識が芽生え父親グループができた。

「さあ、これを育てましょ」——育てることは私のプロ領域？　まずは運動会にスポーツ参加だけではなく、パフォーマンスを要求したら出てきたのが「父親ダンサーズ」。最初しり込みしていた人も、だんだん隠れた才能をそれぞれに発揮しだした。入園したての園児の父親には無理に勧めず先輩父親たちの出演を見ていただき、少しずつ心のバリヤをはずしていただく。そしてデビューとなる。

父親がパフォーマンスをしているのを見つめる妻と子の表情がとてもいい。保育運営委員会では自分たちが経営者のように親身に考えてくださり、もう「母親だけでなく父親も頼りになる〜」の一言だ。

夏祭りの「保護者バンド」なども、年々バージョンアップしている。乳幼児のいるところに母親たちの姿は当然という感じだが、父親たちの姿がないというのも不自然だ。母親たちの力もすばらしいが、父親たちのその気になれば「する」「できる」力は素敵だ。「保育園での子どもの様子を知り園が身近になった」という父親もたくさんいる。お父さんたちに、子どもの保育園時代をともに有意義に、そして楽しんでいただきたい。

職員が園児全員の顔や名前、ご家族の方もほとんどわかるというのは安心感があり、風通しがよいコミュニケーションができる。「アットホームな保育園」の看板は守りたいと思う。

2　盛りだくさんの事業計画

二〇〇一年度の計画を次ページ表のように立て実践する。

じつは、最初、何をどのように始めたらよいのか戸惑った。実践の結果も想像できなかったので、研究課題のようなものや手順も思い浮かばなかったのである。それでは時間ばかりが経過するので、「とにかく思いつくことから手当たり次第……」ということで、初年度はあまり計画性もなく盛りだくさんのことをしたと思う。

表1　「0才からのジェンダー教育推進事業」2001年度の事業計画

① 保護者と園との連絡ノートをオレンジとグリーンの2色用意して、新入園児親子に選択してもらい、その色を選んだ理由を聞き取る（4月）
② 園内の環境と絵本や紙芝居などをジェンダー視点でチェック（5月～9月）
③ 園内検診や日常の保育の様子をビデオ撮影してチェック（4月～10月）
④ 「1歳児にもプールあそびで水着は必要か」保護者アンケート（7月）。「女の子にはパンツくらいはかせたい」という意見から保護者アンケートの実施
⑤ 「ジェンダーについて」保護者アンケート（10月）
⑥ 父親、母親のそれぞれのグループの座談会（10月～12月）
⑦ 保育士が県立女子短大作製のジェンダー・フリーについてのビデオ（文部科学省エル・ネット「オープンカレッジ」）を見て感想文を書き、その後、座談会で意見交換（10月）
⑧ 県立女子短大の先生方や保護者と園内でワークショップ（2002年1月）。父親懇親グループの「父親ダンサーズ」と保育士との手作り教材や寸劇をする（ビデオ撮影）
⑨ 事業全体の報告会「ジェンダー・フリーで育ちあおう！　私らしく、あなたらしく」（公開研修会）で園の実践と分析を報告（2002年2月）

1　男の子色・女の子色を発見！（表1事業②、以下同）

保育環境から理解しやすいと思われる色についての事例

園内をジェンダー視点でチェックして、まず気づいたことが掲示物に使われている色だった。

掲示物を書いた全保育士が、女の子はピンクや赤系の色で、男の子は黒や青系の色を選択して書いていた。私もほとんど毎日その掲示物の前を通り見ているはずなのに？「保育士一人ひとりの好みにより選ばれた色使い」程度に思い込んでいた。はっきり言ってあまり気にしていなかったと思う。

そこで多くの保育園にありそうな掲示物から「色」を事例として、ジェンダーを考えてみようと、保育士の色の使い方をチェックするため、掲示物を写真に撮った。

すると、以下のような例があった。

＊誕生日表の名前が男の子は青の紙、女の子はピンクの紙に黒のマジックで記入（カバー袖写真参照）

＊誕生日表の名前が男の子は緑色や青色のマジック、女の子はオレンジ色や赤色のマジックで白い紙に記入

＊クラスメイトの写真付き名前紹介が男の子は黒色マジック、女の子はピンク色のマジックで白い色の紙に記入（カバー表写真参照）

そこで、書いた保育士にその色を選んだ理由の聞き取りをすると、

＊何となくその色を使った
＊今までにも、そのような色使いで男女を分けていたので
＊男女のイメージカラーがあり、それにしたがって色分けすると整理できてクラスの園児を把握しやすい
＊男の子、女の子がそれぞれ好みそうな色を使った

ということだった。

聞き取りから考察してみると、保育士たちは無意識のなかで男女別のイメージカラーができていて、それが習慣化しているように思える。

掲示物の事例は、保育士全員が女の子は暖色系で男の子は黒色か寒色系で一致している。彼女らは今までの生育歴のなかで、いつの間にか男色女色があると感じ、その色分けが刷り込まれていたと考えられる。園内の掲示物は、園児も毎日何となく見ている物であり、男女の固定的な色分けメッセージになると思う。園児に視覚を通して「いつの間にか何となく」という、無意識的な刷り込みができあがる危険性があるのではないだろうか。

園児の持ち物を観察してみると?

次ページ表のように、保護者においても保育士と同じように「無意識のなかで」「習慣化」していると言えそうだ。

たとえば赤ちゃんが男の子だとブルー系、女の子とわかるとピンク系の色のおくるみやベビー服を準備する人は大勢いると思う。お祝いにいただく品もそのような色分けになっていることが多い。まず赤ちゃんは、男女の違いでブルー色、ピンク色の環境ができる。

テレビや雑誌の影響でキャラクターを意識するような年齢になると、店頭でピンク系の色で女の子向きのキャラクター付き、ブルー系の色で男の子向けのキャラクター付きという子ども用品に目が向く。そして保護者も男女のイメージカラーで女の子はピンク系、男の子はブルー系を購入するようである。男女兼用と思える品もあるが種類は少なく、キャラクター付きで押し付けられているようにも思える。

そのようなことから家庭においても、子どもたちは男女の色の刷り込みをされているのではないだろうか。三歳児くら

園児の持ち物の観察と保護者からの聞き取り

【観察してみると】

＊コップ、歯ブラシについては男の子は青色や水色にキャラクタープリントが多く白色、黄色が少数ある。女の子は圧倒的にピンク色にキャラクタープリントが多い（カバー裏写真）。

＊カバンは運動会の参加賞だった男女兼用型カバンやキャラクタープリントの物が多い。１～２歳児の通園バッグは布製が多く、色柄は男女で分けられない。

＊衣類は男女ともに、モノトーンや茶系があるが、キャラクタープリントの物も多い。

＊靴は３歳児以上は色分けされたキャラクタープリントが多い。

【それを選んだ（購入した）理由は？】

＊何となく買った。

＊女の子にピンク色はかわいいイメージがある。

＊子どもに選ばせた。

＊店に色の種類が少ないため偏るのではないか。

＊子どもの友達が持っている物と同じような色や品物を買った。

（保護者からの聞き取り）

いになると、子ども自身に選ばせるという保護者もいるようだが、本当にその子は好きな色を選択できているのだろうか。自分で選ぶことができる年齢になる前に、前述のような環境から、その子の無意識のなかに押し付けられた色が刷り込まれることはなかっただろうか。

最近はテレビの戦隊もの番組の影響なのか、男の子に「赤い色」が人気だ。強いとかカッコいいというイメージを持っているようだ。このようなことから「赤い色」は女の子だけの色でなくなり、新たに「赤い色のイメージ」の押し付けが始まっているようにも思える。

＊　＊　＊

私たちは、子どもが自己主張できる年齢の前に色分けの刷り込みにならないような環境を整えたり、強制や誘導するような言動にならないよう配慮することが大切と感じた。当然のことながら、子どもが好きな色は認めよう。

簡単なことのように思えるが、大人は「この子にとって、こっちの色のほうがよい」とか「ふさわしい」などと押し付けや指導をしがちだと思う。また、現代社会は、こんなところでもマスメディアの影響が大きいかもしれない。

2　父親たちも大活躍！　ワークショップ（事業⑧）

年間行事の家庭教育学習会で、二〇〇一年度はジェンダーについてワークショップをしようということになり、さっそく保護者役員と保育士、園長で構成する「運営委員会」で協議すると父親たちが大いに乗り気だった。

なんたって我が園の「父親ダンサーズ」は実績を積んでいるし、なかなか芸達者が多い。それに、先に父親たちがジェンダーについての座談会を行っていたのでワークショップもすぐ賛同が得られたと思う。あの男ばかりの座談会は、座長をしていた私はタジタジだった。

まず『モモコとケンタのジェンダーチェック』（山梨県女性政策室、一九九九年発行）をしてもらうと、「この冊子は女の視点だけで構成されている」とか「望ましい答えを誘導している」などの意見が続出。チェック前から大騒ぎ（？）である。座談会実施が春頃で、まだ当方もジェンダー学習が深まっていないのにあまり混乱させないで、ビデオも撮っていることだしと冷や汗物だった。

「動物はいいなあ。オスだから、メスだから、なんて言われてないんだろうな」なんて発言も飛び出し、発想が自由というか超越的とも思える客観性にキョトンだった。

そんな父たちがワークショップの内容にまで関わり、保育士たちと寸劇などを演じてくれた（次ページ表参照）。

県立女子短大から池田、阿部両先生にも助言者としてご来園いただいた。父親たちが「何かする」ことに少しは慣れている母親たちも、女性役のお父さんの裏声に笑ったり、生活に密着した内容に考え込んだりの会場だったが、「今まで当たり前と思い込んで、いただけで気づかないジェンダーがたくさんあることがわかったけれど、頭が混乱する」など、戸惑っている参加者も大勢いた。

県立女子短大の先生方の掛け合い漫才調子（失礼）の話も楽しく、「とにかく戦おう」ということになった（みたい）。「行事は楽しく」が、当園のモットーだがそのとおりのワークショップになった。みんなこの満足感が苦労（？）や疲れを忘れさせ、次の行動につながるのだ。

チャイルドルームまみい
の
園内ワークショップ

■ランドセル（エプロンシアター）

男の子が赤いランドセルがほしいと言ったらどうする？

【意見・感想】

・よその子が何色でも何も言わないけれど、わが子だとイジメられたら困る（母親）

・男の子に赤色はヘンだからよそうと言いそう（母親）

・女の子のほうが、黒いランドセルを持つなど、自由に選んでいるようだ（母親）

■１歳児でも女の子には水着が必要？（ペープサート）

集団での水あそびは、女の子にはパンツくらいはかせたい

【意見・感想】

・女の子が足を広げて裸で遊んでいると気になる。パンツをはかせたい（母親）

・お風呂ではないので、小さい子どもも男女を問わず、水着を着たほうがよい（父親）

■割り勘（寸劇発表）

〈15ページ写真参照〉

デート費用は男性の支払いが多いみたい、どうして？

【意見・感想】

・男の見栄があるので支払う（父親）

・貸し借りを作りたくないので、割り勘で支払う（保育士）

・支払いは男性がして、後日同額くらいの品物でお返しをしていた（母親）

■おかわり（寸劇発表）

祖父母宅では祖母が給仕係、自宅では自分のおかわりは自分で、なぜ？

【意見・感想】

・子どもが座ったまま「水」「ごはん」と命令口調で言うのは夫の真似だと今わかった。夫婦で話し合ってみる（母親）

・掃除は少し手伝うが、食事の支度には手を出そうとしない夫を何とかしたい（母親）

3　保育士のジェンダー意識と保育　座談会（事業⑦）

今も強固な性別役割意識

当園の保育士は二〇歳から四〇歳代がほとんどで既婚者もいるが、子どもがいる保育士は現時点では全員非常勤職員である。その全職員で行った座談会での発言内容を項目的にまとめると、

＊ジェンダー・フリー保育について
＊園児の姿からみる男女差について
＊自分の育った環境をジェンダー視点から振り返る
＊ジェンダーの再生産につながるような言動について
＊自分とパートナー（夫や恋人）との関係から
＊性を選べるとしたらどちらを選択するか、その理由は

となる。

以上のなかから仕事をするうえで、関係がありそうな自分の生き方としての意見を拾ってみると、以下のようになる。

＊わが子は三歳くらいまでは自分で育てたい、そのためには仕事はやめる。子どもがある程度成長したら仕事をパート的に始める。収入が少ないのはやむをえない。その分夫の収入を期待する。
＊女性は教養を身につけ経済力だけとは言わないまでも、妻子を養う力のある男性と結婚するのが幸せと思う。
＊子育てをしながら共働きをしている母親たちを見ていると大変そうで、自分にはできないと思う。
＊専業主婦であっても、夫には家事・育児は積極的に協力してほしい。
＊男性のプライドを傷つけないためには、夫の収入を超えないほうがよいと思う。
＊自分に経済的自立がない状態で、夫と別れたときは再婚を視野にいれる。
＊パートナー（夫）は働くことに理解を示すが、収入差で家事・育児の分担量が暗黙のうちに決まる。
＊自分にもっと能力があれば収入が増えると思う。
＊出産後も働きたい。そのため利用しやすい社会制度を整えてほしい。
＊自分が社会のなかで働くことを理解してくれる男性をパートナーに選ぶ。

この座談会で私が感じたことは、三〇年前の私が「女だから～してはいけない、～でなければならない」と周りから言われながら自らを縛っていた時代と変わらない保育士たちが、目の前にいるということだった。

同じころ県立女子短大で「女性と仕事」というテーマで学生たちに話す機会があり、その資料とするため「これからどのような生き方をしたいか」を保育士たちに質問形式で行った。結果は、座談会での発言同様に、ほとんどが「結婚して子どもがほしい。仕事はパート的に行い家族に負担がかからない範囲でする」だった。

私は、出産や専業主婦やパート的働きを否定しているのではない。要するに多くの可能性のなかから自分で選んだ生き方ならよいが、はじめから育児と仕事の両立をあきらめたり、能力がないと考えたり、夫の収入を超えないほうがよいと思い込んでいることが問題だと思う。

共働きの保護者支援と個を認める保育につなげて

当園の保育士は、こまめに体を動かして働く。また、自分の個性でプロデュースできる保育を目指して仕事に励んでいる自慢の保育士が多いと思っていた園長としては、多くの保育士たちの意識にちょっとびっくりだ。保育園は共働きでがんばっている女性の子どもが多い。保育士が三歳児神話を鵜呑みにしたり、経済力を男性に求め、それが当然と思いこんでいるとしたら、共働き家庭を心から理解し支援することはむずかしいのではないだろうか。

今、保育園は園内で子どものことだけに関わっていれば事足りる時代ではない。家庭への支援も大切な仕事になっている。そのなかの一つに保護者を精神的に支える仕事もある。これが非常にむずかしい。なぜなら保育士自身の人間性や専門性が出るからである。ジェンダー・フリーの学習はそれらを深めることにつながっていると思う。結果として、それが保護者の多様な考え方や個々の家庭の事情を理解し共感とともに、支援できる保育士に成長すると思う。

3　保育の質の向上へ

ビデオで客観的な見方が

園長、保育士、栄養士などの職員が園全体で保護者も巻き込んで、ひとつのテーマに取り組んだのは、初めての経験だった。少々オーバー表現とは思うが、一年間ジェンダーのことばかり考えていたように思う。とにかく保育園はエネルギッシュな乳幼児に、その場で対応しなければならないことが多く、紙面では言い表しきれない細かな保育の連続だ。

行事の準備もあれば、保護者との対応も多様で神経を使うことも多い。とにかく一日が忙しく流れていく。とても保育しながら、その場をビデオに収録するなどという作業は担任の保育士には無理である。県立女子短大の先生方が遠方から出向いてくださるか、園長がビデオ撮影役にならざるを得ない。仮に一日中カメラを固定して回しっぱなしにしたとしても、それをその後にチェックし編集する作業時間は皆無である。

そこで私が多くの時間を費やしての撮影だったが、改めてビデオを観ると客観的な見方ができるのか、気づきもあった。

保育士からも「決められた仕事以外に少しでも何かをするというのは大変だが、苦労しただけの学習的価値はあった」「これからの自分の生き方を決めるうえでも参考になり、考えさせられることも多かった」「ジェンダーの気づきもたくさんあったが、でもそれを自分に取り入れ自分を変えていくことは、大変なことで努力が必要そうだ」などの感想がでた。

なかには「よい考えだとは思うが、私は不満がないから自分には、あまり関係ないかな」との発言もあり、「自分に不満がなければ」「余計なことはしない」の領域から脱しない、問題意識が薄いと思われる保育士もいた。

職員、保護者の協力で、みんながエンパワーメント

職員以外に保護者の方々、とくに父親たちの参加は大きな力になった。これは普段から何かと園に協力してくれる「父親ダンサーズ」の組織力の賜物だ。乳幼児を育てながらの共働きが多いこの園で、直接育児や生活に関係ないと思われるようなテーマだったかもしれないが、「保育園ですることだから何か面白いことかもしれない」と興味が湧いたという父親もいた。こんな好奇心が旺盛な父親を持った子どもは幸せだろう。それに県立女子短大の先生方をはじめ、この事業に関わった仲間の方々にも大きな支えや協力をいただいた。

結果的に初年度としては飛ばしすぎというか、欲張りな計画だったと思うが、どれも終えると実験と結果のように、ひとつずつ確信できることにつながったし、また新たな疑問や戸惑いも生まれた。とにかく思いつくまま、できそうなことは「やってみよう」精神での取り組みなので、センセーショナルな「出来事や発見」ではなくても、関わった仲間にいつの間にか心に学習成果として残ったのではないかと思う。このエンパワーメントを保育に生かすとともに、周りの人たちにも伝えていく作業も次の課題でもあると感じた。

ジェンダー・フリー保育の必要性

「いつもニコニコしているけど、泣くときはスゴイ大声なんですよ。さすが男の子って感じです」「女の子らしく、おとなしくて可愛いね」。

ジェンダーを学ぶと、このような乳児室の保育士たちの会話が気になりだす。男も女もないと思われているような赤ちゃんの周囲が、このような会話でうなずきあっているとどうだろう。赤ちゃんは人が自分を、どのように見ているのか（ありのままの自分を肯定しているか、否定しているか）に敏感である。

四歳児女の子の発言で「女はこっち、男は向こうへ行って。男は乱暴だから」。こんなとき、保育士はどのように関わったらよいのだろう。「仕切りやのAちゃんが、またオシャマなこと言ってる」と思いながらも、子どもの世界に介入しないでいるほうがよいのだろうか。「男は乱暴」と思っているらしいAちゃんへのフォローは、しなくてもよいのだろうか。

上記のような例は保育園にはたくさんあると思う。生活の場でもある保育園の保育士や職員の発言は、「先生が言ったよ」と子ども達からかなりの信頼を得ている。家庭で「お母さんが言ったよ」と同様に子どもたちに大きな影響力がある私たちは、ジェンダーのことも学ぶ必要がある。

「なぜ、ジェンダー・フリーにしなければいけないのか」という父親の発言があった。池田先生いわく、「色において も男の子はブルー系、女の子はピンク系にする。あるいはその逆やみんなグレーにしようということではないのです。男女で決めつけるのではなく、みんなが好きな色を選び自分らしく輝きましょう」ということになる。

その視点で身の回りをチェックしてみると、私たちは「そのように思い込んでいた」ことが、たくさんあることに気づく。たぶん、保育園内で保育士たちは意識的に男女差別をしたり、その子どもの性を否定するような言動はしないだろう。しかし、保育士や保護者が、無意識に男の子はこうであるべき、あるいはこうなってほしい（女の子は〜の逆も）と思って接していると、子どもはそれを身につけていく。

子どもたちが、女の子、男の子の枠内にくくられずに、成長できる環境が大切と思う。赤ちゃんのときから、大きな声で泣くのも、おとなしい性格なのも、男の子だから女の子だからではなく、その子の特性だととらえたい。子どもはありのままの自分を認めてもらいたい欲求が強く、また周囲がそれを認めることは成長する過程で大切だ。理屈ではそのとおりと思っていても、自分の心にジェンダー・バイアスがあると、無意識にありのままを認めていないこともある。無意識にしてしまうことがある自分や、ある事柄を意識する〈ワタシ〉でありたい。そのような姿勢が些細なことの積み重ねのような保育の場面で、一人ひとりの「個」を大切にしていくことにつながる。

4　ジェンダー・フリー保育はこんなことから

園の経営、自身のリフレッシュにも　園長先生へ

園長職は忙しいが、ジェンダーの考えを理解し採り入れることは自分をリフレッシュするよい機会になると思う。また、職員の意識改革にもつながる。

学習会や講演会は、地域の就園前の若い父母や老若男女とふれあう機会となり、ジェンダーのことのみならず、その人たちの考えや求めていることなどがわかり、広い意味で今後の保育園経営に役立つと思う。

一度の学習会や講演会だけでは、ほんのさわりだけ。でも、いきなり盛りだくさんでは消化不良で拒否反応も出そう。根気強く身近な題材からジェンダー視点での気づきや考える工夫を行い、関心を抱かせて何回か学習の時間をつくるのがベストだと思う。

▽ジェンダー・フリー保育を自分が理解しよう

自分が納得いかないことはリーダーとして進めようがない。でもジェンダーのすべてをわかろうなんて無理（私たちは学者ではないし）。自分の気づいたジェンダーから、とにかく実行の御旗を掲げる。

▽まず職員の学習を進める

何かを発信したとき、人により受け取り方の温度差や、行動の積極性に違いがある。関心を示した職員の何人かをジェンダーの係にする。その人たちに研究会や講演会などに参加させ学習していただく。もちろん園長も参加。園内で学習会を行い意見交換をする場をつくる。ノリの悪い職員もいるが、本人の身近な事柄から気づき考えてもらう。

▽近隣の大学や識者のなかからジェンダーを研究している先生をさがす

今回、私は県立女子短大の先生方のプロジェクトに協力園としてこの事業に関わったが、逆に園から研究者に発信してもよいと思う。

▽保育のなかに採り入れる――園児に実践

社会がジェンダー・フリーであれば、子どももフリーであるはずだが、三歳くらいでもジェンダー・バイアスを持っている子も多い。「なぜ、そのようになったのか」という原因の把握はむずかしいが、機会をとらえて縛りを取り除いていくよう園全体で取り組み指導する。

▽保護者役員会などで、少数の保護者に理解していただき協力をお願いする

三世代同居の農業地や核家族が多い新興住宅地など、地域によりジェンダーにたいする反応が異なる。多くの保護者に伝える前に役員から地域の情報を得ておく。それを参考に学習の進め方や教材や内容を検討する。

▽保護者の学習会を行う

多くの保護者に共通しているような事例を採り上げる。わが子や、パートナーなど家族にたいするジェンダーに気づいてもらうことから始める。先の識者の先生方に講演をお願いしたり、ワークショップもよい。

▽地域へ

地域へジェンダーの考えを伝えることも、今や多機能保育園の役割と考える。市町村役所の子どものことを扱う課（管轄）に出向いて趣旨を伝え理解していただく。可能ならそこの職員を巻き込んで、就園前の子どもがいる家庭に伝える。子育てサークルの活動の日や乳幼児健診のときなどに、ワークショップや講演会を行う。保育園の保護者同様、理論的なことではなく教材を工夫して身近なことで考えてもらう。アンケートも参考になるので、わかりやすく簡単なものを準備する。

自分の問題としても　保育士さんへ

保育士たちは、とにかく忙しい。とくに最近は、低年齢児保育や延長保育などを実施している園も多く、職員全員が顔を合わせて話し合う時間を確保するのさえむずかしいと思う。しかし、今の時代、時間の経過とともに仕事の中身が伴っていかなければ、仕事を失う。ジェンダーのことも勉強して自分のキャリアアップを許ろう。

▽ジェンダーに限らないが、保育士の言動は園児に大きな影響を与えることを自覚しよう

ダメという禁止の語句がはっきり言える事柄は簡単だが、ジェンダーは考えると混乱してくることもある。

たとえば男の子がピンクの洋服を着ていて「素敵ね」と声をかけようとしたとき、「着ていても問題ないよ。違和感がないよ」という意味で黙っていたほうがよいのかと考えてしまうこともあるかもしれない。

男の子に「ピンク素敵」という言葉が、すでに自分にジェンダー・バイアスがあるように思えてしまうのだ。男の子でも女の子でも、ピンクの洋服が似合っていれば「素敵ね」は適切な言葉であるはずなのに身構えてしまうのだ。

学習を進めていくと自分の言動に注意深くなり、園児への言葉がけや指導に迷うことが多くなるが、それは自分が成長している証拠と考え、さらなる学習や思考につながっていけば、それこそ「素敵な保育士さん」だ。

▽何だって知らなかったことを知ることはよい

最低限必要な知識を持ち合わせれば保育は可能だし、忙しい現場において、何か新しいことを受け入れることは大変ではある。しかし、基本的に人間は成長していくことが幸せな人生につながっている。積極的に学習しないと自分が損だと思う。

▽自分の問題としてもとらえよう

園児のことや職場環境だけでなく、プライベートな自分のこともチェックしてみよう。身近な人との具体的な言葉や態度をジェンダー視点でとらえてみると、「えっ」と驚くような発見もありそうだ。今までの自分や相手を否定したくなるようなことにも気づき、不安や拒否がおこり情緒不安定になることもあるかもしれない。でも、それは仕事も含め、これからの生き方に影響する出来事になるかもしれない。積極的に関わってみる価値はあると思う。

〈父が語るジェンダー・フリー〉

「?」から「おもしろい」そして「むずかしい」へ

藤巻英貴●チャイルドルームまみい保護者

ある日、子どもたちの通う保育園「まみい」から一通のお便りが届いた。「ジェンダーについての勉強会」。これが、ジェンダーを初めて知るきっかけだった。「ジェンダーって何?」とまず「?」が、そして次に、まみい先生（園長先生）のやることだからきっとおもしろいことに違いないと思った。まみい流の突然始まることはおもしろいことが多い。今回もきっとそうだと予感がした。

お便りのあった勉強会に参加した。配布された資料を見ると、作成した県の委員が女性ばかり。このとき「ジェンダーって、女性の社会進出の道具? 男尊女卑をなくすためのものなの?」、そう思えた。しかし、事例をあげて進んでいくうちに、だんだんと本当の姿が見えてきた。

そう、男尊女卑って考え自体がジェンダー。もともと男女は平等だってことが。そして、ジェンダー・フリーの本質は「個人そのものの尊重」ってことが。

ある質問に答えた父親。

Q—生まれ変わるとしたら、次は男女どちらが良い?

A—僕は、動物に生まれ変わりたい。

参加者一同、爆笑だった。でも、これってありだと思った。自分の考え、感じたことを素直にありのまま表現する。言葉の意味する内容とはちょっと違うけど、これが「本当の」ジェンダー・フリーなんだと思った。ジェンダーについての考えが「?」から「おもしろい」に変わった。

＊　＊　＊

おもしろいと思うと興味が湧いてくる。よく言われることだけど、何事もまず興味が大切。

興味をもって見渡すと、世の中には本当に多くのジェンダーがある。その一番の原因は、常識と呼ばれる悪しき習慣。併せて、何でも二つに区分けしてしまうこと。○か×か、白か黒か、必ず分けている。仕事なら大切なことだけど、普段の生活なら、△とかグレーがあってもいいんじゃないの。

男女っていう区別についてもそう。どちらでもない曖昧な部分があっていいんだと思う。無理にどちらかに分けようとするから無理が出る。大人なら「個性」として表現することもできる。でも子どももってそうじゃない。親の言うまま、世間の言うまま、自分の考えを打ち消してどちらかに分けていく。絶対におかしい。「三つ子の魂」って本当に「百まで」。

子どもに本当に教えなくちゃいけないのは、自分の考えを素直に表現できるようにすることだと、実感した。そのためには、まず自分達親が考え方を変えなくちゃならない。ジェンダーが「おもしろい」から「むずかしい」に変わった。

＊　＊　＊

そんなある日、「ジェンダーの寸劇」の話が舞い込んできた。やっぱり突然だった。「寸劇って…。誰がやるの?」。

当然、いろんな役が回ってきた。「まみい」では当たり前の父親参加（世間では珍しいことらしい。子育てへ参加するまたとないチャンスなのに)。でも、やってみるとこれがまた楽しい。僕自身が、根っからの楽天家なのかもしれないけど、何事も楽しんでやるのがポイント。もしかしたら、俳優をやっていたら売れていたかも、なんてひそかに思ったりして。

寸劇をやってみて、ジェンダーに対する考え方がまた変わった。ジェンダーを頭で考えて定義付けしても、きっと本当のことはわからないし、ましてや身に付かないものだって。結局、自らが体験したり、経験したりしながら、感じていくものなんだって。

たとえると、「水って何?」の答えを出すのに似ている。「酸素と水素の化合物」「H_2O」「飲むもの」「生物にとって重要なもの」…。どれをとっても間違いじゃない。でも、知りたいのはそんなことじゃないはず。

ごく当たり前で、幼児だって知っているのに、言葉で表そうとするととってもむずかしい。当たり前のものをむずかしく考えて定義するのって、本当は意味のないことなのかもしれない。そのものを知っていることのほうがはるかに重要だって思う。ジェンダーについても同じ。当たり前で身近になれば、めんどうくさい定義なんて必要ない。わざわざ教える必要もない。そう「当たり前」だったら…。

「ジェンダーって何?」。僕自身のなかには答えがある。でも、人に説明することはできない。言葉にしたら、その枠の中でしか考えられないから。それに、人それぞれきっと答えが違うはず。僕の言葉を押しつけたくない。でも、一つだけはっきりと言える。「ジェンダー・フリーって大切だよ」と。

＊　＊　＊

我が家には三人の子どもがいる。仮面ライダーとキティちゃんが大好きなもうすぐ六歳の長男。元気はつらつのもうすぐ四歳の長女。そして、最近めっきりおてんばになってきた二歳半の次女。まっすぐにのびのびと育ってほしい。そして、子どもたちが大人になるころには、ジェンダー・フリーが当たり前になっている世の中であってほしい。自分の考えを、周囲の目を気にせず、迷いもなく表現できる世の中になっていてほしい。

そのために今の僕にできること。それは、子どもたち一人ひとりの個性を認めて、個人として接してあげること。やっぱり言葉じゃむずかしい。実践あるのみ。頑張らなきゃ。

最後に、今回の原稿依頼もやっぱり突然だった（笑）。

〈父が語るジェンダー・フリー〉

我が家の家事の三本柱 平等・分担・分業

佐野貴史●チャイルドルームまみい保護者

今までお恥ずかしい限りであるが、ジェンダー・フリーなどという言葉は私の辞書にはなかった。物を知らぬということは恐ろしいもので、息子が保育園にお世話になってはじめて耳にした言葉だった。しかし、はじめてその言葉の意味を知ったときも、「我が職場や、家庭は比較的ジェンダー・フリーだったんだ」と思える。

家庭のなかで

我が家において、家事は平等・分担・分業の三本柱で行われている。たとえば、とくに平日は、朝は私が家を早く（保育園開園時間前）出るため、妻が食事を作る間、私が子どもを起こしてくる。私は出勤。そして、妻が着替えと保育園への送りをする。夕方は、仕事を早く終わったほうが、迎えに行き、夕飯を作る。

分業の部分は、どちらかが夕飯を作っている間、手の空いているほうが、お風呂の掃除をする。食事の片づけは、時間によるが、子どもがゆっくり食べていると、片づけは妻、子どもの入浴は私というように、その場で臨機応変にしている。休日は、掃除は夫婦で分担してやったり、車の運転は妻は苦手、服のアイロンがけは私が苦手、という具合に、お互いの苦手なことは助け合ってやっており、家のなかのことは妻が、家の廻りや、機械的な得意分野は私が担当している。

このように、「男だから女だから」ということではなく、お互いが納得して助け合える部分により、ジェンダー・フリーを実現している。

育児に関しての分担　乳児期では、母にしかできない母乳については仕方ないことだが、おむつ替え、ミルク、離乳食作り、沐浴、子どもとのスキンシップなどは、平等にやってきたといえるだろう（私も沐浴教室へ通った）。幼児期にはいると少し状況が変わってくる。ジェンダー・フリーという観点からすると若干違うかもしれないが、父親の役目、母親の役目という部分（私は分業と捉えている）をもうけてやっている。

介護（看護）　このことに関しては、我が家では子どもに限定されている。月に一度は風邪をひいたりし、どちらかが仕事を休んで看護している。これも、仕事の絡みがあるため、夫婦の話し合いにより円満解決している。

以上のように家庭内におけるジェンダー・フリーを実現するために、家事も育児も介護（看護）も、平等に話し合うことにより、納得して行うことが重要な要素だと考える。夫婦間で上下が生まれてしまうと実現が困難な問題である。学生時代に男女とも一人暮らしをしている人たちが多いので、これからは家事に関してはジェンダー・フリーは近いかな、と楽観的な見方をしている。

職場のなかで

雇用形態　このことについては、少々異論がある。介護的な仕事については同性介護の原則があるが、社会福祉施設職員募集でも、男性希望・女性希望と表示できない。だから、本音と建て前で職員採用をしているところが多いのではと危惧する。

男性の看護師が多くなったとはいえ、現在でも男性の介護に女性看護師があたることが多い。もしその逆を考えたらどうだろうか？　まさしくジェンダーな世界である。少し書きにくいが、保育園の保育士についてもしかりである（あくまで一般論！）。国の政策を待ちたい。

従業上の地位　女性社長のテレビ番組があったが、それは、ほんの一握り。一般のサラリーマンにとって見ると、今までの男社会におけるアドバンテージがまだあり、女性を積極的に登用している部分は少ないように思う。逆に企業イメージのために女性を登用し、話題作りの道具と化している風にも見える。従業上の地位も団塊の世代が退職するころには、変わってくると思われる。私たち男性もうかうかしていられない。

労働条件　このことに関しては、なかなか難しく、生物学的性差というものも関係してくるのでコメントはできないが、生理休暇、産前産後休暇は当然認められている。このような性差の部分だけでなく、育児休暇をもっと男性も積極的にとるようにし、休暇明けでも復帰しやすい労働環境づくりが整えられ、はじめて、良い労働条件で働ける職場といえるのではないだろうか。

一般的（社会的）なジェンダー・フリー

一般的なジェンダー・フリーを考えるにあたり、最初に思いつくのは、男の子は青とか、女の子は赤のように、服の色などのイメージの固定化である。これは、かなりジェンダーな考え方だと思う。何色だって構わない。好きな色を着ればよい。

しかし、服装となるとちょっとやっかいである。男性がスカートをはいたらどうか。私ならすかさずバグパイプを持ちたくなる。恥ずかしい。いつも思うのだが、この点は女性のほうが選択肢が広いと思う（自分で狭くしてしまっているのか？）。

街を見渡すと腹立たしい部分がある。それは、女性サービスデーなる看板を目にしたときである。違う日に男性サービスデーがあるわけでもなく、である。しかし、女性は声を上げない。「それはジェンダーだ」と。男性にしても女性にしても、そこに利益が絡むと途端にトーンダウンしてしまうところは、真の意味でのジェンダー・フリーは日本においてはまだまだ遠いと感じてならない。

＊　＊　＊

理想のジェンダー・フリーな社会というものは、結局想像もできない。想像するだけ疲れてしまう。意識せず、男性・女性、お互いの立場・考え方を尊重し、「よしジェンダー・フリーな世の中にしよう」などと肩肘張るのではなく、自然な形で、お互いのことを考えることにより実現していくように思う。

行政は躾と学校教育に重点をおいて行うことで、ジェンダー・フリーが当たり前である世の中を目指していきたい。そのことにより、ジェンダー・フリーって何？　という世の中がくることを期待したい。

「看板」のある事業に参画して
石和町「みんなでいっしょにやるじゃんけ」その1

内藤文子●山梨県石和町役場職員・元女性政策担当

渡りに船の事業参画

「渡りに舟」とはこういうことを例えたのかと、一人ニンマリしてしまったのは、山梨県立女子短大の池田政子教授からの電話を話し終えたときのこと。ちょっとでもうれしいことがあると妙にハイになってしまう私だが、そのとき、先生との会話は意識的にだいぶ押さえ気味に話していたと思う。

「今度、文部科学省の委嘱事業を受ける予定なんですが、石和町でも協力してくれませんか?」

「どんなお手伝いをすればいいのですか?」

「0歳児からのジェンダー・フリー教育がテーマですから、今、石和でやってるパネルシアターなどの教材を制作するさいにアドバイスいただくとか、その成果品を町立保育所のどこかで実践してもらえれば助かるんですけど」

「何年計画ですか?」

「単年度なんですよ」

「やります。もちろん！　喜んで協力させていただきます」

電話があってから結論を出すまで約四〇秒。即答した私に対して、一瞬戸惑った感じの気配が受話器の向こう側でしたようだった。無理もない。公的な要請においては、通常だと正式な要請文書を受理して回覧され、承諾書の起案をし、さらに回覧して町長決裁を仰ぐのに早くて約一週間はかかるからだ。でも、そのときの私はそんな悠長なことを言ってられなかった。

委嘱事業協力の決裁も回さないうちに、係長の分際で即答してしまったのには訳がある。回覧して決裁を待っている間に他町村にこの話が振られてしまったらたいへんと思ったのと、何より私の前頭葉をよぎったのは、「なんて言ったって天下の文部科学省、この申し入れに上司に異論があるわけがないではないか」（役所はこういうお墨付きに弱いのだ）。

今まで一般町民向けの啓発活動では、情報紙の発行、地域への出前講座、各種講座開設など、工夫して事業を展開してきたものの、いまだに踏み込めないでいた保育所・幼稚園に文部科学省の委嘱事業という「看板」を掲げて訪問できるかもしれないのだ。この事業に参画した大きな理由は、この一枚看板に魅力があったのである。

わが町・石和町とは

「もしあなたの傍に日本地図があったなら、半分に折って見てください。その折り目のところにわが町『いさわ』が見つかりますよ」

「いさわってどこにあるの」と尋ねられたらこのように答えている。この答え方は、「日本の中央山梨県の真ん中」を標榜する、人口二万七六九二人の石和町の位置確認に最適な表現で、よく使われている。〇一年八月には「全国へそのまちサミット石和大会」を開催し、同じ「へそ（中心）」という共通の絆で結ばれた全国一七市町村が、「電子自治体」をテーマに石和町に集い、交流を深めた。

四季折々に味わうことのできる味覚も魅力の一つで、温泉湧出以来、観光客が年間三〇〇万人も訪れる活気ある「果実と温泉の郷」である。

学び処では、八七年に「スコレー都市・石和」を宣言し、スコレーセンターを中心とする「スコレー大学」や、国内初のビデオ貸し出しで知られる町立図書館を開設するなど、町外の人々でも利用できるという開かれた生涯学習の拠点としても有名だ。

1 「0才からのジェンダー教育推進事業」を受けるまで

1 啓発活動は、まず仲間うちから

ホップステップジャンプ推進委員会

三年がかりで九八年に策定された石和町の男女共同参画プランは「ホップステップジャンプ」（以下「H．S．J」と略）と命名され、「『女性の社会参画』では行政委員、その他各種委員等の女性の登用率五〇％をめざす」「男女混合名簿実施二〇〇〇年を目標にする」など、具体的な数値を示すなど先進性が集約されたものとして知られていた。

同年に官民二〇名ずつ四〇名で組織されたH．S．J推進委員会が発足して以来、手づくり教材（パネルシアター等）を使っての地域への出前講座、情報誌発行など町ぐるみのバラエティーに富んだ事業展開をしている。

〇一年からは、スコレー大学の男女共同参画関連講座も推進委員がローテーションを組んで自主運営し、町外からの参加者も含め自由な学びの場になっている。

〇二年度内の男女共同参画条例制定に向けて実施した「町民男女平等意識・実態調査」では、質問項目の検討をはじめ、調査分析結果についての学習会を重ね、〇二年一一月には条例案を庁内法令審査会に上程した。

これらのプロセスが推進委員一人一人をエンパワーさせ、友好的な関係と忌憚のない話し合いを可能にしているといえる。その共有空間では、推進事業を発展させる思いがけないアイデア（宝物）が生まれ、みんなでそれを大切に育み、実現させることの充実感を味わえる意味で、かけがえのない場所である。

町職員の学習会

その宝物である「パネルシアター小林家の人々」を生み出し、町民参画の推進活動を展開しているこれら取り組みの原点は、九九年に実施した町職員および教職員の学習会にあったと言える。

町民が身近なところで「男女共同参画社会」に触れるには、

町民と直接接する町職員がまずプラン「H．S．J」を知っていなければならない。ではどうすれば職員に周知できるか。

石和町の出先機関は保育所が五カ所と病院、町立図書館を含むスコレーセンター、保健福祉センター、駅前区画整理事務所があるが、このような町全体の施策を把握しにくい出先の職員にもプラン「H．S．J」を認知してもらうには、学習会を開くしかないと思い、職員サイドの推進委員を通じて日程調整して行った。

保育所は臨時を含む保育士が集まりやすいように、勤務終了後の五時半過ぎから、所要時間約一時間で三日間に分けて実施した。結果は九六％の出席率だった。

病院関係者は、勤務が重なる職員が多いことを念頭に資料を豊富に用意した。オンブズの有り方が質問に出るなど、みんな真剣に聞いてくれた。聞き手が真剣だとしゃべる側も心地よい。

臨時を含む他の役場職員を対象とした学習会も、四日間に分けて勤務終了後の五時半に設定した。退庁時からあまり間を取るとみんな家路を急いでしまうからだ。事前に各課内回覧し出席者を募ったうえで、名簿を作成したのが功を奏したのか、六四％の出席率だった。

教職員への研修

次の対象は町内四小学校と一中学校である。教職員を含む小中学校職員に対しては夏休み中の校内研究会に組みこんでもらい、各学校を訪問した。今さらながら毎回講師を務めてくれた正副委員長をはじめ、他の委員の深い理解と協力があってこそできたことだと感謝している。この方法は、民間推進委員が前面に出て、直接説明して歩くという、かつてない形態で、男女共同参画は官民一体とならなければ一歩も前進しない事業なのだという認識を植えつけた結果となったと思う。

フリートークや学習会終了後のアンケートでは、現場ならではの様々な意見がでた。

アンケートの記述に「学校でのジェンダー・フリー教育も大切と考えるが、やはり就学前に家庭や地域ぐるみの、ジェンダーの枠を取り払う意識改革を考えてほしい」、それに「教材が必要なのに適当なものが見当たらない」とあった。

これを受けて推進委員会で考えた。「教材は何か適当なもんはないだけ？」、みんなそれぞれ探してはみたもののピンとくるものが見当たらなかった。またまたみんなで考えた、じゃあどうしたらいいのだろうかと。

「子どもから大人まで誰にでもわかりやすく関心をもってもらえることって何だろう」「ないじゃあ作ってみるけ？」「小難しい話じゃ最初から拒否されそうだしね」などの意見もあり、「今時の子どもたちには理屈より視覚に訴える方が効果あるよね、見た目で勝負ちゅうこんだね」「紙芝居なんかどうで」という結論に達した。

2　教材第一号　手づくりパネルシアターの誕生

教材作りのグループと話をする

一教諭から発せられた意見に触発され、誕生したわが町の教材第一号は、二つのボランティアグループとの交渉から始まった。
H．S．J推進委員会の行政サイドのメンバーである町立図書館の雨宮真由美司書の仲介で、一八年前から町立図書館を拠点に、一般住民向けや子どもとその保護者たちに「読み聞かせ」などのボランティア活動をしているグループ「あじさい会」と「タンタン」に相談してみることにした。
さっそくメンバーを集めてもらい「H．S．J」の趣旨など男女共同参画社会基本法を中心に説明をした。その内容が不充分だったせいもあるかもしれないが、メンバーのほとんどは「男女共同さんかく？　しかく？　なにそれー」の世界だった。

こちらも全部理解してほしいとは望んでいなかったが、「まるっきり主婦を否定されているようで気分が悪い」とか、「物語に思想は入れたくない」などとメンバーから立て続けに言われ、気落ちしてしまい出直すことにした。

説得には根気と時間が必要と重く受け止めた。仕切り直した二回目は、推進委員がこれは国の施策であることや、基本法が制定された過程、ジェンダーバイアスについても例をあげながら詳細に時間をかけて説明してくれた。かつてH．S．Jの策定委員だったメンバーの「じつは、もうシナリオのイメージが湧いてるの」のひとことが救いとなり、「ジェンダー・フリーはよくわからないけど作ってみるわ」ということになった。

両グループ全員一致ではなかったが、とにかくこちらからは推進委員みんなの結論であった「大型紙芝居」を依頼した

（当時最もポピュラーだと思っていた）。ところが、メンバーが提案してくれたのは、初めて耳にする「パネルシアター」というものだった。未知のものに対しての不安はあったがすべてお任せするしかなかった。

まず振り向いてもらうこと

やがて厚紙に包まれて仕上がってきたそのタイトルは、「小林家の人々」と言った。

豊かな色彩のＰペイパー（不織布）、随所にジェンダー・フリーの意識をちりばめて創作されたシナリオ、初めてのオリジナル作品を手にしての喜びはひとしおだった。教材「第一号」の誕生である。

さっそく二〇〇〇年四月初旬に、町営温泉施設「なごみの湯」での発表会を企画した。観客はもちろん町内外の不特定多数である。私自身も初めてだったが、「あじさい会」のメンバーのいきいきとした語り口、表現力、秘められた能力に驚いた。徐々に色鮮やかなＰペイパーで作られたキャラクターにのめりこんでいく。大人も子どもも目新しい出し物に目をキラキラさせて、大きなネルの布を貼ったパネルにペタペタと貼ってははがす場面展開にじっと耳を傾けてくれた。

「これだ！　片苦しい話よりまず振り向いてもらうことだ。これはいける！」と思った。

前半でパネルシアターをして、後半でマイクリレーするという進め方は、初期の一般町民対象の出前講座の原点となり、町内各地区で上演され、参加者が発言するきっかけとなり率直な意見交換におおいに役だった。

演じる楽しさも手伝って

集中力の限界は五〜六歳の子どもは一五分程度だが、何回か上演していくうちに大人にも近いものがあることに気づいた。演じるさいはそのキャラになりきってしまうことだ。最初はテンション高く盛り上げ、ちょっと考えてほしい場面では適度な間をとり、セリフもゆっくり気味が良いようで、当然極めるには時間がかかるが自分も楽しみながら演じると、それが自然と見る側に伝わるようだ。

もちろん演じるのは素人である推進委員か、私ども職員である。現在はシナリオどおりではなくほとんどアドリブで演じている状況であるが、もちろん最初からこうだったわけではない。当初のシナリオと首っ引きの演技は、表情もセリフもカチカチで、さぞかし見ている方も疲れただろう。

しかし、何事も「慣れ」とはありがたいもので、会場の参加者にセリフを振り分けするなど（結構面白がって参加してくれる）臨機応変に対応している。

最近では県内自治体から、制作方法や演じ方などのノウハウの視察や問い合わせも多く、また司書による制作・演技指導の出張講座なども実施している。

発展していく独創的な教材の数々

幼児向け活動グループの「タンタン」は雨宮司書の努力とメンバーの学習により、〇一年にはミュージック・パネルシアターへと発展した「だれのせんたくもの？」や、独創的な「ハリハリパネル」、紙芝居など絵本を題材にして制作してくれた。

タンタン発案「ハリハリパネル」は、キャラクターの書かれた厚紙をフィルムコートし、それに両面テープを貼り付けたもので、町立図書館のオリジナル教材である。「タンタン」は、実践でも積極的に体操や手話（第二章「うた・手話・体操でひろめるジェンダー・フリー」参照）を活用して親子で楽しめる企画に組み込んでくれている。

最近では広域圏内の町村においてこのような活動が評価され、司書たちが実践指導に出向くなど、「ブックスタート」（赤ちゃんから絵本を、という取り組み）や、「お話会」にも男女共同参画の輪は広がりを見せている。

3　町立図書館から小中学校図書館へ広がったジェンダー・フリーコーナー

町立図書館にジェンダー・フリーコーナー登場

九九年に私が女性行政を引き継いで以来、日常業務に必要な関係図書については予算残高を見ながら公費で購入していたが、わずかな年間予算では限りがあった。全国会議へ参加するたびに、紹介コーナーで欲しい書籍は自費購入したりしていたが、財布と相談しつつではこちらももう限界だった。

そんなとき、「町立図書館に、わざわざPC検索しなくてもすぐ見つかるコーナーがあれば便利だなあ」とふと思い、雨宮司書に相談してみたところ、しばらくたってから「ちょっと見せたいものがあるから図書館に来て！」と電話があった。

驚いた。なんと彼女は私のイメージ以上のステキなジェンダー・フリーコーナーを作ってしまったのだ。それも入り口から真正面の一番目に付く場所だった。パネルシアターのキャラクターもいきいきと、親しみやすくディスプレーされていた。

設置にあたっては、館長はじめ全職員、臨時を含む司書との話し合いを持ち、各書架からジェンダー・フリーに関わる本を選び出し、セッティングしてくれたそうである。今では常時一〇〇冊以上が貸し出され、名物コーナーとして人気が高く、『官庁速報』に紹介されたこともあり、視察や問い合わせがあると聞いている。この常設コーナーを設置したことが、まさか小中学校まで広がっていくとは、このときは思いもよらなかった。

学校司書の自主学習の努力が

前出の職員学習会（学校図書館の司書は全員が町の職員である）がきっかけとなり、それぞれがジェンダー・フリーについての気になる本を持ち寄り、蔵書として適当かどうかなど、自主的な学習会が開かれたのはそれから間もなくのことだった。何回か推進委員と一緒に参加したが、会を重ねるごとに司書たちの学習能力が向上し、やがてそれが形となっていったのである。

学校という教育現場において、一町職員が県職員である教諭を相手に何かお願いごとをするなど至難の業である。事によっては鼻にもかけてもらえない。当然のことだが職員会議で議題になるなど、なかなかできることではない。

学校図書館でのジェンダー・フリーコーナー開設は、準備期間も入れて一年を要したが、小中五校揃って〇一年七月に開設の運びとなった。この成果は、よほど教職員とのコミュニケーションがうまくいっていたか、個人の学習努力があったからこその教職員に対する説得力ある理論的な説明と、何より校長先生とのコンセンサスの賜ではなかったかと感激した。

各学校ではそれぞれ個性豊かな司書の手でディスプレイされた「ジェンダー・フリーコーナー」の人気は上々で、男女の固定観念にとらわれることなく、自由な発想でジェンダーについて考える機会を子どもたちに提供している。

推進委員会発行の情報誌「ほっぷすてっぷじゃんぷ」には本の紹介コーナーがあり、各司書おすすめ図書を毎号掲載している。

4　保育所出前講座

元保育士を推進委員に

一般町民向けの各地区への出前講座は、各区長や各種団体代表の理解と協力で徐々に広まりつつあったが、なかなか保育所には出向くきっかけがなかった。

「ガンガンアプローチをかければいいのに」と思うかもしれないが、こと男女共同参画に関しては、絶対に押しつけでは継続した推進はできないというのが私の持論である。とくに保育や教育の場では現場で働く教諭たちの理解が得られなければ、カリキュラム自体にジェンダー・フリーのカラーは浸透していかない。それは九九年の、全小中学校男女混合名簿の実施で実証済みだから。

保育の現場はとにかく忙しい。鼻水垂らすは、やれ「おしっこだ！」「だれだれちゃんが押したあ！」……。あの安全確保第一の喧騒のなかで「これがジェンダー・フリーだ、あれはジェンダーバイアスだ！」、なんて言っても無理なことと内心は思っていたが、それでもなんとか現場に食いこみたいという気持ちは強かった。

いずれにせよこのころは、現場で働く保育士たちの動きをじっと待っている状態だった。

二〇〇〇年度に保育所を退職したばかりの保育士に、推進委員として参加してもらったのは、「ジェンダー・フリーを学び、後輩の保育士たちに伝えてほしい」、また推進に向けて「保育所との橋渡しをしてほしい」という願いがあった。

当時、男女混合名簿がテーマの学習会で、まだジェンダー・フリーの考え方になじめなかったこの元保育士は、「くん・ちゃんという呼び方は、保育士の自由ではないか。押しつけはかえって反感を買うと思う」と言っていた。

しかし、推進委員として学習を重ねることで、ちょっと視点を変えて見つめ直すと、当たり前にやりすごしてきたことが、ジェンダーバイアスの上塗りになってしまっていたことに気づき、「どんな小さなことでもいいから自分ができることからやってみよう」という動きになっていった。もちろん地域の人々と後輩も巻き込んで。

チャンスはやってきた

出前講座開設のチャンスはやってきた。二期目の二〇〇〇年度から推進委員として現役で参画していた第三保育所の主任保育士が「うちでやってくれませんか?」と。彼女は、この年度で定年退職が決まっており、何か心に残ること、今までとは一味違う保護者学習会の企画を模索していたようだった。

行政サイドの推進委員である保育所長は、職員学習会の甲斐あってかとても協力的であり、主任栄養士も策定からの委員の一人である。なんなく了解を得て、いよいよ保育所出前講座の開始である。

所長も自主学習会で初めてジェンダーに触れ、「これまでとても難解なことだと思っていたが、幼児期からの教育や指導がとても大切なのだ」と気づいてくれた一人だ。このときほど保育士を推進委員に選考して正解だったと思ったことはない。

さっそく保育所へ向けて行動開始である。読み聞かせ会などで子どもの扱いは慣れている芸達者な町立図書館所属の二人の司書の協力を得て、「ジェンダー・フリーおはなし会」と称する出前講座の準備が始まった。

子どもたちとみんなで歌う「はじまるよったらはじまるよ~手はおひざあー」で始まる講座は、

①手あそび

②ミュージックパネル

③手あそび

④ジェンダーのおはなし

と組み合わせ、①から④までを約二〇分で進めていく(終わらせる)。

プログラム作成とミュージックパネルは司書が担当してくれ、もちろん「次第のパネル」も手づくりだ。

実践してみると大人相手と違って反応が素直で強烈な分こちらも緊張のひとときで、園児相手の言葉選びにも難しい言い回しは避けたりの工夫が必要だった。役場職員の私が「みんな! 元気にしてましたか?」「私たちといっしょに遊んでくれるかな?」などと、およそ普段の仕事では使うことのない言葉を発するのは意外と簡単ではないことを体験した。園児には園児の目線で語りかけ、本気になって一緒に遊ぶ感覚でないと反応してくれないのだ。意外に園児受けしたのが、数カ月後に「お父さん」になった推進委員であった。

保育園児向けの初めての出前講座
（2002年10月、石和町立第三保育所にて。写真提供・石和町役場）

2　「0才からのジェンダー教育推進事業」に取り組んで

県短研究チームと合同の出前講座

第三保育所と第五保育所では、保護者対象に出前講座を開設した。内容は、

①パネルシアター「小林家の人々」
②寸劇「なおきくんのその後」
③判定（イエローカード・グリーンカード）
④会場インタビュー（保護者の感想）

これは山梨県立女子短期大学（県短）研究チーム合同のプロジェクトで実施した。オリジナルなシナリオと当町のパネルシアターを組み合わせた参加型講座だった。

保育士を含めた参加者の意見の一部を紹介すると、

＊学習会に父親や祖父母たちが参加してもらう工夫も必要。
＊人数確認など園側の都合で男女別に分けていたが、小さいうちが肝心なので混合にしていきたい。
＊園児が色や物、遊びを自由に選べるなど男女の区別のな

い保育環境を整え、男女平等の立場に立った保育を心がけていきたい。

＊二世代、三世代同居の場合は、自分たち夫婦は意識していても思うようにいかないことが多々ある。子どもに好きなものを選ばせたいと思っても、姑が購入してくれるものに注文がつけられない。家族関係をゆがめてまで言いたくない。さりげなく理解してもらうにはどうしたらいいのか。

小さいころから個性を尊重した育て方を保護者が実践していくには、周囲の理解が必要であると実感した。

第三保育所の主任保育士は、「退職前の良き想い出づくりができて感謝している」とうれしいコメントをくれた。彼女は退職後、〇二年度、公募枠のH．S．J推進委員となった。

元保育士だった二人の推進委員からは、保育士たちへのメッセージとして、「園児は「お客さま」が大好きだから、普段見慣れない人に興味を示す。だから推進委員会の出前講座などは絶好のチャンスであると捉えて、園児とともに保育士もジェンダー・フリーは決して難しい内容ではないことに気づき、ジェンダーに敏感になろう」という言葉をいただいた。

文科省の「看板」の威力

冠に市制〇〇周年記念事業とか、〇〇共催事業などと目にしませんか？

文部科学省の委嘱事業ということは、箔《はく》がつき、事業そのもののグレードが高くなり、町の重要施策の一つであることを強調できる。特別な予算が増額されたわけでもないにせよ、国の最重要課題であることが再認識され、かつ本町のこれまでの取り組みが県レベルで認められたという実績にもなった。ただ単に県と町とが関わっている事業ではなく、国を挙げて男女共同参画社会をめざした取り組みなのだという認識を深めてもらう良い機会であり、町議会総務常任委員会においても「この委託事業が県内における一里塚になれば」と、しっかり実績報告ができた。他の関連事業に、また庁内推進委員の協力体制にも好影響がもたらされた。

保育所での保護者対象の県短研究チームとの合同出前講座では事前に配布したチラシにしっかりその旨が謳われてあり、通常の参加者数を上回ったという好結果も出ている。

この事業で一番影響があったのは、推進委員の心意気が変化したことだ。自分たちの活動も、今はほんの小さな集団かもしれない。が、やがて町全体という単位となり、時代のうねりの真っ直中で、県、そして国レベルの大きな集団と一体化され、徐々に広がり大きな輪になっていく。そして自分たちがこの町を、社会を変えていくのだという意識をもたらしたのである。忌憚のない意見を言える雰囲気は、互いが認め、褒め合ってみんなが努力した結果を、その姿を周囲に理解してもらえたことが、次のステップの大きなはずみとなったのである。

堅く、難しく捉えがちな男女共同参画事業は、決して一部の人たちの考えで進めることではなく、ごくありふれた日常にこそ必要で大切なことであることに気づき始め、動き始めた推進委員たち。

活動の過程で生まれた全国初(?)のジェンダー・フリーのテーマソング「ホップステップジャンプのうた」、そしてこの歌に振り付けた手話と体操のアイデアのきっかけは、活動の中の何気ない会話のなかにあったのである。

〈解説〉

ジェンダー・フリーで育ちあおう！ 私らしく、あなたらしく

市民参加で「0才からのジェンダー教育推進事業」

池田政子●山梨県立女子短期大学教員〈ジェンダー心理学〉

1　研究と実践を結ぶ

この事業の大きなねらいは、大学の研究者が、幼い子どもにかかわる現場にいる人、地域で実践をしている人と「一緒にやる」ということだった。研究と実践が結びつく双方向の回路を開きたかったのである。しかし、忙しい現場が協力してくれるだろうか――文部科学省に応募する計画書を作る作業は、私たち教員、大学がこれまでどんな「縁」を地域の人々と結んできたかを、再確認する作業だった。

せっかく県立の短大がする事業である。県立女性センターや県女性政策室（現男女共同参画課）にも連携団体になってもらった。それは、この事業が「保育」という分野だけでなく、「男女共同参画社会づくり」の視点を持っているというアピールでもある。

実行委員会組織構成・運営

実 行 委 員 会

代 表
事務局：会計
総務

県社会教育課
女性教育担当者

調査研究部会

第１プロジェクト
- ビデオ撮影・観察等による事例収集・分析
- 保育者等との共同研究会の開催
- 資料、教材としてのビデオ制作

第２プロジェクト
- 子育て中の母親へのインタビュー調査
- 啓発パンフレットの制作
- 子育て情報紙での情報発信

⇔ 研究協力園
⇔ 子育てサークル

教材開発・ワークショップ部会
- シナリオ集の作成
- パネルシアターの制作
- ワークショップの実施
（寸劇・パネルシアター、話し合い）

研修部会
- 保育者対象研修会の実施

報告書部会
- 「事業報告書」「調査研究報告書」の作成

助 言 者

山梨県立女子短期大学長　鶴見尚弘
お茶の水女子大学ジェンダー研究センター教授　舘かおる
山梨学院大学教授　山内幸雄
県立総合女性センター館長　吉原五鈴子
山梨県立女子短期大学名誉教授　田中陽子

実行委員会参加団体

山梨県立女子短期大学ジェンダー・フリー教育プログラム研究会／「男女共同参画アドバイザー」グループ／チャイルドルームまみい／進徳幼稚園／子育て支援センターちびっこはうす／ママネットやまなし／石和町「ホップ　ステップ　ジャンプ」推進委員会

協力者（→ 実行委員会参加団体）

ちびっこはうすスタッフ
ママさんボランティア
山梨県立女子短大幼児教育科学生

連携した行政・団体

山梨県教育委員会／県私学文書課／県児童家庭課／県女性政策室／山梨県立総合女性センター／県立富士女性センター／県立峡南女性センター／山梨県私立幼稚園協会／山梨県保育所連合会／石和町

「縁」をつないで――なぜこの方たちだったのか

【幼稚園】　進徳幼稚園は九九年度事業（第三章「ジェンダー・フリー活動への序奏」参照）の研修会のとき、桜井京子園長をはじめたくさんの先生方が参加してくれた。女の子は「〇〇ちゃん」、男の子は「〇〇くん」ではなく、出欠を取るときなどはどちらも「さん」づけで呼ぶ、上履きの色や絵の掲示も男女別にしないなど、すでにジェンダー・フリーの試みがされていた。また、山梨県初の私立幼稚園として一〇〇年あまりの歴史を持つ。この地域で最も伝統のある幼稚園として山梨の幼児教育の象徴的存在でもある園が、時代の先端的課題に関心を寄せて取り組むことは、大きなメッセージ性を持ち、歴史的な意義があると思ったのである。

【保育所】　幼稚園の子どもたちは、ほとんどが三歳以上であり、〈男の子・女の子〉という性別自認が成立しつつある年齢段階だ。保育所には、それ以前の年齢段階、まさに《0歳から》集団生活をしている子どもたちがいる。そこで、どんな保育環境が与えられているか、保育者がどう接しているかは、ジェンダーに関しても大きな影響力を持つはずだ。幼い子どもほど〈性〉をおとなに感じさせないので、「隠れたジェンダー・カリキュラム」は、保育士にはいっそう意識されにくいかもしれない。であるからこそ、現場での保育者と子どもの様子を、ぜひビデオ撮影したいと考えた。しかし、子どもの年齢が小さいほど、忙しい現場の負担は大きく、協力を依頼することさえためらわれた。

そこで頼ったのが、チャレンジ精神旺盛なチャイルドルームまみいの乙黒いく子園長である。地域に0歳児保育や延長保育もなかった頃、共働き家庭支援のため認可外保育所を開き、その実績が今の父親参加型の認可保育所につながっている園である。

九九年度の公開研修会の時には別室で託児サポートをしてくれていたが、自分も研修に参加したかったと後で聞いていた。協力依頼にすぐＯＫをくれ、ビデオ撮影も積極的に受け入れてくれた。

【子育て支援センター】　幼稚園と保育所、そのどちらにも子どもをやっていない、家庭で子育てしている親たちにも、〈ジェンダー・フリー〉の風を届けたかった。ひとりで子育てを担い、仲間を求めて支援センターに通ってくる母親たちこそ、夫との関係や自分自身の現在をジェンダーの視点で見直してほしい。そうすれば、その視点は自然に子育てにも反映されるだろう。「ちびっこはうす」は、子育てサークルから発展して公費の補助を受ける「子育て支援センター」になった経緯を持つ。代表の宮沢由佳さんは、「小さな子は汚すからダメ」と地域の公民館も借りられず、活動の場を探して転々としていた各地の子育てサークルを全県的に組織したネットワークを作るなど、就園前の乳幼児を持つ母親たちの「居場所」づくりを実践してきた。直接母親を支援するスタッフの影響力は大きい。そういうネットワークから〈ジェンダー・フリー〉が発信できれば、密度の高い効果が期待できると考えたのである。

これで就園、未就園両方の乳幼児とその保護者、そしてその支援者がカバーできた。

【自治体のプラン推進委員会・行政担当者】　石和町のプラン推進委員会は、パネルシアターや〈ミュージックシアター〉などをつくり、啓発活動を積極的に行っていた。そういう教材作りの実績や出前活動のスタイルも学びたいし、子ども向けワークショップの出前先として町立の保育所にお願いしたかった。役場内で「歩く男女共同参画」と言われていたという担当者の内藤文子さんは、依頼を即座にＯＫしてくれた。

【男女共同参画推進の活動グループ】　私たちの大学は「男女共同参画アドバイザー養成講座」を実施している（第二章「男女共同参画アドバイザー養成講座」参照）。男女共同参画社会づくりのために学習や実践活動をし、地域での具体的な変化がなかなか進まないことを実感している人々に、長期的な展望という意味でも乳幼児期に関心を持ってほしかった。すでに子育てがほぼ終了した世代が、現在子育て中の世代や幼児と接することで、世代を超えた交流とネットワークを期待したのである。

これらのグループは、山梨という地でそれぞれ独自のネットワークを築いていた。これを活かせれば、この事業に関する発信・伝達のエージェントとして、大きな影響力を発揮し、地域での認識の広がりと実践につながると確信した。

このような願いを込めて、実行委員会の名称にも「ジェンダー・フリーで育ちあおう！　私らしく、あなたらしく」とうたった。育てる側も、育つ側も、その支援をする人々も、この事業に関わった私たちも、みんなで自分らしく育ちあおうよ――そういうメッセージを込めたつもりだ。

2　「山梨県では初めて」づくしの成果

五つの成果

この事業の『調査・研究報告書』（一三二ページ、研究・事業成果リスト参照）に、「保育所・幼稚園との共同研究による成果」として、次の五点をあげた。

①ジェンダー・バイアスが潜む保育者の言動や子どもの姿を、日常的な保育場面でのＶＴＲ記録などにより取り出し、共有しうる資料として保存できたこと。

②意識的にジェンダー・フリーに取り組んでいる園であっても、保育者の気づきにくい〈隠れたカリキュラム〉が認められることを、具体的な映像として確認したこと。

③日常の様々な仲間関係の中で、幼児自身がジェンダー・バイアスを含むメッセージを仲間に対して発していることが、三歳という年齢段階でも確認されたこと。

④山梨県で初めて、保育所・幼稚園が「ジェンダー・フリー」の実践的研究に園全体で組織的に取り組み、一定の成果をあげたこと。

⑤山梨県で初めて、ジェンダー・フリーをテーマにした幼児対象のワークショップが保育の場で実施されたこと。

子育て支援センターでの取り組みはもちろん、とにかく、すべて「山梨県では初めて」とつくことだったので、やったこと自体に意義があることは言うまでもない。そしてそのいろいろな「初めて」を最後の公開研修会で発表し、県内各地のいろいろな立場の人々と分かち合った。研修会の感想には「県内でこんな実践があることを知らなかった。自分もやってみようと思う」という保育者もいた。保育の場と連携し、ジェンダー・フリーを具体的な実践という形で多くの人々に提示できたことは、今後の実践につながる成果だった。

男女共同参画行政と保育現場をつなぐ──楽しいパフォーマンスで〈後押し〉

先進的な取り組みをしている石和町でも、保育現場に行政担当者が入り込んで、保護者や子どもたちに働きかけることは難しかった。「県立女子短大がやっている文部科学省の委嘱事業」という〈看板〉が、保育所への出前ワークショップを実現させたのだという。この感覚は当の大学教員にはわかりにくいが、保育者養成をしている大学が意欲的な担当者を後押しして、男女共同参画行政と保育現場をつなぐ役割をしたことには意義があろう。

今回の事業では、寸劇やパネルシアターにするシナリオの原型（〈ワークショップの種〉と称した）を、世代もライフステージも、そしてジェンダー問題に対する学習歴も異なる実行委員が、自分の経験などをもとに話し合って作りあげた。研究協力園でも現場の話し合いの中から、ワークショップのシナリオが生み出された。だから内容自体がとても身近である。

そのうえ演じる人が自分の知っている人であれば、見るほうも楽しく、また最初からバリアがない分、深いところに届く力を持つ。地域の人々が同じ場から発信することの大きさを、何度も実感させられた。もちろん、シナリオをつくる作業、演じる経験がもたらすものもたくさんある。このことは、ちびっこはうすのスタッフが劇的に実証してくれている。

信頼関係がベース

進徳幼稚園の「保育サポート」、チャイルドルームまみいの「父親ダンサーズ」と、二つの研究協力園はともに、日頃から父親も含めた保護者とのパートナーシップを大切に園の運営をしてきた。今回の事業は、このような保護者との信頼関係のベースがあったからこそ、可能だったといえる。

男女共同参画のメッセージを、どう男性たちに届けるか——これは関係者にとって大きな課題であるが、この事業を通じて、男性にジェンダー問題を学習してもらう社会教育の場としても、保育所や幼稚園は格好な場であることをあらためて認識した。

〈ジェンダーに敏感な視点〉の獲得が大切

九九年度事業で県内幼稚園の実態調査をしたとき、保育の中で名簿や整列の仕方など性別による区分を用いている園も多かったが、それが保育にとって「必要なこと」と回答した保育者は少なかった。

チャイルドルームまみいでは、園長が保育環境を自分でビデオ撮影し、カメラを通し第三者の眼で見る体験によって、掲示物がすべて女児はピンク・赤系の色、男児は黒・青系の色になっていることにあらためて気づく。見る視点がなければ、個別の事象の中に埋没してしまうという実証だ。そういう「慣行」を見直すには、やはりジェンダー視点の獲得が不可欠であることを、園長自らが示してくれた。

また、ジェンダー・フリーの保育を考えることは、子どもへの対応についての「知識」や「技術」の問題にとどまらない。保育者自身の生き方に直結する問題であり、「子どもが生まれたら仕事はやめる」と希望する保育士が、共働きの家族を心から理解した支援ができるかという問題提起も貴重だ。これは保育者養成にとっても大きな課題である。そもそも保育という職域が、ジェンダーを色濃く担って成立しており、「母性神話」を強く持っているからこそ、保育者を志望するとも言える。

今でも山梨の私立幼稚園教諭は五年で〈勤続〉表彰される。保育の場にジェンダーという視点を持ち込むことは、保育の内容や形態だけでなく、「いのちを育てる」ことをめぐる社会構造そのものの問い返しでもある。二人の園長はこの事業にかかわることで、ともにこの問題を意識化している。

なぜ保育所であり、幼稚園であるのか、子どもの育つ場はどうあればいいのか、私たちはどんな暮らしを望んでいるのか、「私らしく、あなたらしく」生きるにはどんな社会であればいいのか――そういう課題への視点が開かれたといえないだろうか。

子どもの姿も変える、ジェンダーに敏感な視点

進徳幼稚園では、実行委員が行った出前ワークショップを批判的に検討し、保育者自身がワークショップを創った。「女の子でも」とか「男の子だけど」などと、今まで一度も言ったことのない自分たちが、これからも毎日接していく子どもに対して、そんな言葉は使えないという思いからだ。ジェンダー・フリーということを意図した具体的「保育プログラム」の、山梨県初の実践になった。

「ジェンダーに敏感な視点」は、子どもの見方を変え、保育を変えることで、子どもの姿も変える。自転車やスクーターを乗り回すのがいつも男の子――それに気づいた保育者は、一人ずつみんなにその乗り物を体験させた。すると、女の子たちもそれで遊ぶようになった。意図的な保育によって、性別にかかわりなくその乗り物で遊んでいいというメッセージが、子どもたちに発信されたのだ。気づかなければ、「乗り物が好きなのは男の子。それが自然な姿」で終わってしまっただろう。自分らしく生きる力を子どもの中に育てる援

助も、現実に存在するジェンダー・バイアスを修正するための援助も、どちらも必要だ。

ジェンダーの視点でみると、子どもの生活の中にはまだまだたくさんの課題が隠れている。「俺」ということばをどう考えるか。男の子が「俺」という言葉を使うのは、仲間に対して自分を主張したり、誇示したい場合だ。でも、女の子には一人称は「わたし」しかない。幼児期から、自己表現の手段も、男女で違うものが与えられていることが、子どもの「自分らしさ」にどう影響するのか。そういうことまで考えさせるテーマだ。

歯ブラシのトレイのエピソードは、ことばをかけたり、ちょっと混ぜてみてしまったり…と、子どもがなぜそうするのかを考えながら、自分の働きかけがどう受け止められるか楽しんでいる。ジェンダーをめぐる子どもたちと保育者のキャッチボールだ。こんなふうに子どもと対話しながら、一つ一つの具体的な課題から、ジェンダー・フリーの保育が創られていくのだと思う。

親たちへの情報発信の必要性とその効果

桜井園長は、ジェンダー・フリーというテーマについて、保護者にていねいに「情報発信」し、また保護者の考えも積極的に「収集」した。若い父親たちのジェンダー・フリー度が進んでいること、それでも、母親より父親たちのほうが「らしさ」にこだわっていること。ジェンダー問題は直接保護者の生き方に関わっているだけに、普通は保護者と真正面から話をする機会は少ないだろう。

この事業で、子どもの姿を見られる保育参観形式のワークショップ、他の親の意見も聞ける懇談会という機会が提供された。考えるきっかけをもらうこと、自分とは違う行動モデルを知ることは、おとなにとっても重要だ。ワークショップに参加した後、それまで子育てに遠かった父親が子どもと遊ぶようになったり、夫婦で参加したあと話し合ったり、持ち物や身につけるものが子どもの好みを反映するようになったりと、直接目に見える効果ももたらされた。

チャイルドルームまみいの場合もそうだが、大学の教員にただ研究の「場」を提供するということではなく、この事業の趣旨であったように、現場にいる保育者や園長が自ら企画して、このテーマで勉強会を重ね、保護者ともやり取りし、親子ワークショップを実施したという、そのことが、当事者のエンパワーメント（力をつけること）として、大きな意味を持つ。

ジェンダーへのとらわれを意識化する――ピア・インタビュー

家庭で子育てしている母親たちとサポートしているスタッフ双方の「ジェンダーへのとらわれ」を意識化することによって、ジェンダー・フリーの子育てにつなげる広い基盤をつくることが、子育て支援センターを中心とするプロジェクトのねらいだった。

「ピア・インタビュー」は、「ピア・カウンセリング」（専門家でなく、当事者と同じ立場の人が、または当事者同士がカウンセリングを行う方法）をヒントに考えたアイディアだ。日頃、子育てサークルは、もちろん〈おしゃべりの場〉としても機能しているだろう。しかし、そこで話されるのは子どものことや夫のこと、親のことが多い。トータルな個人としての自分が〈主役〉になることはあまりなく、自分さえ、自分に関心を持つゆとりがないかもしれない。「ピア・インタビュー」は自分の見つめ直しの契機として、「思い出していいよ、語っていいよ」というメッセージを発信する。そのことによって、母親である女性たちの「私自身に関心を持って！」という飢餓感をすくいとり、共有し、女性自身に返してゆく有効な方法であることを、ちびっこはうすのスタッフによるインタビューが示していると思う。

この体験からスタッフは、育児相談にあたっても「なんとかしてあげなくちゃ」と考えるのではなく、相手に興味を持ってインタビューしていくと、その人自身が解決への道筋を見つけるという子育て支援へのヒントを〈発見〉した。支援する人とされる人という位置関係が、ピア・インタビューという経験によって、対等な、お互いにエンパワーし合う関係へと、枠組みの変化をもたらしたのだ。

同じ目線で、いっしょにエンパワーメント

パフォーマンスのシナリオ作りの段階で、「台本の中のジェンダー家にすっぽりとあてはまる」状態だったちびっこはうすのスタッフたち。そういうスタート地点にいる人たちが、自分たちもいっしょに考えながらパフォーマンスやワークショップをしたことが、子育てサークルにやってくる母親たちの目線と同じ立場に立てて、とても素直に受け止めてもらえたのだと思う。ともに学ぶエンパワーメントの仕方として、これ以上のものはないだろう。

ちびっこはうすのワークショップに参加して、幼い子の世話に追われている若い母親たちなのに、夫が入浴するときは、下着をそろえて出すという人が何人もいることに驚いた。自分の生育史の中で埋め込まれた「理想の母親像」は「理想の妻像」ともリンクしていて、「でも、一人で子育てするのはつらい」という生活実感とのギャップが、若い世代の女性たちの悩みを作り出している。

宮沢さんの「子育ての悩みの多くが、ジェンダーに起因している」という実感、「子育て支援とジェンダー・フリーには深い関係がある」という確信は、きっとこれからの子育て支援のあり方を構築する柱の一つになるだろう。子どもとの関係でも、夫との関係でも、〈理想〉とされてきたジェンダー・ロール（性別役割）への〈とらわれ〉をまず解きほぐす作業が、支援者の大きな役割になる。そのうえで初めて、子どもへの柔軟なまなざし、ジェンダー・フリーの子育ても可能になるのだから。

3　リボンが結ばれ、そしてほどけて……

ジェンダーに敏感なアンテナが

〈ジェンダー・アンテナ〉は一度立ってしまうと、そう簡単に撤去できない。感度がよすぎて、受信してもどうしていいかわからないものまで拾ってしまう。でも、アンテナを壊さないでほしい。そのとき何もできなかったとしても、自分が当事者になったときは、きっとなにか変えることができるだろう。

ジェンダー・アンテナは、もちろん自分自身の言動にも反応するので、「こだわりすぎて、言葉が出なくなる」という人もいる。「ジェンダー・フリーへのとらわれ」現象のひとつだ。出なくなって、いいと思う。そういう自分の状態を味わって、楽しんでみよう。こだわりなく出てゆく他の言葉について、私たちはその意味やメッセージ内容をそのつどチェックし、ＯＫして、発しているのだろうか？　そうではないだろう。他の言葉たちだって、ずいぶん乱暴に扱っているのだ。気づいた言葉から、ていねいに扱ってやろう。私たちの〈生〉そのものであるジェンダーに関する言葉ならなおさらだ。呑み込んで、その言葉を投げたい事柄によく眼を凝らしていると、きっと、違う言葉が生まれたり、違う事柄として見えてきたりすると思う。

「かわいい／かっこいい」で記号化しなければ、ひとりひとりの子どもの姿がもっとよく見えてくるだろう。

だれもが参画できる地域に――ジェンダー・フリーのもう一つのメッセージ

せっかく若い世代が家庭の中でジェンダー・フリーを実行していても、一歩外へ出て地域社会とかかわりを持とうとすると、山梨ではまだ地域によっては、昔からのジェンダー・バイアス満載の慣行がそのまま続いていて、それだけでも、地域の行事に足が遠のくことも多い。世代が違うとあきらめず、また高齢世代のこれまでの生き方を否定してしまうのではなく、若い世代の応援団になってもらうような取り組みがあっていい。地域全体で取り組むことで、ジェンダー・アンテナを張り続けていきたい。

いろいろな人が集まって地域が作られているのだから、誰もが参画できる地域にしよう。宮沢さんの運動会のテント張りの話は、ユニバーサル・デザインの発想だ。すべての男性がすべての女性より力が強いわけではない。当たり前のことだ。高齢の人、病身の人、障害を持つ人、背の低い人だっている。そういう誰もが使えるようなものを作ればいい。私たちの社会の「標準」を、「成人の健康な収入のある男性」とすることから、少し自由になってみよう。ジェンダー・フリーは、そういうメッセージにもつながっていると思う。

一緒にやってよかった！——成功のポイント五つ

【時間の使い方】　このプロジェクトは実行委員だけでも三〇人にのぼる大所帯だった。なぜか、こういう大変な事業をやってくれるのは、仕事にしろ地域活動にしろ、もともと忙しくがんばっている人たちだ。しかも、子育て真っ最中の人もいれば、むしろ親のことが心配な人もいる。ライフステージが違えば、都合のつけやすい時間帯も違う。みんなのスケジュールを合わせることは難しい。一番多く集まれたのは、実行委員会の立ち上げと最後の総括の研修会。あとは、会議の目的に応じて、一番必要度の高い人の都合を優先して、ゲリラ的に集まって、しのいだ。

【場・拠点】　市民グループの活動の場合、まず場所の確保が問題になるが、大学教員が企画したプロジェクトであり、大学の教室や会議室を使えた。これはとても有利な条件だ。ぜひ、地域の大学を市民活動の拠点として活用できるよう、大学に働きかけてみてほしい。大学にとって、教員や施設を「地域の資源」として機能させ、社会的に貢献することは、いまやその存在意義の重要な柱の一つとなっているのだから。

【動き方】　計画した事業を実施する日程も問題となった。現場は忙しく、年間スケジュールの大枠はすでに決まっている。新しい事業を割り込ませる余裕はほとんどない。そこで、ワークショップなどは、すでに組み込まれている行事などを活かし、そこに出前する形で事業を展開した。進徳幼稚園の保護者による保育サポートの日、まみいの家庭教育学習会など、とにかく子どもや親たちが集まることになっている日とその場所へ出かけた。こういう臨機応変な方法をとらなければ、現場との協働は不可能だろう。

【ネットワーキング】　この事業は、一定のノウハウを持つ単独のグループが実施したのではない。さまざまなグループが集まって、この事業に特化したネットワーキングを探りつつ、同時に事業を行ったのだから、大変でないはずがない。何とか事業をやろうとするなかで、ネットワークの仕方自体が自然に決まってきたというのが正しいかもしれない。試行錯誤しながら、それでも何とか続いたのは、やはり、いろいろな立場の人々と一緒にやることの醍醐味があったからではないだろうか。まさに「異業種交流」の面白さでもあったと思う。

【コーディネーター】　すでに社会的にそれぞれの役割を果たし、活動拠点を持っている幼稚園、保育所、子育て支援センター、町役場の四つのグループが実施単位としてネットを構成し、男女共同参画アドバイザーの人々は事業全体のサポートグループとして位置づけられる。そして大学はそのネットワークの結節点として、事業全体の企画と調整を行ったといえる。第一章に稿を寄せてくださった方々は、所属グループの代表として、それぞれのスタッフとの橋渡しや事業のコーディネーターの役割を担った。

リボンが結ばれ、そして……

子どもにかかわる現場で、当事者である人々が、〈ジェンダー・フリー〉を自分たちの課題として取り組み、エンパワーしてほしい。それがこの事業の大きな目的だった。それは十分すぎるほど達成された。当初の予想をはるかに超えて。事業が終わったあとも、すでにそれぞれの場が独自の情報発信源として機能し、「ジェンダーの視点で考えてみよう」というメッセージの種を蒔き続けている。

直接の「現場」のある人々がうらやましいとさえ思ったりするが、私たち大学の教員の役割は、この事業で交流した地域の人々、現場からいただいた貴重な材料を、それぞれが自分の中できちんと位置づけ、教育や研究を通じて、再び地域に還元していくことだろう。

どのグループも独自の歩みを持ち、いわば模様も色も長さも違うリボンを織り出してきた。その複数のリボンがこの事業で結ばれ、すてきな結びが作られた。事業が終わってリボンがほどけても、結びの記憶はまたいつかお互いのリボンを求めるだろう。そんな軽やかなネットワークでありたい。

―第2章―

地域へ飛び出した人たち

人づくりとネットワーク

グループWingやまなし 大型紙芝居「ジェンダーって
なあに？　パートⅡ」『それってＤ･Ｖ？』の場面
『ぴゅあ総合フェスタ2002　女男（ひと）が変える
地域（やまなし）が変わる』（2002年10月5日）にて
（写真提供　山梨県立総合女性センター、本文130ページ参照）

うた・手話・体操でひろめるジェンダー・フリー
石和町「みんなでいっしょにやるじゃんけ」その2

内藤文子●山梨県石和町役場職員・元女性政策担当

1　「ホップステップジャンプのうた」の誕生だ！

「テーマソング」がほしい

振り返ってみると、「0才からのジェンダー教育推進事業」が追い風になったと思う。担当三年目の二〇〇一年度当初、女性行政を引き継いだ九九年からずーと暖めてきた「あの夢が実現できたらいいな」という思いが強くなっていた。

「0才からのジェンダー教育推進事業」に参加を決めてはいたものの、まだ具体的な活動を想定できないでいた。けれど「何かが生まれそうだ」という予感はあった。

その予感が的中するときがやってきた。それは「うた」を作ると決めたこと。それも手話付きで。

併せてこの年は推進委員会主催で、一人一人の心が通い奥底から湧きあがるような、「シンポジウム」を開催したいと考えていた。そこで、この機会に「うた」の発表をと、推進委員会に提案したところ、「参加者全員が楽しめる学習」「みんなの緊張感を緩める方法」「子どもから大人まで人を選ばず、その場ですぐできること」の要件を満たすには、やはり「テーマソング」が有効だと協議の結果、全員が賛成してくれた。

町長が作詞、町民が作曲

強力な助っ人は意外にも身近にいた。「推進は牛歩で行けし、ゆっくりでいいんだよ、せっこんじゃだめだよ、いいね、ゆっくりだよ」といつも焦り気味の私に対してアドバイスし続けてくれた石原昭夫・前町長だった。

盛り込みたい文言は山ほどあり、適切な歌詞が全く浮かばず悩んでいたところ、「こんなでどうかな」と、さりげなく手渡してくれた罫紙を見て驚いた。一番から三番までの歌詞のなかには、ジェンダー用語はもちろん、町の総合計画のテーマまでしっかりと盛り込んであった。

詩の次は問題の作曲である。誰でも簡単に作曲なんてできるわけがない。こういうとき、困ったときの推進委員頼みだ。いつかこのときがきたら頼りになる人と見こんでいた人は、二期目からの推進委員（公募枠で主婦代表）の佐野英美さんである（彼女はピアノ教室を主宰していた）。快く受けてくれた彼女は、詩を見た瞬間メロディーが浮かんだという。それも待つことたった一日で仕上げてくれた。

急きょ集めた推進委員会。当然ピアノもない役場の会議室で、佐野さんが持参した「ピアニカ」で主旋律を吹いたとき、思わず涙が出てしまった。瞬間「これならいける」、とまた新たな事業展開のイメージが浮かんだからだ。子どもから大人までみんなが楽しみながらできる推進活動の方向性が見えてきたのだ。事業を進める側である、行政と推進委員、そしてすべての人々を巻き込んで楽しくできたら、こんな素晴らしいことはないのだ。

男女共同参画計画の実践活動がうまくいかないで悩んでいる地域があると聞くが、本町では行政と町民が和気あいあいと仲良く推進事業を展開していると自負できる。それは反省すべきは素直に反省し、何よりも同じ目線で議論をし尽くすことを心がけ、推進のためのより有効な方法論を追求する努力を惜しまないからと言える。

2 「H．S．J」のうたに手話をつけて

お風呂場で父に教えた手話とうた

うたの次は手話である。

だれでもどこでも簡単に、というコンセプトで作った歌である。数年前からローカル局で童謡を手話で歌ってエンディングという早朝番組があった。最初は見ているだけだったが、

ある朝、「夕焼け小焼け」のフレーズに何気なくつられてやってみると結構楽しかった。以来、時間があったら手話を学びたいと思っていたので、町内にあるグループのことは調べてあった。

主旨を快く受け入れてくれたボランティアグループ「手話サークルふえふき」の協力によって振り付けていただいたが、このときは一番だけであった。単純にシンポジウム開催までに間に合わなかったのだ。でも私たちにはこの「一番」だけで充分にありがたかった（完成は〇二年八月）。

意外な効果をもたらすことになるこの「手話」を、手話初体験の推進委員が懸命に覚えた。

本格的に普及する前に、第三期推進委員の主任保育士が勤める第三保育所に行くと、子どもたちは私たち大人と比較にならないくらい早く手話を覚えてくれた。「普段の手あそびと同じ感覚で覚えたみたいね」と、後から聞いた。

幸先良い応援に気をよくして、さっそく一一月のシンポジウム開催までに、全保育所へ手話付きのうた「ホップステップジャンプのうた」を巡回指導した。これが五〇〇人の園児に伝えた結果になった。

「ホップステップジャンプのうた」のおかげで保育所へ出向くことにも慣れ、園児たちとも身近に触れ合うことできた。以後おりに触れ「手あそび」として取り入れてくれている。

この「手あそび」である手話が思いがけない結果をもたらした。それは意外にも身内からだった。役場庁舎内の同じフロアの職員がある日、すれ違い様に私にこう尋ねたのだ。

「内藤さん、エーンパワーメントーって何ですか？」と。

「え？」

「じつは風呂に入ってるとき、うちの子どもがいきなり、ちょき・ぐうと腕を上げて、しかも歌い出したんですよ。最初じゃんけんかと思ったけど歌ってたし……。エーンパワアメント・し・てーとか、最後にホップ　ステップ　ジャンプ！って言ってたから、きっと内藤さんの仕事と関係してると思って」

嬉しかった。本当に嬉しかった。歌を作ってほんとに良かったと思えた瞬間だ。

五歳になる子どもが父親に手話で歌を指導してくれたそうである。園児から保護者へさりげなく伝わっていったのだ。

テーマソングをCDに

〇二年度の四月早々に「H．S．J」のうたをCD録音し

ホップステップジャンプのうた

作詞／石原昭夫　作曲／佐野英美

1

HＳＪ（エイチ エス ジェイ）
さあ 元気をだして
あなたもわたしも 力を合わせ
エンパワーメントして
わたしたちのまち いさわ
うるおいのあるまちに
ホップ・ステップ・ジャンプ

2

HＳＪ（エイチ エス ジェイ）
さあ 勇気をだして
あなたもわたしも 励まし合って
ヒューマンライフの
わたしたちのまち いさわ
活力のあるまちに
ホップ・ステップ・ジャンプ

3

HＳＪ（エイチ エス ジェイ）
さあ 未来に向かい
あなたも わたしも いたわりあって
ジェンダーフリーの
わたしたちのまち いさわ
すこやかにくらすまちに
ホップ・ステップ・ジャンプ

『みんなでいっしょにやるじゃんけ シリーズ① うたと手話と体操で』山梨県石和町企画課・二〇〇二年発行より

た。緊張した面持ちで個人スタジオに集合してくれたのは、作曲者・佐野英美さんの幼稚園から高校生までの門下生八名とその保護者五名、石和女声合唱団員二名だった。澄んだ音色のフルートとピアノ伴奏で始まった録音は二枚のCDとなった。

貼られたピクチャーレーベル（CDの表紙）は企画課中村主査の手作りである。

内閣府や山梨県男女共同参画課などから問い合わせがあったCD制作費は、スタジオ借り上げ料の三万円と、消耗品である一枚一〇〇円のCD代だけである。これが高いか安いかのジャッジはこれからの歌の浸透度による。

3 「H．S．J体操」の効用

「健康でいたいよね」の言葉から

体操を考案したきっかけは、第四部会の介護・福祉の話し合いのなかから生まれた。

H．S．J推進委員会が〇二年度内の男女共同参画推進条例制定をめざして、部会別に条文検討をしている最中の提案である。「老老介護もよく耳にするけど、いずれ介護するときがくるにしてもまず健康でいたいよね。簡単にできる体操はどうかな？　あの歌に合わせてやれないかなあ」。

さっそくこれを受けてくれたのが、リトミックでスコレー大学講座を中心に活動している半田美恵子社会体育指導員だった。彼女は構想練ること一カ月で、曲にぴったり合った体操を考案してくれた。

推進委員会を招集し、「心も体も元気になる体操ですよ。溌剌と前向きに、にこにこしながら、楽しく動きましょう！」。彼女の呼びかけに推進委員は久しぶりの運動靴に履き替え、汗をかきながら指導を受けた。収録したCDは全保育所へ配布し、保育士対象の体操講座も開設した。

祭りや運動会で町民が実演

第三期推進委員の主任保育士が勤める第二保育所では、さっそく〇二年の夏祭りプログラムに組み込んでくれて、全保育所では秋の運動会において全園児や保護者が体操をしてくれた。

そのさいのアナウンスは、「保護者のみなさん！　H．S．Jってご存知ですか？　園児たちがこれから体操を披露しますが、これからはいろいろな場面で出会うことになりますよ。

保護者のみなさんも覚えてくださいね」であった。

これは保育士たちが自主的に動いてくれてプログラムされた結果なのだ。

やがてこのような「特別の人たちだけの活動ではなく、すべての住民が対象なのだから」という初期の考えは的中し、〇三年から初めて町民体育祭にプログラムされ、各地区の女性部と日赤奉仕団が中心となって体操してくれることになったのである。

町内各地区に指導に出向き「意外に簡単だね、結構良い汗かくよね。ということは運動してるってことだよね」などと感想をいただくと、「懸命にやってきて良かった」と素直に喜びが湧いてきた。

山梨学院大学の山内幸雄教授（ＨＳＪ推進委員会顧問）は、このように住民の理解と行政職員の分野を超えた協力の結果に対して、「まさに『努力保存の法則』ですね。一生懸命努力していれば形を変えて結果が得られ報われるのですよ。量の増大は質の変化をもたらすという主体性の理論です」と評してくださった。

みんなで学び努力してきたことが思いがけない結果として現れ、将来に自信の持てる結果として、正しい実践の確認ができることは、もう少しがんばってみようという気力を維持することにつながるのだ。

太ももが青くなったヌエック・ワークショップ

〇二年度「女性学・ジェンダー研究フォーラム」が埼玉県の国立女性教育会館（以下ヌエックと略）で開催され、前年に続き「みんなでいっしょにやるじゃんけパート２」と題してワークショップを開設した。

前年、私のジェンダーの殻を破ってくれた図書館の雨宮真由美司書と総務課財政係中村啓子主査、そして強力な助っ人佐野英美、三枝宣子推進委員がいっしょだ。成功しないわけがない。

「みんなでいっしょにやるじゃんけ」と題したワークショップのオープニングは、佐野さんがこの日のために特別に誂えた籠を背負い、「世間体」と書かれた布を貼った籠の中のチラシを参加者に取ってもらうことで世間体を軽くしてもらうという趣向であった。かたや中村主査は、釣り好きのパートナー愛用の魚籠《びく》を首から下げ、それに「慣習」「因習」としたためた布を貼り、これまた首に巻きついた皮製の紐はなかなかほどけないとパフォーマンスしたのである。これは受けに受けまくった。私はと言うと、ワークショップのメインである「ホップステップジャンプのうた」を手話で表現し、啓発活動に活かしている報告をした。

カセットデッキを持参したものだから、終了後も一人でも体操を教えてという方がいると「さあ、元気を出して」と体が反応し、どこでも体操を始めてしまった。私たちだって最初は人前で歌って、おまけに体操するなんて恥ずかしかったが、今ではどこでも曲が流れると自然に体が反応して動いてしまう。

翌朝は、なんとメンバー全員の太ももにしっかり指の跡がついていた。H．S．J体操のなかに太ももを「タン」と軽くたたく動作があるのだが、我々はどうやら気合いを入れて強く叩きすぎたようだ。

このようなハプニングもあったが、「着実な取り組みに感服です。ともに歌い踊った、あの楽しさと活力を〇〇の地でも一工夫と思っています」と、全国から参加してくださった方の声が届けられた。

延べ三二〇〇名の町民が「H．S．J」と接した！

町民体育祭で参加者全員が体操してくれることになり、日赤奉仕団員の役員八〇名に指導した。指導のメインはもちろん考案者の半田美恵子さんだが、アシストとして私のヌエックでの経験が大いに役だったのは言うまでもない。

当日は、まるでパラパラ（若者のあいだで流行した踊り方）のような人もいたり、首が横向きのままの人もいたり、でも結構楽しそうにあっという間に終わった。四つの輪となったその中心に、飛び入りで推進委員が模範演技に加わってくれたのも嬉しかった。たった二分と数秒間の体操ではあるが、感慨はひとしおのものがあったのは私ばかりではないだろう。

指導に各地区を巡回したおり、手話も覚えてもらえたし、「次には出前講座を」とお願いすることもできて、何よりプランである「H．S．J」を広報できたことは大きかったと思う。

各地区ごとの体操巡回指導から本番まで、延べ三二〇〇名の町民が「H．S．J」と接することができたわけである。

半田美恵子さんや推進委員と手分けして町内全地区を回り、「H．S．J」のさわりを説明し、少しでも時間があれば「H．S．J」のうたや手話もついでに指導してしまう。なんと手話はみんな結構覚えてくれて、歌詞も自然とインプットされてしまったようだ。

「今度無尽会でやってみるけ?」とか、「小学校でもやれし、受けるよきっと」とか励まされると、嬉しくなってくるというもの。

歌と体操を男女共同参画に取り入れ、子どもたちも巻き込んだ楽しい活動は、「住民と行政の分野を超えた努力の結果」と高く評価された。だれもが楽しく自然体で活動していることが、人から人へと伝わり、一歩ずつ男女共同参画社会へと進んでいく。このような取り組みをこれからも、みんなでいっしょに、いつまでも仲良く取り組んでいきたいと思う。

4 住民との協働を進めるために

集まってくれた人の数だけ事例がある

これまで町内二十数カ所の出前講座に出向いていった。感じることは、一口に啓発活動といってもとても簡単ではないということだ。集まってくれた人の数だけ事例があり、問題も何通りもあるからだ。

何が問題なのか一つだけではない。世代間の考え方の相違、育った環境の相違(地域性)、家族構成など枚挙にきりがない。おまけに人それぞれ抱えていることは複雑で重ねてきた経験の数だけみな持っている。ただ、それらをお互いに、ジェンダーの視点でどう見ていくか、拾い上げられるかである。発言者自身が問題ありと気づくかどうか。

意見として出てきたことを「ジェンダーの視点」でどう考察していくかが課題である。結論を出すための出前講座ではなく、ジェンダーについての話し合う糸口を見つけ出すお手伝いをしにきたことを冒頭にわかっていただくことが大切だと思う。

きっかけづくりに提供できるものは何か、工夫をしてみよう。内閣府や、県が発行するリーフレット、ホームページから引用してもおもしろい。

地域性に気をつけて

専業農家(または農業の比重が高い)の場合は二世代や三世代同居が多いが、こういう場合、たいがい姑側が参加しているケースが多い。世代間の交流と言えば響きはいいが、要するに本音トークができればベターである。しかし言いたいことをオフレコでも話せない事情であれば、アンケートで自由記述してもらう工夫が必要である。

「あそこの嫁が、姑が、こう言った、ああ言ったらしい」と後々、発言者が不利な立場になってしまうようだったら、二度と出前講座のお呼びがかからないから注意が必要である。パネルシアターや寸劇などのロールプレイの活用で、嫁姑の立場を逆にしたり、男女を入れ替えたりと工夫してみるとよい。

町の中心部でのワークショップ

商業地域では、商工会女性部を対象に開催したが、とくに「おかみさん」型（切り盛りする女性）対象には一工夫が必要だった。第一線で活躍する女性には、経営をとおして視点がぼやけない程度に提供できる学習方法とは何かと考えさせられた。

小さな町では家族で経営に関わっているところが多い。普段着のジェンダーに気づいてもらうにはパネルシアター「小林家の人々」だけでは不充分だった。「普段から女性が中心で店を切り盛りしているし、できることを自分で進んでしているし」の意見に対して、「では、女性が各種審議会とか町政に参画できないのはどうしてでしょうか？」と投げかけてみても、「そういう場所は男性が出ていくのが慣例になっている」で終わってしまう。

どんな問題を抱えているのか、それに対しての問題意識のあるなしとか、抱えている問題や業種ごとなど、対象を絞って開催すべきではないか、などと悩んでしまった。しかし、第一段階としてはこれでいいのかと思い直し、再度の出前講座の要請に期待したい。

5　さらなるひろがりを求めて

女性政策は素敵な仕事

ジェンダー・フリーを形容して様々な解釈がある。一般的には、男女共同参画政策の標語・目指している社会システムのイメージを表現するものとして使われている。「文化の成熟さを意味する芸術だ」という学者もいる。「これは戦いだ」と言った推進先進地の行政職員もいる。

私も当初は「これは個々の人生哲学の変革だし、普遍性が高く、何より前例のない事業を企画することだから戦いに匹敵する」と考えカチカチに構えていたが、実際に推進活動を進めてきた過程で徐々にそれが変化してきた。

「どうしてそこまでこの事業にのめりこめるのか」と聞か

れることもある。それは私個人のプライベートな部分にも関係する。家族に対しての後ろめたさの大きな塊だった離婚と、自分の心に忠実に生きてきたことへの、世間の無理解と批判的な態度に対しての悩み。

これは決して自分だけではないはずだ。だれかにこの呪縛から救ってほしいと思ったことなど、世の中には私と同じ思いを持ち、同じように救いを求めている人がたくさんいるのではないか。できるならば手助けと、学習することの大切さをたくさんの人々に伝えていきたいと思った。

前任者である杉原五十子先輩も、かつてあるシンポジウムで、「女性行政がうまくいくもいかないも、行政職員のやる気にかかっている」と述べていた。

女性行政担当者には、せっかく大勢の職員のなかから担当に抜擢されたのだから、「なぜ自分が……」と思わないでほしい。仕事を通じて学ぶことができ、様々な分野の方々と交流できる素敵なポストであることを認識し、自分自身も成長していくのだと思い、ベストを尽くしてほしい。

山梨県下の女性行政ネットワーク

〇二年に立ち上げた山梨県下の女性行政ネットワークは早一年がたった。様々な分野から招く講師陣はボランティアである。私は慣れ親しんだ女性行政から異動し、同じように異動したメンバーも多いが、学びは続けていこうと誓い合ったばかりである。

異動という現実が公務員の宿命ともいうべき仕組みであるが、しかし、みな、ここからが本当の意味でエンパワーメントされるときと気を引き締めている。

「とにかく石和の推進活動は楽しく・クールに・クレバーに」とは、志村直毅推進委員が作ったキャッチコピー。

行政がすべて行うのではなく、町民自ら参画し活動している石和方式は、たしかに住民に対してアプローチしたが、今では一緒に楽しく学習、智恵を出し合い工夫しながらやっている。

これまで培ってきたことを今に、これからにどう生かすことができるかという大きな課題は、たくさんの仲間とともに楽しく学び続けることで結果を出していかなければと思う。男女共同参画を難解からわかりやすさへ変えてきた思い、暮らしやすい社会に変えていこうというみんなの思いが、強い意欲が、身体の細胞のすみずみまで宿っているような、石和町の推進委員さんたち。

多くの人たちとともに私がいて、息づかいも喜びも怒りも共有してきた感がある。

今後、山梨県全域に日本全国に、本町のような住民と行政がともに楽しみながら学習し、活動するというわかりやすい推進活動の輪が広がっていくことを願っている。

事業参加から地域活動へのアプローチ

乙黒いく子●チャイルドルームまみい園長

はじめに――玉穂町とは

私が住んでいる玉穂町は、山梨県の県庁所在地甲府市に隣接する人口一万人足らずの町である。米やナス、トマト、もろこしなどの産地でもあり豊かな田園が広がる。近年、甲府市のベッドタウンとして大型店や老人施設、病院なども建設されている。新住民も増加しつつあるが、何世代も前から住んでいる方たちを中心に兼業農家型の家が多い。

わが町でも男女共同参画社会づくりのための活動は行われており、「拓け玉穂いきいきプラン」が策定された。プラン推進に向けて役場や委員の方々も努力されている。しかし、大人の男女に焦点を合わせた内容が多いように思う。

町内に中学校が一校、小学校が二校、幼稚園が一園、保育園二園、児童館が三館あるが、そこに通う子どもたちに向けた取り組みはされていない。

二〇〇一年の学習で私自身、当たり前と思って行っていた言動が、いかにジェンダーに縛られていたかということに気づいた。ジェンダーの再生産があることを知り、無意識のなかで私が園児にジェンダーの再生産につながることをしていたり、職員をジェンダー・バイアスのかかった目で見ていたかもしれないと反省もした。保育士という職業から、三歳児ですでにジェンダーが表れていることがわかると、乳幼児期からのジェンダー教育の必要性を強く感じた。そこで、子どものいる場所へ出向く活動を始めた。

町内の小学校へ

二〇〇二年三月、私が学習したことをもとに、子どもに関わるジェンダーのお話を校長先生に聞いていただき、「ジェンダー・フリー教育の推進」をお願いする。その席で、新年度から混合名簿と公の席での名前の「さん」呼びを実施してくださることになった。

校長先生がすぐに採り入れてくださったことには驚いた。私が教育委員として学校を訪問する機会も多く、先生と面識があったということもスムーズな取り組みにつながったとは思うが、やはり校長先生の理解と関心が深かったからだろう。

「とにかく、学校でお話してみよう」と校長室にうかがったことはよかった。最初のこの小学校での受け入れが、「地域のなかで少しずつでも伝えることができるんだ」という自信になったように思う。

実施から半年経過した一〇月、その後の様子をうかがいに小学校へ行く。

▽町内の小学校のインタビュー

＊職員も児童も問題ない（教頭先生）

＊最初不安はあったが、実施してみると今までと少し方法を変えただけで事務的な不便はない。内科検診においても問題はなく工夫により効率的にできる（養護教諭）

＊名簿は男女混合になっていてもヘンと思わないが、名前の「さん」呼びはちょっとヘンと思う。「さん」呼びは、式などのときだけで、いつもはみんな呼び捨てにしている。男は「君」、女は「ちゃん」がいいと思う（四、五年生の男児女児）

組織のなかで「今までと方法を変える」ということは大変だし、スムーズに運ぶとは限らないが、先生方のご努力に感謝したい。児童の発言のなかから今までの生育歴のジェンダー環境がうかがえるように感じた。

町立保育園の園児に出前講座

〇二年九月、町内唯一の町立保育園での講座開催を町に打診した。健康福祉課と保育園は快く承諾してくれた。

講座は一〇月に開催。平日のため、当園「チャイルドルームまみい」の職員は二〜三人の動員が限度のため、保育経験のある二人の専業主婦の友人を「助っ人保育士」として出演を依頼し、六名で行った。石和町の内藤文子さんにもお手伝いをお願いして加わっていただいた。参加者は年長児六〇名と町立保育園保育士四名だった。

▽町立保育園での講座内容と結果

「いいですか・ヘンですか」をペープサートで演じる。

園児にりんごとぶどうの絵カードを渡し、次の①、②、③の質問に、「いいと思う」はりんごカード、「ヘンだと思う」はぶどうカードと決め、どちらかをあげてもらう。

①男の子が転んで泣くのってヘンですか？

〈結果〉全員「ヘンだと思う」のぶどうカードをあげる

②女の子がハリケンジャー、男の子がキティのハンカチはヘンですか？

〈結果〉全員「ヘンだと思う」のぶどうカードをあげる

③男の子がピンクの洋服着るのってヘンですか？

〈結果〉七〜八人が「いいと思う」のりんごカードで、そのなかで男の子は二人だった。その他の園児は「ヘンと思う」のぶどうカードをあげる

予想はしていたが、園児がジェンダーにとらわれている様子がはっきり表れていた（上記表参照）。

「男は泣いちゃあダメってお母さんが言っていた」とか、「女の子がハリケンジャーのハンカチはヘンだ」などの子どもの発言に代表されている。両親の考え方や発言、友達の反応に影響を受けている様子があり、かなりのジェンダー・バイアスがあると感じた。

①、②の設問に全員の園児が迷うことなく「ヘンと思う」カードをあげて、町立保育園の保育士さんたちも、はっきり表れた子ども達のジェンダーぶりに驚かれたようだった。ジェンダーは、すごく身近で大切な問題ととらえてくださったようで、後日談だが〇三年夏ごろ、当園と合同で保育士たちの研修会を行う予定になっている。

町内子育てサークルに出前講座

町内には児童館が三か所あり、それぞれ子育てサークルが活動している。

町立保育園でのワークショップで、子どものジェンダーは

▽町内子育てサークルでの講座内容と結果

ジェンダー家とフリー家の二パターンで演じ、どちらが自分の現実かカードをあげてもらい、理由を聞く。

①生まれてくる子の性別は重要?…エプロンシアター

〈結果〉どちらでもよいの声もあったが、「夫が男の子がほしいと言う」「跡取りは男のほうが何かと楽」「夫は本家の長男であり、跡取りには男の子をというプレッシャーがある」などの声も多く、長男が田畑などの不動産を継承する兼業農家が多いなどの地域性もありそうだ。

②男色、女色ってあるの?…パネルシアター

〈結果〉「学校や集団生活のなかでは、当たり前のようにあるので従っている」「デパートなどもはっきり色分けされて並んでいるので、男女別の色があると思っていた」などが代表的な意見だった。「私は意識しないが、女の子は自然にピンク色が好きになるみたい」と自分の二歳の子どもの様子を話す母親もいた。

③役割分業って大切なことなの?…ペープサート

〈結果〉「ある程度性差で向き不向きはある。でも夫婦間で納得しあえればどんな形でもよい」という意見が多く、若いカップルの場合、「夫はかなり家事・育児に協力的だ」という声が多かった。

④男の子なのにとか、女の子だからって言っちゃあダメ?

……紙芝居

〈結果〉「子どもの性別で対応を変えてはいけないことは、頭では理解しているつもりだが、つい言ってしまう」「子どもから反論がないので女の子なのに、と叱ってしまう」など、言ってはいけないと思いつつも便利に使ってしまう言葉のようだった。

両親からの影響も大きいことがわかったので、就園前の親子にもジェンダーを理解してもらう啓発の必要を感じた。そこで、今まで一緒の活動はなかったようだが、三サークル合同での出前講座を計画した。

まず健康福祉課に話し、書類などを提出して了解を得る。次に各児童館を回り、職員の理解と三つの子育てサークルのリーダーに理解と講座の賛同を得る。チラシを各児童館の窓口においていただく。

そして〇二年一〇月、当園の保育士と「助っ人保育士」の六名で中央にある児童館で行った。

アンケートでは「本当にジェンダー・フリーの世の中になるかしら」「男の子を持ったプレッシャーが強くある」「その子の好きなことを伸ばしてあげることが大切と思った」「我が家はジェンダー家に近いが、考えを改めようと思った。大変勉強になった」という感想が寄せられた。

中学三年生にジェンダーを話す

〇二年一一月、町立中学三年生の学年主任から「進路や生き方を考えるうえで、参考になるような話をしてください」との依頼があり、ジェンダーも大いに関係ありと思い、お引き受けした。

授業内容は、次のチェック項目をつくり、カードをあげてもらって話し合うことにした（次ページ表参照）。

この部分のみ、担任の（女性）先生にビデオ撮影の協力をお願いした。

進路や職業を決めるとき「男性だから（女性だから）～は無理」とか「できない」とあきらめないでほしいこと、自分の周りをジェンダー視点で見ると何か気づくことがあるかもしれないね、と伝えた。

生徒はジェンダーという言葉は知らなかったようだが、生活のなかで男女でくくられることへの違和感はあるようだった。保育園児や小学生ほどジェンダーに傾いているわけではないと感じた。

実際に自分がそのような行動をとっているのかは定かではないが、物事の常識とか習慣にあまりとらわれない若者像がジェンダーにおいても表れているような気がした。小学生くらいまでは両親や周りからの言動に忠実だが、中学生くらいになると、そこに疑問を持ち自分で考え始めるからではないだろうか。でも、なかにはカードをあげるときも躊躇することなく素早く選択して、かなり頑固なジェンダーの縛りを身

▽町立中学三年生の授業でのチェック項目と結果

①家の跡継ぎは男性のほうがよい
〈結果〉男女差はあまりなく、半数くらいは「賛成」のカードをあげる。男子のなかには自信ありげにカードをあげていて、家庭で言われているのかなと感じた。

②女の子は言葉遣いや振る舞いを女の子らしくしたほうがよい
〈結果〉男子は「賛成」が少しいたが、女子はほとんど「そんなことはない」。

③男性は女性に優しくするべきである
〈結果〉女子は「そうだ、そうだ」と言いながら賛成多数だった。男子も賛成多数。

④男性がメソメソしたらみっともない
〈結果〉男子はほとんどが「みっともない」と思っているようだったが、女子の少数は「そんなことはない」。

⑤男色、女色はあると思う
〈結果〉男子に少数「ある」がいたが、女子を含め大多数が「そんなことはない」。

⑥結婚したら男性は外で働き、女性は家庭を守るのが望ましい
〈結果〉男子の少数が「賛成」。ほとんどは「そんなことはない」。

⑦女の子は料理や洗濯など家事を身につけておくべきだ
〈結果〉ほとんどが「賛成」。これはあとでＶＴＲを見て気がついたのだが、「男の子は必要ないが、女の子にとっては大切なことだ」というような言葉を使ったほうがわかりやすかったと思う。

⑧男性は家事をすることより、勉強してよい学校への入学やよい就職をすることが大切
〈結果〉ほとんどが「そんなことはない」。

⑨男性も女性も働いていると仮定して、デートの費用は男性が払ったほうがよい
〈結果〉男子は「賛成」がほどんど、女子も「賛成」が多いが「そんなことはない」のカードも少数あがった。

⑩プロポーズや愛の告白は男性がしたほうがよい
〈結果〉男女の半数くらいが「賛成」と「そんなことはない」に分かれた。

⑪性を選ぶことができるとしたらどっち
〈結果〉男子は今のままが多く、女子のなかに「性を変えたい」が目立った。今の中学生は男女平等の生活にあり、女子も自分の性に肯定的だろうと思っていたので、意外だった。

につけているような生徒も男女問わずいた。

カードをあげず、意思表示しない生徒もいた。時間的余裕があれば理由を聞いてみたいと思ったが、自分の心のなかを詮索されるのが嫌な年頃でもあるかなとも感じた。

▽保育園保護者研修会での出前講座　内容と結果

①いいですか、ヘンですか…ペープサート

〈結果〉町立保育園と同じ形式で行ったが、子どもたちの反応はほぼ似通っていた。

参加が二歳〜小学校二年生くらいまでと年齢の幅があったり、人数が多くて掌握しきれない部分もあった。

②保護者の座談会（子どもは別室保育）

〈結果〉母親たちは農業従事者が多く、「夫婦の考えより舅姑の意見が強いし、お年寄りにジェンダーは理解してもらえそうにない」と異口同音に発言していたのが印象的だった。

「今のままで十分幸せ」という父親や、「一家の生計の責任は男にある」というような家父長的な意識が強い父親たちも何人かいた。もちろん「男の子、女の子にこだわらず教育している」という発言もあった。

地域性を垣間見た保育園保護者研修会での出前講座

〇二年一一月、池田政子先生からM町での保育園保護者研修会で出前講座を依頼された。そこで石和町の内藤文子さんと企画して六名で行った（上記表参照）。

「親子参加型で、いかに子どもたちがジェンダーにとらわれているかを、保護者に知ってもらいたい」という要望が主催者からあった。彼は、先に町立保育園の出前講座を見学して、子どもたちのジェンダーぶりに驚いていた一人である。

参加者は一二園から約一〇〇組の親子という大人数で集中しにくかった。

この地域は県内の東部に位置している。山の緑が美しく明るく元気で人なつっこい子どもたちに、「一緒に過ごせて、楽しかった」と保育をしていた保育士たちは言っている。三世代同居家庭が多く、果物中心の農家や兼業農家が多い。地域による特徴や年齢による捉え方の偏りがありそうだった。

仲間づくりと時間の確保が課題

保育に携わっている者として、子ども達はジェンダー・バイアスを持たないように成長してほしいし、地域の大人もジェンダーの視点を持ってほしいと思い、出前講座を計画した。

しかし、実際行動してみると時間と人の確保が大変だった。私も保育士も通常の仕事をしながら講座を開くための準備をしなければならない。何より平日、当保育園の保育に穴をあける（保育室から離れる）のは同僚への負担や子どものことなど、保育の仕事が気になってしまう。

当初、ジェンダー学習を始めるとき職員が関心を持ってくれなければ進まないだろうと思ったが、やはり多くの職員の理解と協力する姿勢が大切だと再認識した。

〇三年一月一〇日の地元紙に、県内の小中学校の混合名簿採用状況が掲載されていた。小学校約六五％、中学校約二〇％だそうだ。我が町の町立中学校でも採用されていない。

五〇歳代の校長先生は「ジェンダーですか……（理解はできますが、もっと先にしなければならないことが山積みです）」という感じだった。人によって受け止め方の温度差は当然だと思うが、そんななかで、三年生のクラスでジェンダーについて直接生徒に話す機会があったのはうれしかった。中学生がどの程度感じてくれたかわからないし、子育てサークルの母親たちや保育園児も一回の出前では、ほんの触り程度の伝達だったと思う。

ジェンダー・フリーの考えをある程度、理解していただくためには、話を聞く回数を増やして、いろいろな角度から考えていただくしかない。問題意識を持っていただけさえしたら、あとは個人の受け入れの深さや範囲は人それぞれなのだろう。

とくにM町のように、地域により生活様式も似通っていたりすると、考えもひとつに固まりやすいのか反発はかなりあったように思う。みんな生活に波風は立たせたくないと思っているし、誰かがガマンしていれば、家庭や地域は平和と信じているのかもしれない。

M町の出前講座の経験から、地域はそこで生活する人たち独自の環境があり、ジェンダーについてのアプローチの仕方も、それに沿ったほうが受け入れていただきやすいと思えた。その意味で、その場所の代表者との打ち合わせは大切だ。

そして、その代表者たちが受け継いで講座を継続していただけるようになると素晴らしい。それもわざわざ「ジェンダー学習会」としなくても、何かの勉強会のときでもジェンダーは語れると思う。それくらい、ジェンダーは、私たちの生活や生き方に密着している問題なのだ。

友人やこの事業に関わった仲間の協力があったからこその活動だったが、終わったあとは、それぞれの場所の参加者の反応や子どもの姿に、こちらも刺激を受けたり新たな出逢いもあり、満足感をいただけた。そのような想いが次の場所に向かわせる力になる。

この事業に関っている者だけの発信ではなく、地域のあちこちで講座開催や研究会などの活動ができる人材が育ってくれるといいと思う。今後はそのような仲間づくりも課題だ。

実践と理論のすり合わせを

保育の現場は日常に追われ、研究や勉強が深まりにくい状態にあると思う。今回「0才からのジェンダー教育推進事業」に参加し、少々忙しくはあったが、保育園という現場と学問追求の大学との協力を再認識した。

大学や短大の付属幼稚園だと大学の先生が園長を兼任することもあるのだろうが、それは数に限りがある。園長職も保育士も、社会に出ると再び理論を学び直す機会はなかなか持てない状況にあることを思うと、県立女子短大のような地域の身近な専門教育機関は、保育の現場に今回のジェンダープロジェクトのようなことを積極的に発信してほしい。

これからの大学は少子化に向けて様々な取り組みが行われると思うが、地域社会との連携や貢献も、そのような視点からも大切になるのではないだろうか。また、私たちも「無理」とか「忙しい」という前に、前向きに参加を検討できないだろうか。

実践と理論のすり合わせができることは、双方のレベルアップが期待できると思うが、さらにそれが地域に広がり、みんなで共通のテーマを考える機会があってもいいと思う。

保育園は人育ての場であり、関わる保育士の資質は非常に大切である。一人ひとりの保育士のジェンダー観は、吸収力の強い乳幼児期に大きな影響を与える。

ジェンダー学習に限らないが、「子どもにとって利益のある行動なのか、考え方なのか」の視点を持ちながら、経験だけにとらわれず園長も職員も成長していきたい。

大型紙芝居で身近な暮らしからジェンダー・フリー

グループWing（ウイング）やまなし

〈Wing　やまなし〉

地域の人たちと学びながら

田中陽子●ウイングやまなし代表

アドバイザー養成講座との出会い

一九九八年七月、私は竜王町女性行動計画の策定委員に応募し、委員になったことをきっかけに、私の「ジェンダーについて」の学習がはじまったように思う。委員会のなかで大学の先生を招いての学習会や先進地との交流が行われていったが、正直なところ、「男女共同参画社会」について理解できたとは思えなかった。そんなとき、役場の担当者から「男女共同参画アドバイザー養成講座」（以下、アドバイザー養成講座）の受講生募集のチラシをもらった。「男女共同参画社会」について、もっときちんとした勉強をしなければプランの策定もできないと痛切に感じていたので迷わず参加することに決めた。

はじめてのアドバイザー養成講座は、受講生のほとんどが、それぞれの地域ですでに男女共同参画に関する委員や活動をしている人たちのようで、私は委員という立場で参加したにもかかわらず、最後まで続けられるだろうかと不安があった。

しかし、ジェンダーについての学習がスタートすると、そんな気持ちはすっかりどこかへ飛んでいってしまった。

なぜなら、自分のなかで思春期の頃から思い続けてきた「どうして女の子だけがそうしなくてはいけないのか」という疑問。なんだかわからないけど納得できなくていつも、もやもやしていた思い。また、結婚してからも子育ての大きな負担をなぜ、母親だけ背負わなければならないのだろうか、という思い。私のなかの、たくさんの疑問に対する回答にめぐり会えたからだった。

私は子どもの頃から自分が持ち続けていたもやもやが、「ジェンダー」だったことを理解し受けとめることができた。とにかくうれしかった。私が思っていたことはまちがいどころか大正解だったのだ。

ジェンダーについて学び、自分自身が持ち続けた思いがまちがっていなかったということに気づいたとき、「男女共同参画社会」がどんなに人間として〈その人らしく〉生きていける社会かということを、もっとみんなにわかりやすく伝えたいという思いが強くなった。そしてそれにはもっと多くの知識と学習が必要だと感じ、二回目の受講を決めた。

いろんな職業や年代の人との出会い

二回目の受講では、前年よりレベルアップした内容を期待していたが、そうではなかったのでちょっとがっかり。それでやめることばかり考えていたので、コース別学習も何をするか決まらずにいた。決定最終日にとりあえず決めたのが「パフォーマンス・表現コース」だった。

このコースのはじめての学習会は、身のまわりのジェンダーに関する事例や、各自が疑問に思った体験についての話し合いだった。数回みんなと話し合いを重ねていくうちに、そこに集まっている人たちが、私のこれまでの活動では出会うことのなかった職業や年齢であることに気づき、もっとみんなの意見を聞きたいと思うようになった。そして、この講座を最後まで続けていこうと決心した。

メンバーは、女性行政の担当者である市や町の職員をはじめ、ジェンダー・フリーの視点で学校教育に取り組んでいる小学校の教師、村議会議員、会社員、専業主婦、そして町の男女共同参画プランの策定委員をしている私の一一名だった。

パフォーマンス付き大型紙芝居の誕生

私たちは、まず、これまでみんなで話し合ってきた体験をどんなパフォーマンスで、地域の人たちにわかりやすくアピールしていこうかということについて話し合った。メンバーの半分は平日は仕事で活動できないということを考慮して、全員そろわなくてもできるもの、そして貸し出しが可能なもの……、「そうだ、どこでも誰にでもできる大型紙芝居を作ろう！」と決定。

次に、その紙芝居を限られたスケジュールのなかで、どのように制作していこうかということになった。これまでに、メンバー各自がジェンダーに関するおかしな体験や、困ったことを出し合い、話し合ったなかから、その事例を地域・教育・職場・家庭の四つの場面に分けて、具体的な場面を取り上げることにした。そして、メンバー一一名各々が担当してみたい場面を選び、四グループに分かれて取り組んでいくことにした。

まずは脚本作りから。各々が担当した場面は三場から構成されているので、全体で一二場となり、そのお話を一五分以内でまとめなければならなかった。そんな時間の制限もあり、短いセリフのなかにいかにメッセージをこめるか。また、問題に気づいてもらうためには、どのような投げかけをしていったらいいのか、全体会では、みんなが意見を出し合ってインパクトがあるように方言を使ったり、場面の展開を工夫した。

絵もわかりやすい、はっきりとしたキャラクターにすることや、あまりたくさん色を使わないようにしようということは決めておいたのだが、見ている人がもっと楽しめるようにと、さらに工夫することにした。

最初の「女性は稼げないの？」の赤ちゃんが誕生する場面では、扉が開いて中が見えるように、飛び出す絵本風にし、また、職場編「責任者は男性と決めつけていませんか？」での名刺をわたす場面では、紙芝居の絵の中の人に読み手が実際に、マジックテープの付いている大きな名刺を貼り付ける（わたす）というパフォーマンスを採り入れ、紙芝居をより立体的に楽しめるように考えた。

全員で作り、全員で演じる

みんなで話し合い、工夫して多くの時間をかけて作りあげた紙芝居。これを発表するには、絶対に紙芝居の舞台である木枠は必要だということになり、さっそくメンバーの知り合いに作ってもらうことにした。学習発表会のあとその木枠をどうするかということはまったく考えず、一万五〇〇〇円の費用はみんなで割り勘にした。ちなみに、紙代、絵の具代も入れると各自の負担は二〇〇〇円弱となったが、誰も何もいわなかった。

いよいよ通し練習だ。紙芝居というと、紙芝居の裏にセリフを書くというのが一般的だが、私たちは台本を別に作り、それぞれの場面を担当者が演じられるように考えた。それは、作り手として全員が発表会に出られるようにという思いであった。

セリフの練習は、メンバーのなかに演劇を勉強した人や、学生時代に人形劇のサークル活動をしていた人がいて、彼女たちが発声の仕方や表現方法について指導してくれた。読み手として画面のなかの役を演ずることが、制作中とはまた違った楽しみがあることを発見した。大きく口をあけ、声をはりあげ、トゲのあるセリフをなぜかみんないきいきとした顔で楽しそうに演じていた。とっても気持ちよさそうに……。

満場の拍手だった発表会での宣言

発表会当日、紙芝居の場面をよりアピールするために、服装は黒っぽいものを着用。また発表時間を一分たりとも無駄にしないために、並ぶ順序や立ち位置までも決めていた。練習のときのように楽しく演じ発表することができた。

会場の大きな拍手は、私たちが「大型紙芝居」に託したメッセージを感じとってくれた「こたえ」のように思え、大きな手ごたえを感じた。

私たちはこのとき、グループを結成することなどまったく考えていなかったのに、「どこでも誰にでもできる紙芝居の貸し出しと出前講座もします。ご利用ください」と呼びかけた。発表会終了後、すぐに「紙芝居を使いたい」という声がかかった。

その後、二〇〇一年四月にグループWing（ウイング）を立ち上げるまでの、二〇〇〇年九月から翌年三月までに、山梨県内の三つの女性センターをはじめ、三校の小学校の授業、市町村の推進事業などから、のべ十数回の貸し出しと四回の出前講座の依頼があり、予想以上の大きな反響があった。

成長の場は活動の場

しかし、制作した紙芝居の評価や反響より、大切に思えたのは、職業も年齢も住んでいるところも違うメンバーが、学生時代の部活の仲間のように、ひとつの目的に向かって助け合いながら活動してきたことだったと思う。このまま、みんなと別れがたいという思いと、この仲間となら何かやっていけるかもしれないという期待のなかで、グループが結成された。

これは決して私たちの思いだけではなく、アドバイザー養成講座のコース学習の一回目の話し合いから、グループの指導者としてアドバイスをし、ずっと私たちの活動を見守り続けてくれた県立女子短大の吉川豊子先生が背中を押してくれたからだと思う。

そして、私はその代表を務めることになった。初参加の国立女性教育会館（ヌエック）でのワークショップでは、代表としての責任からか、「成功させたい」というプレッシャーと不安のなかで、ウイングすべての問題を勝手に自分一人で背負い込もうとしていた。

しかし、そんな独りよがりな思いこみは、当日のワークショップでみごとに打ち砕かれた。ウイングのメンバー一人ひとりにとって、私たちの活動は自己実現の場であったり、ライフワークにしたい活動であったりと、多くのことが学びあえる大切な場所であることを知ったからである。

今では、出前講座のさい、メンバーが当日そろうかどうかの調整から、行政担当者とのやりとり、当日の手順など、コーディネーター役がもっぱら代表の仕事であるが、そのなかで多くのことを学んできたように思う。

そんなウイングは、私にとっていろいろな活動の原点のように思える。年齢、職業、住んでいる地域が違う仲間と活動できることだけでも充分なのだが、それ以上にみんな魅力ある個性をもち、とても前向きである。自分のことでは自信をもてずに迷うことが多い私も、メンバーに支えられ、いかされ、いつも新しい目標に向かって挑戦していく力と勇気をもつことができるのだと実感している。

本当はもっとウイングの活動に専念し、山積みになったものを整理したいのだが、他の活動を続けながらウイングの活動もするというところが、またいいのかもしれない。

結成してから今日までの三年間、多くの方々が私たちに活動の場をあたえてくださった。女性センターの企画担当の方

グループWingやまなし 大型紙芝居の出前講座と貸し出し状況 (2002年)

(◎は出前講座)

月日	出前講座・貸出先
2.5	甲府市　北公民館女性学級合同学習会
◎2.20	昭和町　男女共同参画プラン策定委員会
3.23	昭和町　押越愛育会
3.27	富士女性センター　公民館男女共同啓発講座
3.28	総合女性センター
◎4.23	県短　女性学入門
6.22	男女共同参画アドバイザー養成講座
7.3	河口湖町　男女共同参画プラン推進委員会
◎7.12	双葉町　ふたばヒューマンプラン推進委員会
◎7.31	昭和町　女性団体連絡者協議会研修会
8.25	ヌエック　女性学・ジェンダー研究フォーラムでワークショップ
◎9.4	韮崎市　男女共同参画プラン推進委員会
9.19	韮崎市　男女共同参画プラン推進委員会
9.25	双葉町　ふたばヒューマンフォーラム実行委員会
◎9.28	長野県松本市　女性議員をふやすネットワーク「しなの」
◎10.5	総合女性センター「ぴゅあ総合フェスタ2002」(109ページ写真参照)
◎10.5	連合山梨女性委員会
◎10.9	中巨摩郡調理員部会
10.25	県短文化祭展示(～27日)
◎11.9	山梨県教職員組合教育研究集会
◎11.16	鳴沢村　男女共生を進めるパフォーマンスフェスティバル
11.17	三重県津市　男女共同参画フォーラム委員会
11.26	東山梨支部女性三者合同学習会
12.1	双葉町　ふたばヒューマンフォーラム2002

からは、ウイングだけで講座をもつ機会や、ファシリテーターの役など、新しいことに挑戦する機会を提供していただいた。そんな皆さんに支えられて、私たちウイングは成長してきたように思う。

これからも、ウイングのモットー「地域の人たちとともに学んでいく」という姿勢を忘れずに、「一人の百歩より百人の一歩」をめざし、楽しく活動していきたい。

〈Wing やまなし〉

ウイングが啓いた学校の扉

浅川早苗

「セレンディピティ」。思いがけない出会い、幸福なハプニングを意味するこの言葉を知ったとき、私は「ウイングやまなし」と自分との出会いを思った。

ありのままの自分でいいんだよ――学校教育の現場では

小学校の教員として、「学校教育をジェンダー・フリーに」という願いをこめて男女混合名簿を導入したり、「男らしく、女らしくではなく、ありのままの自分でいいんだよ」と、男女の自立と共生をテーマに研究する実践を始めて数年が過ぎていた。

学校は、男女平等であるという建前のなかで、固定的な性別役割分担や「男の子はこうあるべき、女の子はこう」といった男女の特性論が、既成事実として再生産されていたし、当たり前のこととして何の疑問も持たれていなかった。「男女平等」という個人の価値観にかかわる部分について異論をはさみ、「『男女平等教育』を進めていきましょう」などといっても、「私は差別していませんよ。区別する必要があることもあるでしょう。男の子も女の子も尊重しています」、「もっと他にやることがあるでしょう」と、言われるぐらいが関の山で、なかなか耳を傾けてもらえない雰囲気が学校にはあった。

しかし、子どもたちが生活の多くの部分を過ごす学校で、順番はいつも男の子が先であったり、男の子はスポーツが得意でやんちゃなくらいのほうがいいとか、女の子はかわいくて字が上手、控えめなほうがいいといったメッセージが繰り返し送られることに違和感を持ち、居心地の悪さを感じている子どももたくさんいる。

男女に関係なく、「ありのままの自分でいいんだよ」と周りの大人が言ってくれたら、子どもはどんなに生きやすく、安心できるだろう。「自己肯定観」を持てること、それは子どもが未来へ向かって歩いていくときの、大切な宝物であるに違いない。

学校と市民活動の新たな連携

そんなジレンマのなかで、学校の外からちょっと違った視点で「ジェンダー・フリー教育」について勉強できないかな、という軽い気持ちで受けたのが、男女共同参画アドバイザー養成講座だった。

「地域をジェンダー・フリーに」というテーマは最初、ちょっと場違いかなという思いもあったが、社会のなかの固定的な役割分担や慣習など「生活の中のジェンダー」について話し合ううちに、自分の考えをありのままに言い合える雰囲気にとても充実感を感じるようになった。少しでも「男女平等」の世の中にしていきたい、その推進のために具体的な活動を創りあげたい、という熱い思いに共感できた。私自身がそこから「自己肯定観」を得られたような気がした。それが片道一時間半の道のりを通い、学習を積み重ねられた原動力になった。

そこから生まれた紙芝居で、ウイングやまなしの活動が始まっていった。地域での啓発活動では、わかりやすく、身近な題材でジェンダーについて考えられてよいということで、とても好評であった。その活動から、未来を生きる子どもたちへのジェンダー・フリー教育こそ必要であるということを再確認した。また、学校でジェンダー・フリー教育を進めることも重要であるし、地域のこうした市民活動から学校に向けて発信してもらうなど、双方向的な協働の必要性も見えてきた。

学校では、紙芝居を子どもに見せるだけでなく、紙芝居の場面を利用して、持ち物の色にかかわるジェンダーや、「男性の仕事・女性の仕事」と考えられているものについての意識改革など、保護者も巻き込んでいっしょに考えてもらったりする実践を行った。さらに、子どものジェンダー形成に大きな影響を与える教職員対象に、この紙芝居をパフォーマンスすることで、幅広く「ジェンダー」について啓発活動を行うことができた。これらの活動のなかから、学校と市民活動の連携という新たな可能性も感じられた。

私自身は、教育研究集会で「学校教育をジェンダー・フリーに」のテーマで、紙芝居を通して学校と保護者・地域・市民活動が「つながる」実践研究を発表する場をえた。全国研究集会に参加するなど、教育研究の場でもグループの活動を発信することができた。

＊　＊　＊

これらの活動の広がりは、自分ひとりでは決してできなかったことだと思う。引っ込み思案で話下手な自分がウイングの活動を通して、自分の伝えたいことを表現する楽しさや苦しさを学んだ。そして、仲間との協働のなかでグループも私自身も目の前にある壁をいくつも越えて、そのたびに以前とは違う景色を見つめ、新しい挑戦をしてきたような気がしてならない。この出会いに感謝するとともに、これからのグループの成長を願ってやまない。

〈Wing やまなし〉

ヌエック参加がもたらしたこと

手塚茂子

自前でワークショップを!?

男女共同参画アドバイザー養成講座受講中よりご指導いただいている山梨県立女子短大（県短）の吉川豊子先生から、「ヌエックのワークショップに挑戦してみたら?」と思いがけない提案がされたのは、二〇〇一年四月のことだった。

「えー！　私たちがヌエックへ行く?」。そのときはまだ、他人事のような気がしてピンとこなかった。今まで紙芝居だけの上演は、アドバイザー養成講座の発表会や県短の池田政子先生、木村富貴子県議会議員の講演の前座として何度か経験していた。しかし、二時間の持ち時間を自分たちだけで企画・運営することは、未知の世界である。

国立女性教育会館（以下ヌエック）主催「女性学・ジェンダー研究フォーラム」の〇一年度テーマは、「二一世紀に向けて男女平等・開発・平和―働いて生きる―女性労働と女性学・ジェンダー研究」。まず、このテーマとアドバイザー養成講座で作った紙芝居をどのように結びつけていったらよいのかを何度も話しあった。

それから、私たち一一名が自主グループとなってから、グループの名前がまだなかったことに気づいた。いくつかの案のなかから「翼を広げて羽ばたこう」という意味をこめてアルファベットで「Ｗｉｎｇ」とし、ヌエックがデビューであるから山梨が入ったほうがよいだろうと、「グループＷｉｎｇ（ウイング）やまなし」に決定した。

参加通知が届いたときは、「ヤッター！」という喜びと、「これは大変なことになったぞ」という慄きとが交錯した。

紙芝居パートⅠ
「女性労働のジェンダー・バイアスをなくすために」
〈研究と資料づくり〉

まずは、今後のスケジュールと役割分担、当日の時間配分を決定した。

①紙芝居「ジェンダーってなあに　パートⅠ　女性労働の

ジェンダー・バイアスをなくすために」の上演……一五分

②各場面（職場・学校・家庭・地域）のなかから、とくに女性労働の問題について取り組んでみたいテーマを決め、資料に基づき問題提起していく……各場面一五分ずつ計六〇分

③ディスカッション……三〇分

④まとめ……一〇分

資料集は、各場面ごとA４判両面印刷で四ページずつと決めたものの、膨大なデータや文献のなかからどこにポイントをおき、どのような内容にしたらよいのか、手探りの作業であり、何度も話しあいを行った。

その他に、掲示用としてウイングの活動の様子が掲載された新聞記事や写真を用意し、「Ｗｉｎｇやまなし」とペイントしたお揃いのユニフォームも新調した。

この間には、何度も行き詰まり判断に迷うときがあったが、そのつど吉川先生から適切なアドバイスをいただき、何とか資料集『ジェンダー・バイアスをなくすために』を完成することができた。

全員そろったのは本番前日

〇一年八月二五日土曜日の朝、いよいよ山梨を出発する日がきた。本番は翌日。

埼玉県武蔵嵐山のヌエックには昼に到着したが、一つだけワークショップに参加しただけで、夕方からは最後のリハーサルを開始した。「準備万端」と言いたいが、内心はドキドキで不安な気持ちが頭をよぎる。じつは、全員そろってのリハーサルは、本番前日のこの日が最初なのである。

それというのも、私たちの住まいは、山梨県内六市町村と広範囲で、遠くは車で片道一時間以上かけてウイングの活動に参加している者もいた。仕事と家庭、ウイングの活動とで大忙しの日々を何とかやりくりして、本番を迎えたのである。

さあ―本番開始。田中陽子代表の元気なあいさつが始まる。紙芝居に続き、資料説明も何とか無事に終了できた。

ディスカッションでは、各地域での「男女混合名簿」の取り組みや、「女性議員の割合」、「男女共同参画アドバイザー養成講座」のことなど、大勢の方々から熱心な質問が寄せられ、最後に、ともに推進していくことを誓い合い、和気藹々《あいあい》のうちに終了することができた。

三五名の方にワークショップに参加していただき、一回目としては成功といえると思う。

帰路のバスのなか、やり終えたことへの満足感でいっぱいであった。みんなで力を合わせ、考え行動し発信する喜び、そして充実感はかけがえのない財産となった。

紙芝居パートⅡ「条例で変わる私たちのくらし」で再びヌエックへ

〇二年四月、「今年もヌエックへ行きましょう」と吉川先生の激励が飛ぶ。しかし、今回は二作目の紙芝居を製作するところから始めなければならない。

まず、テーマは何にしたらよいのか話し合った。その結果、〇二年三月に「山梨県男女共同参画推進条例」が制定され、条例ができたことで私たちの暮らしがどのように変わっていくのか、また、どのように変えていかなければならないかを、未来志向の視点で考え製作することになった。条例を、誰にでもわかりやすく身近なものにするために、紙芝居のタイトルは「ジェンダーってなあに　パートⅡ　条例で変わる私たちのくらし」と決めた。

そのためには、まず、条例を理解するところから始めなければならない。そこで、条例の制定委員で元総合女性センター館長古屋繁子さんから条例の骨子や特徴についてご指導いただいた。

紙芝居製作の手順は、

①地域・学校・家庭・職場の四つの場面から「推進条例」に関係するジェンダー問題の事例を話しあい、題材を決定する。とくに、県民の要望により条例のなかに取り入れられた「教育及び学習の促進」(第一三条)については、紙芝居のタイトルを「いつも男の子が先?」として、男女混合名簿を、「自営の農林業、商工業等における就業環境の整備の促進」(第一七条)については、タイトルを「私も農業経営者!」とし、家族経営協定による女性の経営参画について取り上げることにした。

②わかりやすい言葉でせりふとナレーションを作成する

③紙芝居の図案の決定(立体的な部分や動きの部分の工夫)

④データを収集し、資料集を作成する

今回のプログラムは、

*第一部　紙芝居の上演

*第二部　条例についてみんなでいっしょに考えましょう

紙芝居の四場面から一問ずつジェンダーに関するクイズを

出し、問題提起していく。

工夫した点は、あらかじめ参加者に二色の色カードを渡し、答えを上げてもらい、意見交換をしていくことだ。

前回より参加者は少なかったが、男女の逸失利益に対する補償金の差別問題や地域活動における女性の現状など、各地域での活動の状況や具体的な取り組みについて、熱心な情報交換や意見がだされ、大変有意義な経験であった。

さらには、三重県から参加してくださった方より、さっそく紙芝居の貸出し依頼があり、県外の方々にもご利用いただくことができた。

ヌエックに参加することの意義は、大きく二つがあると思う。まず、自分たちの力を試すこと。そして全国の方々と交流できることである。活発な活動を展開する人々の積極的な考え方に刺激され、新たな勇気がわいてきた。

活動メンバーは男女共同参画の理想の姿

私は、甲府市役所に勤務している。長い間、庶務的な事務にたずさわっていたが、一九九九年五月、女性政策の仕事を担当することになった。そのとき初めて「ジェンダー」という言葉や「エンパワーメント」という言葉を知ったのである。

一人ではなかなか勉強も難しく、土曜日に県短で開校していた「男女共同参画アドバイザー養成講座」を受講することになった。

私の場合は「男女共同参画の勉強が、仕事上どうしても必要であったから」というのが直接のきっかけである。しかし、幼いころ、祖母や母から「女だから、あーしろ・こーしてはいけない」などと言われていたし、祖母や母の生き方にも疑問を感じていた。「生まれ変わるなら、絶対男がいい！」と、小学生のころより思っていた。だから、男女平等の社会を実現するための仕事は苦しい面もあったが、やり甲斐も大きく、充実した二年間であった。

その後、他の部署に異動になったが、ウイングの活動をやめたいと思ったことはない。ウイングのメンバーは全員が個性的であり、自立している。仕事や他のグループ活動など非常に多忙でありながら、自分のできる役割を進んで実行する。プライベートなことには、踏み込まない。

つまり「個としての人格を尊重する」。これぞ、男女共同参画の理想の姿?ではないかと自負している。何はともあれ、みんなが本音で語りあい、前に進むことのみに集中するエネルギーは、自慢できるのではないかと思っている。

〈Wing やまなし〉

自分をさがして

佐藤　薫

私が今、ここにウイングやまなしの一員として、小さな力ながらも、ジェンダー・フリーの地域社会をめざし活動のはしっこにつながっているということは、じつは、私自身にとって、まったく考えてもいなかった予想外のことでした。

思えば、その始まりは、ごくごく私的な、私自身の内面の葛藤からでした。

＊　＊　＊

私と私のパートナーは、高校時代の同級生。そしてふたりとも昭和三〇年生まれ。戦後の「民主主義教育」という名のもとに、タテマエだけの「男女平等」を教えられて育ってきた世代かもしれません。学生時代は、何の疑いもなく「平等」に学び、「平等」に受験戦争も戦ってきました。

ところが、その平等感覚のまま、ともに生活を始めることになったとたんに、なにか変だ、どこかおかしい、なにかに縛られている、わけのわからない閉塞感におそわれるようになりました。

夫より通勤時間も長く、残業も多い。なのに掃除、洗濯、食事の仕度はすべて妻。それでも、子どもが生まれれば育てなければならない、子どもを育てるのは母。それで仕事も続けられなくて辞めなくちゃならない。

とりあえず舅姑には逆らってはならない。いずれは嫁が面倒みなくちゃならないのだから、早めに同居しておきましょう――。そんな、こんなで気がついたら、自分の意思で選んできたとはいえども、自分自身をどこかに押し込めて、置いてきてしまったような頼りなさを感じていたのです。

＊　＊　＊

たまたま新聞で見つけた「男女共同参画アドバイザー養成講座」の募集に、実際どんなことをするのかも知らず、「男女共同」の文字にひきつけられて受講してみようと思ったのが事の始まりでした（じつは、そこにパソコンの講習もできるというのにひかれた、というのもあるのですが）。

そこで初めて、今まで抱いてきたもやもやが、ジェンダーにとらわれている自分自身であることに気づかされたのです。

年齢も仕事も立場も様々な新しい仲間でしたが、尽きることのない論議に、「なるほどなるほど」、とどれだけ共感したことでしょう。「ああ、そういうことだったのだ――」。難問が一つの公式ですっきり解けたような、そんな気分になったものです。

＊　＊　＊

講座を終了するころには、その仲間がそのまま「じゃあこれで……」と離れ離れになるのには忍びなく、私にも何かできそう、そんな力を感じることができていました。そして、グループの結成につながっていったわけですが、今ではグループの進化とともに、私の自分さがしも少しずつ前へ進んでいっているような気がしています。

＊　＊　＊

日々の暮らしのなかでは、相変わらず妻、母、嫁という役割を続けており、なんの変化もないようですが、自分自身の中身が変化すると、見えるものも変わってくるのだということを実感し、もっともっと「学ぶ」ことの必要性を感じているところです。

小さな変化が、家族を変え、地域を変え、社会を変える力になることが信じられるような、そんなウイングの活動でありたいと思います。

〈Wing やまなし〉

自分に向き合いながら楽しく活動！

乙黒　恵

「何、これ！」の連続パンチ

「男女共同参画アドバイザー養成講座」受講生募集――、それがふと目にとまった。「何、これ！　参画？　私の辞書にはこんな言葉ないヨ」。

土曜日の午後、場所も遠くないし、ちょっとのぞいてみようかな……。これが、のちにウイングと名づけられることになったグループの、仲間たちとの出会いにつながっていった。

＊　＊　＊

講座がはじまり、受講生たちから家庭、職場、その他いろいろな場での、「これって変じゃない？　ジェンダーじゃない？」と感じた事例がたくさん出された。またも「何、これ！」である。「聞いていて、なるほどと思うこともあるが、日常の生活で変だとか、疑問を感じるようなことはとくにない」、なんて私は言ってしまった。「女だから、男だから、～らしく、とか、こうあるべき」というような考えを受け入れていたからではなく、「私は私」(今はあまりのお気楽さが恥ずかしい……)。

さてさて、こんな状態で私はいったい何をするんだろう？　回を重ねても、いまひとつのれないままの私。だが、コース別学習の「パフォーマンスグループ」に入った。

学習発表会には劇がいいかなと思っていたが(講座で招いた「新座はんさむウーマンネットワーク」の『ヴァンパイア・ショック』というパフォーマンスを見て憧れてしまったから)、話し合いの結果、大型紙芝居「ジェンダーってなあに」を作ることになった。

いま振り返ってみると、みんなの心のなかには講座での発表会だけでなく、ほかのところでも紙芝居を使えたらいいな、という思いが無意識のうちにあったのかも。だってお金を出し合って、紙芝居用の丈夫な木枠まで注文してしまったのだから……。

気持ちにピッタリ、「専業主婦には名前はないの！」

紙芝居の家庭編「専業主婦には名前はないの！」は、私の気持ちにピッタリだった。自分の生活のほとんどが家庭にあり、この講座での学びから、ジェンダーを考える出発点となったと感じたからである。

結婚して、夫はそれ以前とほとんど変わらないのに、私だけ「〜さんの奥さん」「〜さんのうちのお嫁さん」と呼ばれることがイヤで、そう呼ばれそうな状況から遠ざかることにした。逃げたのである。それは今も続いている。

結婚して最初に私が改姓したのだから、子どもたちも成人したし、今度は交替して夫に改姓するように言っているが、「女の人はみんなそうしているんだから、別にイイじゃん」と開き直られている。それにたいし、私は「経験したこともない人から、そんなこと言われたくない」、と。

紙芝居の制作がスタートすると、はじめての経験に楽しさを感じ、けっきょく最後まで居続けることになった。そして講座修了後、受講していたときには考えてもいなかった、男女共同参画推進活動に加わっている私がいる。

グループの仲間と会うことは楽しいし、県内各地の公民館へ行って、そこで紙芝居をする、なんてことは、まず経験できることではないし（ハレとケのハレ）、言ってみれば、サークルのノリで気楽にやっている。

なにげない日常のことが心に響く

でも最近は、けっこうハマッてきているようだ。声を出すだけでなく、たとえば家庭編の紙芝居でＤＶ（ドメスティック・バイオレンス）を扱った場面では、本物の電話機を使って紙芝居のなかの人物と会話したり、「私のスカート踏まないで！」では、衣装を着せた人形をせりふに合わせてマジックテープで画面に貼りつけていく（これがなかなかむずかしい）、など。なにより自分たちが楽しくなってしまう。活動が続いている理由はこんなところにあるのかも。

最初は池田政子先生などの講演の前に紙芝居をしていた活動が、自分たちで出前講座をもつことになり、会場でウイングの名前だけが大きく書かれた紙を見たときは、なかなかの思いだった。「ここまできたんだなァー」。

会場とのやりとり、アンケートのなかで、「今までなにげなく子どもにやってきたことがジェンダーだったんだ、いいとこどりのジェンダーフリーをやっていた」（乙黒もそうです）、

「私には短大、弟には四年制」（県短の学生）というのもあった。

「やっぱり女の子は子どもを産む年齢を考えると短大のほうが……。でも、これってジェンダーではないですよね？」、なんて言われると、ただ否定してしまうのではなく、気づいてもらうにはどうしたらいいのか。学ばなければと思う。

紙芝居の内容は、もっと目立つほうがいいんじゃないかと思ったこともあったが、「こういうことがジェンダーだったのか……」と書かれたアンケートを読むと、気づいてもらうためには、なにげない日常のことをテーマにしたほうが、かえって心に響くことを教えられた。

＊　＊　＊

紙芝居を通じて、まず身近なジェンダーに気づいてほしいと思い、もうすぐ三年になろうとしている活動のなかで、私は自分自身についていろいろ気づかせてもらった。

たとえば、自分で選んで生きてきたつもりなのに、心のなかには何といっていいのかわからない、スッキリしない思いを抱え込んでいること。自分の生き方にたいして考えをもっていない、行き当たりバッタリの状態だから、問いももっていないし、だから答えも得られないこと。自分の思いを発し、行動しなければ何も始まらないと思うようになったこと、などなど。

このように、ウイングの活動を通じて気づかせてもらったことと、正面から向き合っていこうと思う。

〈Wing　やまなし〉

学びと気づきが築く　ジェンダー・フリー

山本正子

男女共同参画アドバイザー養成講座の特別研修で、ヌエック主催「女性学・ジェンダー研究会フォーラム」に参加した二〇〇一年の夏。帰路、ワークショップを開いたウイングの大型紙芝居「ジェンダーってなあに」がとても好評であったことが話題となった。そして参加したウイングの人たちには、ワークショップを演じ終えたという自信と輝きがあった。

私のような者は、とても会には入れてもらえないと思っていたのだが、入会を希望すると皆こころよく受け入れてくださり、とてもうれしかったことを覚えている。

さまざまな学びの場と仲間たち

私が男女共同参画を学ぶようになったきっかけは、文学研究会の短歌の指導をしていただいていた先生より、甲府市女性市民会議への参加をすすめられたことだった。

甲府市でも二十一世紀を迎えるにあたり、誰もが生き生きと自分の個性と能力を発揮し、豊かで活力のある社会を築いていくためには、個人の尊厳と男女の平等を基本とした男女共同参画社会を実現していくことが重要であることを知った。

「男女共同参画」という言葉や「ジェンダー・フリー」という言葉さえ耳新しい私は、どうして勉強していったらいいのかわからなかった。そんな時期、山梨県立女子短期大学（県短）で男女共同参画アドバイザー養成講座が開かれていることを知り、出席するようになった。

一年目は「地域におけるジェンダーについて」で、毎日の生活のなか、女性の立場で「これはおかしいぞ」という点をアンケートをとりながら、山梨県全域の意見をまとめたもの。二年目は「教育現場の中でのジェンダー・フリー教育について」である。各小学校での先生方・お母様方の意見をアンケート方式で結果を出した。二年目の私は油ののってきたときだったが、ウイングの一員としてヌエックへ参加することと重なり、たいへんだった。

紙芝居「命の値段」の作成

〇二年の夏、ウイングの大型紙芝居「ジェンダーってなあに　パートII　条例で変わる私たちのくらし」をもってヌエック主催「女性学・ジェンダー研究フォーラム」に参加した。私は小林さんと篠原さんの三人で「命の値段」をテーマに紙芝居を作り、資料を作った。

法律についてはまったく知識がなく、裁判所・図書館・損害保険会社と、夏の暑い日差しのなかを走り回り、資料作りに忙しい日を過ごしたが、充実した日々であった。

ヌエックでは、クイズ形式で資料と合わせて発表した。

交通事故死した一一歳女子の損害賠償額は、男女別平均賃金の算定方法で約一七〇〇万円。もし同年齢の男子ならば、男子平均賃金計算で約三六〇〇万円となる。男女の生涯賃金格差が逸失利益の差をうむ主な理由だが、この問題と山梨県男女共同参画推進条例の「男女が性別による差別的取扱いを受けない」「男女が均等に経済的利益を享受する」という条項に照らし合わせながら、問題提起を行った。

この男女の支払い補償金額の大きな差に、「命に男女の差があってたまるもんか」という気持ちであった。

ヌエックでのワークショップでは、発表前夜遅くまで、吉川豊子先生のご指導をいただいた。出席してくださった県外からの多くの参加者の共感を受け、よかったと思う。

新しい風を期待できる幼児教育現場

私は一九九七年に退職するまで、幼稚園に勤めていた関係もあり、「0歳からのジェンダー・フリー」にとても関心があった。そこで〇二年は県短の池田政子先生の授業「保育とジェンダー（乳幼児心理学演習）」に、特別受講生として学生といっしょに学ばせていただいた。

この授業を選んだのは、若い人たちのこれからの教育についての考え方も知りたかったし、幼児教育にジェンダー・フリーの新しい風が吹きこむのを学びたかったのだ。学生たちはしっかりした意見をもっていて、自分のアイデンティティとして意見を述べる姿に感動した。

私が幼稚園に勤めていたころは、男の子・女の子、としっかり分けた教育で、園児も母親もそれを当たり前と受け取っていた。ジェンダーをいとも当たり前に、園児たちに刷り込んでいたことになる。今考えると背筋に冷たいものを感じるし、申し訳なくも思う。山梨の教育現場にも、ジェンダー・

フリー教育がすみずみまで取り入れられるようになってほしい。

夫とともにジェンダー・フリーを学ぶ

「ジェンダー・フリーはまず家庭から」という考え方から、私だけが「ジェンダー・フリーの時代だ」と叫んでも変わらないと思い、夫と二人して男女共同参画の講座へでるようになった。はじめのうちは、あまり気が乗らない様子だったが、今では私より進んで講座へでかけていく。

家庭のなかで、「どっちが偉い？」ということではなく、同じ目の高さで物を見、考えること、これが大事だと感じてくれている様子で、我が家にも、遅ればせながらジェンダー・フリーが芽生え、共通の話題になることも多くなった。これはすばらしい成果だったと思っている。私も変わり、夫も変わっていく。気づくとそこにジェンダー・フリーが育っていた。このように気づくことの大切さも感じている。

みんなの輝きの源は学ぶ姿勢

ウイングでみんなといっしょに活動するようになり、会の内容の濃さを感じた。単に紙芝居を演じるというだけでなく、演じる前に一人ひとりがジェンダー・フリーについて熱心に学ぶ姿勢が、その根底にあったことを知った。

私もアドバイザー養成講座は修了していたが、知識の大きさがまったく違っていることを感じた。そしてあわてた。入会するのが一年おそいだけで、こんなにも違うものなのかと……。

こんな私もヌエックへの参加をはじめ、ウイングの活動に参加することができた。各女性団体や県外での男女共同参画を学ぶ会などの出前講座にも数多く参加し、自分のなかにも確実にジェンダーの知識が積み重ねられていることを感じている。

講演会で話を聞くことも大切だが、それだけでなく、自分たちも行動しなくては向上していかないと感じている。自分たちが人の前で話すということのむずかしさを感じながら一年がたち、そのなかで多くのことを学ぶことができた。少しずつだが人の前で男女共同参画の話もできるようになった。これからもウイングのなかで、自分を大きく育てていきたいと思っている。社会のなかではまだまだジェンダー・フリーへの課題も多く、ウイングでの実践が役立つようになればと願っている。

〈Wing やまなし〉

村議活動を支える学習の場

新田治江

選挙に出よう！

私は境川村の議員をしている。はじめから自分が立候補しようとしたのではなく、誰かを出さなければいけないと、ここ数年思ってきた。「女性を参画する場に送り出さなければ声が上に通らない、ぜったい出そう」と行動を起こした。

出したい女性は、みな、介護をしているとか、他の役職を受けてしまったなどで、私にその役が回ってきた。あとで聞くに「新田さんなら『落ちてもまた出ればいい』という人なので、気楽に選挙ができた」ということだった。

選挙は初めてのことなので、説明会から楽しみながら、うなずきながらできた。「戦う」というより、私の行動を他の女性に見てほしかった。「新田さんが出るなら、私も出るわ」という気持ちに期待をかけた選挙だった。遊説カーで地域を回っても、外に出られなくて家の中で手をふってくれる人、「投票はするけど、私の名前は新田さんには言わないで」と言う人など、選挙にたいしても女性の気持ちは消極的だった。

当選できるとは思っていなかった私にとって、当選はぎゃくに怖いものだったが、「女性の声を村政に」「地域の皆さんの代弁者となります」「行動・実行力のある人」といって回った自分はなんなのか、公約を果たすため、勉強あるのみだった。

とにかく「普通のおばさん」で、誰にでもできる議員を目指そうと思った。

男女共同参画アドバイザー養成講座やウイングは、村議会議員としての私の学習の場。女性政策を柱に取りあげていたので、是非とも必要な場であった。男女共同参画社会を進めるうえで、また、女性プラン作成・推進するためにも、何でも吸収したかった。ここでいろんな立場の人と出会った。

私は議会の一般質問でも、女性プラン作成から推進するまでシリーズで提案している。女性議員がでることにより、女性行政が確実によくなる。審議委員にも女性が増えてきたが、まだ途上。

議会事務局長ですら、「新田さん、毎回毎回、同じ質問ばかりじゃん」という言葉。それにプラン策定委員から推進委員会まで、まだまだ男女共同参画が浸透していないし、これから推進の段階に入っていくので、言い続けていく。私にとってみれば、順を追って質問していっているのに、それがわかっていない。

経験が生かせた「女性は議員に向かないの？」

ウイングでの紙芝居作りは、脚本から絵から、一人ではできないが大勢集まると、ホント、何とかなるもの。それぞれが違った才能を発揮し、楽しいわかりやすい作品ができた。

私たちに、いろんな場で発表する機会が与えられ、しかも好評で喜ばれ、一人一人を成長させてくれた。色塗りなど、終わると朝になってしまったこともあった。また紙芝居の帽子の絵に、「家族経営協定」とメッセージを書いたスカーフをつけ、そのスカーフをサッと抜いて広げて観客に見せる、パフォーマンス付きの紙芝居の工夫など、活動を夢中にさせてくれた。

紙芝居地域編「女性は議員に向かないの？」の場面製作は、私自身も経験したことなのでスムースに進んだ。メンバーのなかにも選挙に出た女性がいて、小さい子どもがいることもあり「子どもがいるのに選挙どころじゃ、ねえち、来たれもんが（他から来た人という意味）」と言われたことや、私も「選挙に出る」というと、「だんなさんが出るんでしょ」と多くの人に言われた。

社会にはいろんな人がいるので、子育て中の人にも声を出して社会参加してほしいということを訴えたかった。

紙芝居の発表は当然私に任された。今、現在のありのままが出せて、「普通のおばさん」が議員になれたいきさつなど、素直な気持ちで訴えることができた。

無表情を変えるために

家族経営協定も紙芝居で取り上げたし、議会でも一般質問し、そのことについての発表の機会も与えられ、議員活動とともに活動できた。

紙芝居を製作したり自分の勉強ができたり、発表の場が与えられ、なんと幸せなこと。その思いはメンバー全員に共通していると思う。

この紙芝居は、同世代、年輩の人たちには反響がよい。よく理解してもくれるし、笑うし、手ごたえがある。若い世代になると無表情。でも、アンケートを見ると「今まで気づいていなかったが理解できた」という回答が返ってきている。

無表情をいかに変えていくか、研究課題である。幼児、小学生、若い親、それぞれの対象の紙芝居にも挑戦し、勇気を出して声を上げ行動し、男も女も暮らしやすい社会を作っていきたいし、広めていきたい。

〈Wing やまなし〉

ひと味違う紙芝居を携えて

篠原みよ子

命の値段に違いがあるの？

女の子の遺影の前で、ハンカチで涙を拭く母親の場面

ナレーター　先頃、山梨さんの桃子ちゃんが交通事故で亡くなりました。

弁護士　言いにくいことですが、損害賠償額は男の子の場合は三六〇〇万円になりますが、桃子ちゃんの場合は一七〇〇万円です。

父親　男の子と女の子で賠償金の額が違うんですか！　そんな馬鹿な。命の値段に男も女も違いがあるもんか！

母親　それじゃあ、桃子があんまりにかわいそうです。

ナレーター　現状では、男女別の平均賃金によって賠償額が決まってくるので、このように男女差があります。しかし、最近の判例では、賠償額の男女差はなくなりつつあります。男の子と女の子の命の値段に違いがあってはなりませんね。

大型紙芝居「ジェンダーってなあに　パートⅡ　条例で変わる私たちのくらし」のいちばん最初の場面、「命の値段に違いがあるの？」である。

私たちは、おもに新聞記事でこの問題について調べたが、逸失利益についてはびっくりするほど大きな男女差・個人差があることがわかった。たとえば、東京都の一一歳の少女に対する東京高裁の判決は、約二一三〇万円（〇一年八月二〇日）、全労働者の平均賃金により算定している。男女別賃金からの算定による一七〇〇万円とは六〇〇万円以上の差が生じている。

事実を調べ、紙芝居の場面設定を考えるなかで、私たちはこの場面をどの順番に登場させるか、それ以前に、まず交通事故死としての設定場面を取り上げるかどうかで悩んだ。観客に子どもを亡くした人がいたときの悲しさや苦しさを気遣ったからである。

でも、あえて取り上げたのは、「人間の生命・尊厳にかかわることだからこそ、男女差があってはいけない」と考えたからである。そして人の死・命の値段という衝撃的な場面をいちばん最初にもってくることで、観客の意識を紙芝居に集中してもらおうという構成上の効果も考えたのである。

グループWingやまなし大型紙芝居
子ども向け紙芝居の場面（一部）

＊　男の子は黒、女の子は赤と決めつけてしまうことはおかしい「ランドセルの色は赤？」
＊　パイロットになりたい女の子と保育園の先生になりたい男の子の夢が「変だ」と言って束縛する「わたしの夢はパイロット」
＊　卒業式の呼称風景で混合名簿の必要性を訴えた「順番は男の子が先？」
＊　牛の赤ちゃんは雌だと稼いでもらえると喜んでもらえ、人の赤ちゃんが女の子だと「跡継ぎにならない」とがっかりする「赤ちゃん誕生」
＊　編み物が得意な男の子をその子らしい個性と認める「ぼくは編み物が得意」

子ども向け紙芝居作り

〇三年度春には子ども会から出前講座の依頼がきた。そこで子どもの遊びや学校生活に関係した場面を拾い出し、台本を子ども向けに書き直して子ども会に出向いた。

約二〇人ほどの小中学生と、その保護者の皆さんに紙芝居を見てもらったあとで、意見交換もできて、私たちも勉強させてもらった。

そのとき、次のような感想を書いてくれた女の子がいた。

「私も女の子なんだから赤とか、明るい色のカバンにしろと言われて、私は青が好きなのに、赤にさせられました。だから、私は今日のことを機会に『女でも自分の好きな色のカバンでもいいって、ジェンダーの紙芝居で言ってたよ』と言おうと思いました。あと、予想以上に楽しかったです。それと紙芝居の中のお父さんに一言『自分のことは自分でやれ』と言いたいです」。

この子のように、自分らしくすることの大切さに気づいたという感想や、子どもを男女区別しないように育てていきたいという母親の感想もいただいた。

小学校低学年には少し難しいところもあったようだが、私たちの投げかけを真剣に受け止めてくださったことが、何より嬉しく、今後の励みになった。

いま、三年前に作った紙芝居の内容の見直しをしている。山梨県内の混合名簿も五〇％近い普及になってきているし、ランドセルの色も青や緑、茶色なども出回るようになってきている。社会の動き、若い親の意識、そして子ども達を取り巻く環境など、新しい紙芝居に反映させていきたい。

スクリーン紙芝居の発案

大型紙芝居に代わる新たな発表手段を私たちは考えている。パソコンを活用して、今までの紙芝居の絵とせりふの声をCDに収録するのである。これを私たちは「スクリーン紙芝居」と称しているが、これの良いところは次のような点である。

音声や音楽を効果的に挿入できること、文字も動きのある映し方が工夫できること、また、貸し出しなどの持ち運びが便利なこと、プロジェクターなどの機械さえあれば、貸し出しを受けた団体が読み方の練習をしないですむなどの点である。とくに他県などの遠方へ貸し出しするときは、大きな重い荷物となる紙芝居と違って、コンパクトで輸送にたいへん便利である。

現在、パソコンに入れるテストを一回行ったところで中断しているが、〇三年中には完成させる予定だ。

研修を積む必要も

〇一、〇二年と二年連続でヌエック主催の女性学・ジェンダー研究フォーラムでワークショップを開く機会を与えられて、私たちは本当に貴重な財産を増やすことができたと思っている。だから「がんばって三年連続参加を目指していこう」と意気込んでいたが、〇三年の三度目のトライは失敗に終わった。

しかし、これまで前ばかり見て突っ走ってきたので、自分たちの足元をよく見たり、三年間の活動を振り返るための時間を与えてもらったと、落選をプラス志向で乗り越えることにした。

私たちは月一回の定例会を県女性センターを拠点に開いているが、時間不足で、情報交換や次回出前講演に向けての練習、そのおりに使用する資料の準備などで終わってしまうこともあった。そこで年一回は、宿泊研修でその不足を補い、読書会などで自分自身を磨く研修をする必要がある。

また、他の推進団体との交流などもできたらよいと思っている。これまで以上に、県女性センターや県立女子短期大学の先生方にご指導やご協力をいただきながら、各種講座や講演会などの情報を交換して研修を深めたい。そして、講演会に参加したメンバーは、不参加のメンバーに伝達講習をする。メンバー個人の活動やそこで得られたことを皆で共有することは、意識を深め、信頼関係を築くために極めて重要なことと考える。

自分たち独自のワークショップを

ウイングの出発点は紙芝居作りである。そのなかに、ペープサートの人形を登場させて動きを入れたり、絵の前でパフォーマンスをしたりして、普通の紙芝居とはひと味違うことを売り物にしてきた。

女性センターの行事に参加する方々には、女性政策のプラン推進にかかわっている人が多いので、そのような方々にも私たちグループのチラシを配ったりして、紙芝居の活用をPRしている。

また、県や各自治体の男女共同参画担当者との連携のためにも、ウイングやまなしのチラシをわたすなどして、積極的に働きかけをしていきたい。

県のヒューマンプランや男女共同参画推進条例も制定され、各自治体の取り組みも進んできている。男女共同参画について学習したり、実践活動をしたりする人も増えてきている。しかし、「ジェンダー、それってなあに？　新しい栄養剤のこと？」と言った人がいた。このような人にこそ、私たちの紙芝居をぜひ見てもらい、「おもしろかったよ、わかりやすかったよ。私もこういうことを実行してみようかしら？」と思ってもらえればと思う。

大げさな言い方だが、男性も女性もともに輝いていられる社会を目指す活動の役目を担いたいのである。そうすることで、自分たち自身も輝いていられると思うし、紙芝居を作り発信していくことが、私たちのステップアップにつながると信じている。

最後に、ヌエックのワークショップのように、県内でも自分たち独自の自主企画によるワークショップを開きたいという夢をもっている。そして紙芝居の貸し出しや出前の依頼が続いてほしいと思っている。

〈Wing やまなし〉

紙芝居で自己表現

小林沙都紀

仲間と〈奏でる〉紙芝居の醍醐味

日焼けした三角顔の紙芝居屋のおじさんが、紙芝居を積んだ自転車で家の前を通るのを、心待ちにしていた幼少のころが懐かしい。

いつもの露地から、チョーン、チョーンと拍子木が鳴ると、近所の子どもたちが、「わぁー」っと集まってくる。背が低いので、一番前で見る。抑揚のきいた言いようで紙芝居が一巻終わると、明日もまた続きを見たくなるような不思議な気持ちに、小さな胸をかきたてられて、家に帰ってきたものだ。

私が男女共同参画アドバイザー養成講座を受講して、パフォーマンスの班に参加したのも、そのような懐かしさが頭の一隅に残像としてあったからかもしれない。

＊　＊　＊

生来内向的ではにかみやだったので、人に出会うと、早々母の後ろにかくれたり、小学生のころは、先生の質問に答えようと手を挙げるのだが、指名されたとたん、上がってしまって、席を立ち上がるころには説明がしどろもどろになって、挙手したことを悔いることが多かった。

人前で理路整然と自分の考えが述べられるような冷静さが欲しいと、自己表現の拙さにいつももどかしさを覚え、長い間苦しんできた。そして、それなりの自助努力を行ってみたりもした。

ウイングに入って仲間たちと紙芝居を製作し、シナリオのなかの役割を演ずるようになってからは、一つのセリフでも、情景や場面、訴えたい内容をイメージしながら、発声をして、声の大小、明暗など、感情の移入をして大切に表現するように心がけた。それは、オーケストラのなかの一つの小さな楽器になったようなもので、全体の調和や流れに気を配りながら、楽しく表現ができるようになってきた。

退職後の学習で女性の生き方に目覚めて

私は高校の体育教師だったので、現職中、給与や保障などの労働条件は全部男性と同じで恵まれていたと思う。

ただ、女性管理職の数は小学校・中学校に比較して高校は皆無だったので、不満というより不思議に思っていた。保守的な山梨では仕方のないことだとも思っていた。女性が管理職試験の受験を勧められても、多くの場合、本人が断ってきたようだ。私の場合は、体育系で出張が多く校内の仕事ができなかったことや、病気を患って休んだりしていたので、そのような機会はなかった。

また、大規模校で、ほとんどが男性教師ばかりで女性は存在が薄かったように思う。しかし、近年は女性の校長も教頭も、教育委員長も出現してたいへん喜ばしい傾向になってきた。

退職してからは山梨大学で女性学を勉強して、はじめて女性の生き方について目覚めたような気がする。

それから甲府市女性市民会議に応募して会員となり、代表となって勉強もする機会を得たし、山梨学院大学で男女共同参画アドバイザー養成講座に参加して女性史を学び、基礎的・歴史的な学習を身につけることができた。

山梨県立女子短期大学でのアドバイザー養成講座を受講したときは、職場や地域でジェンダー・フリーの考え方をどう推進したらよいかを考えるようになった。現在では、「ジェンダー教育は幼少期から」と考えるようになってきた。

＊　＊　＊

二五歳で結婚し、四年目に夫と死別して娘一人を育てて一途に生きてきた私。

ウイングでの、尊敬できる指導者のもとで、若い仲間たちとの学習や活動は大きな喜びであり、生き甲斐でもある。そんな私を見て、「お母さんは本当に楽しそうに、自由に生活していてくれるから嬉しいわ」と娘が言う。

「自己改革」などと大袈裟ではあるが、これからも、地域や職場で紙芝居を通して、自己表現しながらジェンダー・フリーの普及に努めていきたいと思っている。

ただ、現職のとき生徒たちと、ジェンダー教育について、真正面から授業のなかで取り組めなかったことについては、返す返すも残念なことであった。

それだけにウイングでのこれからの学習や、活動参加への思い入れは大きいものがある。

〈市民との協働〉

「市民にひらかれた大学」をめざして

「男女共同参画アドバイザー養成講座」から「グループWingやまなし」の誕生へ

吉川豊子●山梨県立女子短期大学教員〈日本文学・ジェンダー研究〉

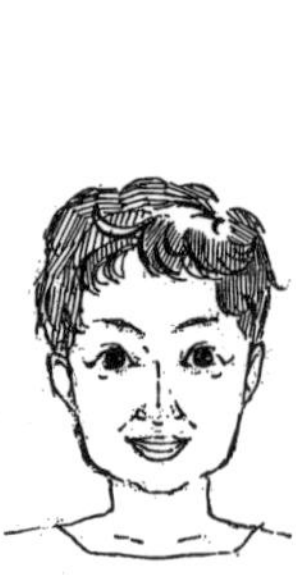

「男女共同参画アドバイザー養成講座」との出会い

「アドバイザー養成講座」へのコーディネーター参加から「グループWing（ウイング）やまなし」の誕生に関わり、グループ活動をサポートしてきた私が心がけてきたもの、それは地域に密着した「生涯学習」と「ジェンダー教育」の幸福な出会いによる、「市民にひらかれた大学」のための教育実践であった。二〇〇〇年度から〇二年度にかけて三年間の社会人教育（「生涯学習」）への関わりを振り返る時、小さな種を蒔いた庭にみごとに咲いた花々を見る思いで、ここまで成長した「ウイングやまなし」の活動を見るにつけ、感慨深いものがある。

「生涯学習センター」の体制づくりなど、大学側の受け入れ体制が整わない現状にあっては、「市民にひらかれた大学の教育実践」という言葉も胸をはって言えるようなものではないが、山梨県立女子短大（県短）における本「講座」の継続的開催の基盤を築かれた松本（米田）佐代子先生ご退職後、お手伝いのようなかたちで参加した二〇〇〇年度「アドバイザー養成講座」において、「ジェンダー・ツアー」を企画し、「講座」受講生を引率して東京ウィメンズ・プラザを視察、さらに埼玉県武蔵嵐山にある国立女性教育会館（ＮＷＥＣ〈ヌエック〉）で開催された「女性学・ジェンダー研究フォーラム」のワークショップを参観した「暑い夏の記憶」は、その後の「アドバイザー養成講座」に少なからず影響を与えた出来事だった。

とりわけ、「ウイングやまなし」の誕生とその活動を方向づけたものは、この時、ワークショップを参観した「講座」受講生が、こういうワークショップなら自分たちにもできる！勉強をしてワークショップを開催し、同じ志をもった全国の「仲間」と交流したい！　という熱い気持ちだったのである。

「ウイングやまなし」の結成とＮＷＥＣワークショップ

二〇〇〇年度「講座」終了時の研究発表会におけるＢグループの「大型紙芝居・ジェンダーってなあに？」上演の反響はすばらしかった。Ｂグループのメンバーと「講座」の「自主学習」の時間を共有するなかで、このメンバーならきっと何かできる、という予感はあったが、期待に違わぬ結果だった。専業主婦、パートタイマー、元教員、現役教員、自治体職員、村議会議員というメンバーの顔ぶれの広さを知り、このメンバーが「ジェンダー問題」についてそれぞれの立場から知恵や問題意識を出しあったら、力強い「ジェンダーフリー」のアピールができると期待したが、なによりもメンバー全員の、自分の中の何かを表現し、アピールしたくてたまらない、という様子が印象的だった。

「講座」の自主学習グループにすぎなかった「Ｂグループ」が「ウイングやまなし」に成長・変身したきっかけは二つあった。一つは紙芝居の「贋作」事件、もう一つは先程から述べている、ＮＷＥＣ開催の〇一年度「女性学・ジェンダー研究フォーラム」への参加である。

前者はあまり思い出したくない出来事で、グループの「大型紙芝居」が無断でコピーされ、思わぬ結果を招いた残念な「事件」だったが、この出来事の「後始末」を通して、自分たちが作った紙芝居が「著作権」をもつ共同の「著作物」であるという認識をメンバーが持つようになって、「大型紙芝居」にたいするグループの愛着と誇りはグンと高まった。紙芝居上演にたいする誇りや自信に満ちたメンバーの様子を見て、「事件」解決にかりだされた私まで盛り上がり、ついに、「ＮＷＥＣのワークショップへ参加してみない？」とメンバーに持ちかける時がやってきた。「グループＢ」では困るわネ、ということでグループ名を「グループWingやまなし」と命名し、「ウイング」が誕生したのである。

「合格」通知が届くと、メンバーは一気に盛り上がるとともに、やり遂げられるかという不安に包まれた。それぞれが「多忙な生活」を持っている働き盛りのメンバーにとってはかなりハードな準備作業、すなわち、「女性労働」問題に関する資料集めや学習・研究活動が始まり、アドバイスを重ねたが、皆、愚痴もこぼさずついて来てくれた。

「大型紙芝居」は確かに素晴らしい出来であったが、紙芝居の上演だけではワークショップ運営は時間的にもたない。また、なによりも「女性学・ジェンダー研究」の内容を一定の水準で満たしたワークショップでなければ「女性学・ジェンダー研究フォーラム」への参加資格を与えられない。

そこで、〇一年度のテーマ「二一世紀に向けて男女平等・開発・平和—働いて生きる—女性労働と女性学・ジェンダー研究」にそって、紙芝居に「女性労働のジェンダー・バイアスをなくすために」というサブタイトルを付け、先に述べた学習・研究にもとづいて、紙芝居の場面から「女性労働におけるジェンダー・バイアス」のテーマに即して問題提起できそうな場面を選び、紙芝居上演後、会場で発表し、頒布できるような『資料集』と紙芝居の『脚本』を作成することにした。

この『資料集』や『脚本』製作にかけたエネルギーは相当のものだったが、この時の学習・研究活動と『脚本』製作が以後のグループ活動のステップ・アップにつながっていった。自分たちだけで「出前講座」を持てるまでにグループが成長し、メンバーそれぞれが「男女共同参画アドバイザー」として自立して活動していく結果をもたらした。また、紙芝居と脚本をともに利用者に貸し出し、貸し出し先で自由に使ってもらうという形での上演を可能にして、「大型紙芝居」の上演活動が広がっていくきっかけになったのである。

「ウイングやまなし」と私

メンバー各自が書いているとおり、メンバーは皆それぞれのライフ・ステージにあって様々な「悩み」や「思い」、「わからないこと」をモヤモヤと抱え、それにたいする「解答」を求めて「講座」に集まって来られた。「ジェンダー」というフィルターに透かしてみた時、モヤモヤした中からはっきり見えてきたものがあったにちがいない。

グループ活動を重ねていくにつれてメンバーひとりひとり

の顔が輝いてきた。研究発表会の時、ＮＷＥＣに参加した時、また、公民館や女性センター、あるいは県短での「女性学入門」の授業など、自分たちが製作した「大型紙芝居」を上演するたびに、達成感や自信に満ちて生き生きしてこられた。緊張感や幸福感にあふれているメンバーの姿を見て、私も幸せな気分になった。

病を押してグループ活動に参加し病を克服したメンバー、病み上がりの身体に鞭打って活動を続けたメンバー、重度の介護者を抱えながら寸暇を惜しんで活動に参加したメンバー、幼い子供を連れて県短に通ったメンバー、往復三時間かけて甲府にやって来たメンバー、退職後、地域教育との接点を再発見したメンバー、現役時代にはできなかった「ジェンダーフリー教育」を今、プラス方向に回復しつつあるメンバー、家庭生活のジェンダーとたたかうエネルギーを活動から得ているメンバー、職場の担当が変わってもライフ・ワークとして「ジェンダーフリー」活動を続けるメンバーなど、メンバーたちは皆、「ウイングやまなし」のグループ活動をバネにして、それぞれのライフ・ステージの前に立ちはだかる階段や障害を乗り越え、新しいライフ・ステージに立っている。

私もふくめて、メンバーのそれぞれがグループ活動から自分なりの「成果」と「生きがい」を得てエンパワーメントし、自分がステップアップしたという思いをもつことができた。

三年間は短いようであるが、メンバーそれぞれがその都度必死に家（ウチ）から出て、一歩一歩を県短や地域に運び、「アドバイザー養成講座」および「グループウイングやまなし」とともに歩んだ貴重な年月だった、との思いを深くする。メンバー相互の幸福な出会いを用意してくれた「アドバイザー養成講座」と、グループの活動を支えてくれた地域の皆さんや、行政担当者の方々に心から感謝申し上げたい。

〈解　説〉

男女共同参画アドバイザー養成講座

池田政子●山梨県立女子短期大学教員〈ジェンダー心理学〉

1　男女共同参画をテーマとした生涯学習――地域に密着した公立大学の役割

保育もある常設の学習の場

この講座は、山梨県教育委員会が文部科学省の補助事業として、地域における男女共同参画社会づくりを推進するための「アドバイザー」の養成を目標に、県内大学に委託実施する形で一九九六年に始められた事業である。講座を修了すると、県教育委員会から「修了証」が授与されるが、〇二年までの七年間で、修了生は延べ三三五名に及ぶ。

毎週土曜日の午後、長期にわたる連続講座であるが、仕事場からかけつける人、農作業の合間をぬい、亡夫の母親を介護しながらの人、赤ちゃん連れで参加する人――みな何とか都合をつけて大学に通ってくる。〇一年度からはじめた保育は、甲府市のファミリーサポートセンターに勤務しつつ、本講座で学んだ二人の修了生が、交代で若い世代の学習をサポートしてくれた。幼い子どもがいる人々こそ、男女共同参画の学習をしてほしい。子育ても夫婦関係も、現役真っ最中、これからつくり上げていく立場の人々だからだ。数は少なくても、学習意欲のある人が受講できる体制がとれたのも、修了生との縁である。

はじめの二年間（Ⅰ期）の受講者は、社会教育の関係者が多かった。しかし、県立女子短大で実施することになって（Ⅱ期）、地域に男女共同参画社会づくりの土壌ができるためには、もっといろいろな立場の方に受講してほしいと考え、募集対象やチラシの配布先を広げた。

その結果、職業も多様化し、市民団体のリーダー経験者など、伝統的な女性団体以外で活躍している人も増えた。山梨での市町村女性プランの策定機運が高まった時期でもあり、「女性いきいきアドバイザー」（各市町村で委嘱され、行政と住民をつないで男女共同参画を推進する、山梨独自の制度）やプランの策定・推進の委員、女性政策担当者が半数を占めているのも特徴である。本講座はプランの策定や推進にとって、〈常設の〉学習の場としての役割を果たしてきたと言ってよい。このようにさまざまな立場の人々が県内各地から集まってきたことによって、情報交換と交流の場としての講座の土台ができた。

大学の生涯学習体制との結びつき

Ⅰ期は、一人の担当教授が実施したゼミ形式一〇回の連続講座だった。Ⅱ期の県立女子短大では、前二年間に実施した「やまなしウィメンズカレッジ」（同じく県教育委員会の委託による女性問題入門連続講座）と同様、実行委員会方式で複数の教員が、企画運営にあたった。

その前年、公立大学として地域への大学開放をいっそう充実させるため、学内に「生涯学習推進委員会」が新設されていた。それまでは毎年メンバーの代わる図書委員会が公開講座等の実施担当だったが、ようやく独立した専門委員会ができ、大学の生涯学習事業全体を企画する体制が整ったのである。毎年、この専門委員が中心になり他の教員が協力する形で、アドバイザー養成講座の実行委員会が作られてきた。

講座終了後、「大型紙芝居」グループに参加した受講者が中心となって、『グループWingやまなし』が誕生（翌年４月）。以後、地域に出向いて大型紙芝居パフォーマンスなどを行う。

■2001年度（修了者64名 男性３名）

私たちの『平等参画』をめざして

女性の政治参画・逸失利益と女性差別についての講演やシンポジウム、埼玉県吉川市でのプラン策定に向けた市民活動の経験報告とパフォーマンスなども受講しながら、講座実行委員会が設定した《ジェンダー学習基礎》《アドバンスト》《プラン専門》などのコースで小グループをつくり、調査研究や自主学習。

01年度から、講座リピーター有志が学習サポーターとして、初参加者の学習やディスカッションの援助を開始。

吉川市の市民活動にも刺激を受ける形で、講座修了者を中心に『やまなし女（ひと）と男（ひと）ネットワーク』が結成され（翌年２月）、本講座の支援や、地域への出前講座等の活動を展開。

■2002年度（修了者60名）

私たちが創る“仕事・暮し・地域”—男女共同参画社会への新しいステップ—

講座修了者自主研究グループによるワークシェアリング問題の研究発表とディスカッション、アンペイドワークや年金も視野に入れた男女共同参画時代のライフデザインについての講演なども受講しながら、テーマ別の小グループをつくって調査研究や自主学習。

「やまなし女（ひと）と男（ひと）ネットワーク」の代表も講座実行委員会に加わって、講座の企画・運営に参画し、初参加者の学習やディスカッションの援助を行う。

■2003年度（現在実施中）

軽やかにジェンダーの“壁”を超えよう

—女から、男から　男女共同参画へのメッセージ—

参加型・双方向型のスタイルで

当時はまだ大学の公開講座というと、その大学の教員がひとりずつ交代で「講義」を聞かせては、そのまま帰るという「講義聞かせ型」の講座がほとんどだった。

県立女子短大の公開講座では、雰囲気を和らげながら会場とのやりとりを行い、講師と受講者との仲立ちをして理解を深める役割をする「コーディネーター」の教員を必ずつけ、参加型・双方向型の講座をすでに行っていた。「ウィメンズカレッジ」では、講義を聴き、グループ・ディスカッションをして自分たちの意見や疑問を発表し、講師とやりとりする全体学習と、いくつかのテーマで講義プログラムを組み、複数の教員がそれぞれをサポートする少人数ゼミ方式が加わった。

そのような学習方法の実績の上に、私た

山梨県「男女共同参画アドバイザー養成講座」のあゆみ（太字は総合テーマ）

作成／藤谷 秀（山梨県立女子短期大学教員）

山梨学院生涯学習センター企画運営［1996・1997年度　Ⅰ期］

■1996年度（修了者27名 うち男性８名・以下同）行政職員・社会教育関係者を中心に募集

「女性の生涯学習の必要性」をテーマに関連文献の講読とディスカッション、女性問題にかかわる生涯学習について県内市町村（甲府市・石和町・双葉町・武川村）の現状報告とディスカッション。

■1997年度（修了者23名 男性４名）行政職員・社会教育関係者を中心に募集

「生涯学習」「女性問題」をテーマに、関連文献の講読とディスカッション。最終回は公開研究発表会とし、「山梨県下市町村の女性行動計画について」「男女共同参画社会と生涯学習」をテーマに受講者による研究報告。

山梨県立女子短大講座実行委員会企画運営［1998年度～　Ⅱ期］

■1998年度（修了者31名 男性１名）

本年度から、行政職員・社会教育関係者とともに、男女共同参画問題に関心のある人を広く募集。

「女性の自立」を問いなおす―地域・暮らし・ジェンダーの視点から―

「私たちの望む生涯学習」「あらためて考える身近な性役割（お茶くみの実態など）」「女性の目から考える福祉・介護」をテーマにグループ別自主学習スタイルを導入。以後、ワークショップ型の講座となる。

■1999年度（修了者62名 男性１名）

わたしたちがつくる「男女共同参画社会」への提案

―女が変わる、男が変わる、社会が変わる―

「男女共同参画社会基本法」「セクシュアルハラスメント」についての講義なども受けながら、「女性と選挙」「自治体の公職と女性」「地域活動と女性〈私も女性区長になれる〉」「雇用における男女平等」などのテーマで小グループをつくり、自主学習。

国立女性教育会館（ヌエック）主催『女性学・ジェンダー研究フォーラム』に初めて参加し、「地域から発信する男女共同参画社会づくり」をテーマとしてワークショップを行い、全国からの参加者と交流して大きな刺激を得た。

9月の最終回は公開研究発表会とし、グループごとに学習内容や調査研究内容を発表。以後、最終回での公開研究発表会が恒例となる。

■2000年度（修了者53名 男性５名）

伝えよう　動かそう

―2000年のエンパワーメント　ジェンダー・フリーの地域づくり

埼玉県新座市はんさむウーマンネットワークのパフォーマンスなども受講しながら、「女性プランを作ってみませんか」「教育現場におけるジェンダーフリーの現状」「ジェンダーってなあに？―大型紙芝居でみる」などのテーマで小グループをつくり自主学習。

前年に続き、８月にヌエック主催『女性学・ジェンダー研究フォーラム』を受講。以後、ヌエックのフォーラム受講が毎夏の恒例プログラムに。

ちのアドバイザー養成講座運営が始まったのである。これは、九九年度まで生涯学習推進委員長であり、本講座実行委員長だった松本（米田）佐代子さんが基礎を作ったものである。

Ⅱ期の人々の受講動機は、「男女共同参画プラン策定・推進のため」が増加する一方、「人との出会いや自分探しのため」という人もいた。受講者が多様になれば、講座に求めるものも多様化する。男女共同参画に関する学習歴も様々だ。こういう多様化に対応するため、講義と話し合い、発表、講師とのやりとりという全体学習のほかに、グループ学習を取り入れた。具体的なテーマを話し合いの中から自分たちで決めて、学習や調査・研究を行い、教員は必要に応じてサポートする。最後の公開発表会で学習成果を多くの人に伝え、その後〈ミニパーティー〉をして、長期の講座受講をお互いにねぎらい合うというスタイルを工夫した。

初年度はこの一連のプログラムを五月から七月にかけて行ったが、「発表会までにもっとグループ学習の期間がほしい」という要望が受講者から出て、翌年からは、大学の夏季休業中を自主学習の期間として挟み込み、実行委員の教員がほぼ毎週土曜日交代で出校してサポートを行うようになった。本講座にリピーターが多いのも、毎年異なったテーマでグループ学習ができるからかもしれない。

このリピーターの存在によって、本講座はいわば、一年生から七年生（講座最多参加者である）までが在籍する毎年五か月間だけ開校される〈学校〉のような場となっている。ディスカッションやグループ学習などで、自然にリピーターからのサポートが与えられたり、他の受講者の学習モデルとなったりして、講座運営が助けられている。

自由参加メニューでさらに学ぶ

二〇〇一年度の内容（表参照）では、他県での実践を学ぶ講座や前年度の学習グループの成果（グループウイングやまなしの紙芝居）を活かす講座、広く受講者以外に公開するための県立女性センターとの共催講座な

2001年度　男女共同参画アドバイザー養成講座の内容

（＊は講師、各回コーディネーターつき）

■第１回　開講式

パフォーマンス（紙芝居）『ジェンダーって　なぁに？』（グループWingやまなし）

基調講演　『わたしたちの「平等参画」をめざして

――数字で考える　ジェンダー・フリー』　＊山梨県立女子短大教員

話し合い

■第２回　コース学習①　コースの決定とグループづくり　自己紹介・話し合い

■第３回　公開シンポジウム「女性の政治参画――なにを変えるか　どう進めるか」（共催　県立総合女性センター）

基調提案　女性議員をふやす市民のグループ（長野県）の代表

パネリスト：境川村議会議員、

白根町に女性町議会議員を増やす会事務局、市民グループ代表

交流とフリートーク

■第４回　特別講義

「お金」から男女平等参画を考える

――「いのちの値段」の意味するもの：逸失利益と女性差別　＊弁護士

■第５回　コース学習②　学習・話し合い・作業など

■第６回　コース学習③　ゲスト講師と語り合おう

Ａ　基礎コース　アドバンストコース

「思い」を伝える・受けとめる自己表現

――家族や地域の人々への働きかけのために　＊自己表現インストラクター

Ｂ　プラン専門コース　アドバンストコース

「埼玉県よしかわ発　男女共同参画物語」の人々

――市民と行政のパートナーシップ：吉川市の実践に学ぶ

＊埼玉県吉川市民、同市役所職員

■第７回　コース学習④　学習・話し合い・作業など

■第８回　コース学習⑤　中間報告会「私たちの学習・発表・実践プラン」

■自由参加１　情報を集める　その１（Ａ、Ｂのどちらかを受講）

Ａ　インターネット学習①　＊山梨県立女子短大教員

Ｂ　誰にでもできるアンケート調査：ここが調査の押さえどころ

＊山梨総合研究所主任研究員

■自由参加２　情報を集める　その２（Ａ、Ｂのどちらかを受講）

Ａ　インターネット学習②　＊山梨県立女子短大教員

Ｂ　インタビューの方法　＊山梨県立女子短大教員

■自由参加３　ジェンダー研究ツアー（①、②を含め、１泊２日の予定）

①国立女性教育会館（ヌエック）「女性学・ジェンダー研究フォーラム」への参加

②学習関連施設の視察など

■第９回　コース学習⑥　研究発表会の準備

■第10回　コース学習⑦　研究発表会の準備

■第11回　研究発表会（公開）と閉講式

コメンテーター：県女性政策室長

反省・交流会（ミニパーティー）

どのほかに、自由参加のメニューも特徴だ。

一つは調査研究に関わる技術講座で、この年は、情報の集め方、整理・分析の仕方に関わる講座が開かれているが、〇三年度はパソコンによるプレゼンテーションとレポートの書き方についての講座が持たれ、毎年レベルアップした内容になっている。

もう一つは「ジェンダー研究ツアー」と称し、国立女性教育会館（ヌエック）主催の「女性学・ジェンダー研究フォーラム」に参加する企画である。

九九年には、講座の中で山梨の市町村プラン策定についての実態調査を有志が行い、その結果を持ってこのフォーラムでワークショップを行った。小規模な地域だからこそできる手作り状況の事例報告が関心を持たれ、用意した資料も席も足らず、立ち見や座り込んでの参加者も出る盛況だった。

翌年は山梨県立女子短大ジェンダー・フリー教育プログラム研究会（第三章「ジェンダー・フリー活動への序奏」参照）が、九九年度事業の取り組みを紹介するワークショップを開き、〇一年には、「ウイングやまなし」がワークショップを実施した。

このツアーは、八八万人規模の山梨県に暮らしている人々が、全国のさまざまな地域の実践にふれ、元気と励ましをもらえるイベントになっている。なにより、参加経験が、全国という〈舞台〉への敷居を低くし、臆することなく意見を交わし、発信できるようになっていったと思う。「私たちだって、全国舞台でワークショップができる！」という自信。これも、重要なエンパワーメントだ。

予算と参加費、そしてアンペイドワーク

例示した二〇〇一年の講座に関わってもらった講師やパネリストは、「ウイングやまなし」を一と数えても延べ数二〇に達する。どう考えても、予算額とは不釣合いだ。主催する教育委員会の担当者があれこれと配

慮してくれたことはもちろんだが、とにかく来てくれた方々に感謝である。

実行委員会が企画するのだから、講師の選定や依頼に伴う交渉もすべて教員が行う。これまでの人脈をフルに使って講師依頼する。そうでなくてもぜひ招きたいと思ったら、ラブコールをする。講座の意義や受講生がいかに熱心か、そしてその方になにを話してほしいか、それは講座の流れの中でどんな意味があるかを伝え、前年度の報告書などの資料を送って依頼する。そして謝金が少ないことも正直に話す。依頼する図々しさはわかっているので、それに応えてくれるありがたさはなんとも言えない。

しかし、そういう善意に甘えて、持ち出しでも自分の時間を割いてくれる志を持つ人々に、なかばアンペイドワークをさせているという矛盾がある。

本講座は文科省補助事業としての性格上、ずっと「参加費無料」でやってきた。だからこそ気軽に参加できた人も多いだろう。ただ、一方で、私自身を含め女性たちは、自分のアンペイドワークに慣れすぎているため、もしかしたら他の人のアンペイドワークに対して感度が鈍る傾向があるかもしれない。さまざまな立場の人々とネットを組んで活動する機会が多くなるにつれ、このようなことについても、考えていく必要があろう。

予算に比べてなぜそんなに欲張った企画をするのか。講座終了後、「今年ここまでできたのだから、来年はこれを」と、半歩か一歩先の要求水準でプログラムを考えた——つもりが、終わってみると、結局そのハードルを越えてしまう受講生たち。それではと、企画する側はさらに高い水準を設定し直す。毎年、それを繰り返してきた。そんな手ごわい受講生に押し上げられて、この講座は育ってきたのである。

2　エンパワーメントする人たち

理論的な蓄積につながる学習──自分自身から学ぶ人々

講座は自分自身の生き方を見直す場でもある。結婚退職後、再就職しようとして経験した差別や困難の原因を見極めようと「女性と労働」をテーマに学んだグループの一人は、家事も育児も夫と半分ずつすればよいと確信。再受験して高校教員に復帰した。

役場職員の女性は、女性だけにお茶汲みや掃除があることに対抗する知識が必要と考え、受講。グループ学習のテーマに「お茶くみ」問題を取り上げ、実態調査し、企業よりも役場・役所でこの慣行が多いことなどを発表した。

どちらも、まさに自分が直面している問題をきちんと課題化し、それを素材とした学習・研究を進めて成果をあげている。このようにグループ学習は、身近な暮らしの中にある問題から出発して、より広い観点や理論的な蓄積につながる学習過程となっていった。

すてきな男性たちの参加

男女共同参画をテーマとした生涯学習の場に参加する男性は、まだまだ少ない。しかし、だからこそ、講座に参加する男性は自身の体験に深く根ざした学習意欲を持ち、その学習が自分の生き方につながってゆく。

共働きでがんばる娘の現実を見て、女性問題を考えるために受講し、地元の男女共同参画プランの推進に活躍している人。役場で女性のお茶汲みを廃止しようとして、女性の同僚たちから反対され、「自分の考え方の正しさを確認する」ために受講、県下市町村職員として男性第一号の育児休業取得者となった人。職場で女性管理職を出そうと努力したが企業内の壁に阻まれた経験を持ち定年前に退職、「主夫」をしながら本講座に通い、「やまなし女《ひと》と男《ひと》ネットワーク」の立ち上げを中心的に担った人。

男性の意識変革を地域で進めるためにも、男性が男性に働きかけることはとても効果的であり、この人々は貴重な存在となっている。

仲間を得て、深くなる洞察力

男女共同参画の視点を持つ人は、山梨ではまだマイノリティだ。

本講座に参加して「新しい友人や仲間ができた」という人がたくさんいる。「地域では自分の考え方が理解されないことが多いが、講座に来れば多くの仲間がいることが実感できて、二時間かけても通いたかった」「これまでは周囲に遠慮していたが、多くの仲間たちの言動に刺激され、もっとどしどし発言していこうと思った」「同じ気持ちの人が存在することによる励まし、共同作業による喜びの体験」というような感想がある。

人間関係の密着した狭い地域の中で、女性がこの視点で率直に発言することの困難さは、都市部で暮らす人々には理解しにくいかもしれない。そういう地域でこそ、話し合いや発表を含む講座スタイルが、自己表現のトレーニングの機会や行動のモデルを提供しあう場として、いっそう有効だったとも言えよう。

また、家庭や地域という身近なところにある差別に気づいたり、ことばに敏感になり選んで使うようになったなど、自分の意識が深まったと認知する人も多かった。とくに男性の修了生ではこのような変化を自覚する人が多かった。男性の受講生にとっては、男女共同参画というテーマで多くの女性と対等な立場で語り合うことは、非日常的な、しかしそれだけ鮮烈な経験であり、深い意識変化に結びついたと思われる。

さらに地域、職業、世代、活動歴などの異なる多様な受講生どうしのかかわりや意見交換を通して、受容する力が増して、自分も柔軟になったと感ずるなど、他者を見るまなざしが変わったと意識する人もいた。

男女共同参画はそれぞれの人の生き方に直結するテーマであり、いろいろな生き方を認め合いつつ、地域での推進を図るためには、このような変化も重要なエンパワーメントの一つであろう。

地域への発信、活動の創出

様々な動機を持って講座に参加した受講生は、地域で学習成果を活かす場が少ないという悩みも抱えつつ、講座終了後もそれぞれの実践をしている。石和町の人々や「ウイングやまなし」は、その代表的な例だ。多くの修了生が周囲の人や行政への働きかけ、プランの策定・推進活動、各種講座や研修会を企画したり、パネリストや講師になるなど、地域への発信と参画活動を行ってきた。「ウイングやまなし」以外にも修了生の立ち上げたいくつかのグループが活動している。この意味で本講座は、実践に直結した成果を、講座に参加した人々にも、地域にも、もたらしてきた。

たとえば、農協職員、酪・農業をしながら、労働の半分以上を女性が担っているのに、地域社会を動かしているのは男性という不条理に気づき、村のプラン策定委員として活動した人は、山梨では数少ない女性の教育委員になった。県職員として昇任などでの女性差別に直面し、退職後、広い視野の必要性を感じ受講。町のプラン策定にかかわり、児童館を拠点とした子育て支援サークルを開設した人もいる。

「女性と選挙」をテーマに学習したグループの一人は、町会議員に四度目の挑戦をし、当選した。このグループは講座終了後、政策研究グループを立ち上げた――など、多くの修了生が、知識の習得だけで終わらない〈その後の活動〉を自ら創り出している。

「やまなし女と男ネットワーク」の立ち上げと文科省委託事業の実施

深く学ぶほど、学ぶだけでは変わらない、行動を起こさなくてはという思いが強まる。しかし、地域に戻るとそれを活かす場がないという受講生の不満があった。教員もまた、同じ地域の修了生が「同窓」であることを互いに知らず、必ずしも連携できていないことに気づいていたが、毎年の講座を持続させるだけで精一杯だった。

県教育委員会で、「0才からのジェンダー教育推進事業」とアドバイザー養成講座双方の担当者であった市川史子さんも、講座の運営に関わり受講生の学ぶ姿をずっと見続けてきて、同窓生ネットワーク立ち上げの意義を強く感じたのだと思う。そのネットワークの活動の第一歩として、やはり自分が窓口となっている文科省委託事業「女性のための男女共同参画学習促進事業」への応募を後押ししてくれた。事業への応募とネットワーク立ち上げが同時に進められたのである。

そして二〇〇二年四月、山梨での男女共同参画社会づくりを目指して活動する「やまなし女《ひと》と男《ひと》ネットワーク」が誕生した。それぞれ各地で活動している修了生を中心に約九〇名が参加した。

委託事業「男女共生を進めるパフォーマンス・フェスティバル」は、男女共同参画プラン未策定の五町村に、推進のためのイベントを「出前」するという大きな事業である。

住民グループが企画し、未策定町村の行政担当者と推進リーダー、他町村のプラン関係者まで加わって、わかりやすく視覚的に訴えるパフォーマンスを含んだイベントによって、策定のきっかけを作ろうとした今回の事業は、もちろん山梨では初めての「実験的試み」となった。

なにしろ初顔合わせが多い混成集団である。担当する町村での事業準備をしながら形が整っていくという状況で、まさに「ゼロからの連携」だった。それにもかかわらず、また、そうだったからこそ、この事業はいくつかの成果を生み出した。

連携した団体の中には、それまで男女共同参画という課題にはあまり関心を持たなかったグループもあったが、自分たちで考えて身近な男女共同参画問題を寸劇で演じた。また介護問題を劇でアピールする実績のあるグループが、男女共同参画という文脈の中で演じることで、見る側はあらためて介護の中に男女共同参画の課題があることを確認することができた。

山梨で活動している目的の異なるグループが、「男女共同参画」というベースで連携したことの意味は大きい。出前先の町村も当初、事業の受け入れに必ずしも積極的だったわけではない。しかし、事業の過程でそれぞれ動きが起きている。たとえば、それまでは、住民が必要としていないからとプランの策定に消極的だったある担当者は、実施された事業に参加した女性たちの「こういうことは大切なこと」という声をあらためて受け止めて、プラン作りに着手した。

このように地域のエンパワーメントを図る目的の委託事業ではあったが、応募した文科省の採否がなかなか決まらず、予算の裏付けができるまで、事業の開始が足止めされた。年度内に報告書まで出す事業で、スタートが遅ければ余裕を持った事業展開ができない。ぜひ文科省に改善を望みたい。

委託事業を終え、「やまなし女と男ネットワーク」の活動が二年目に入った〇三年。地域へ男女共同参画という考え方の浸透を図る道具として、「ネット」の共有財産になるようなパフォーマンスのための「教材」づくりをしようと、地道な活動が始まっている。

3　住民・行政・高等教育機関が協働する学びの場として

地域貢献の重要性に確信を持って

男女共同参画をテーマにしたこの種の長期連続講座は、山梨県では他にない。かつ、大学ごとこんなふうに関わってしまう講座は、全国でも珍しい。

本当は、県内大学間の持ち回り委託で、県立女子短大も二年間で終わるはずだった。しかし、「こんなやりかたは、とてもできない」と、次に予定されていた大学が辞退したのである。

そうだろうと思う。女性問題や男女共同参画問題に関心があり、かつ生涯学習を通じての地域貢献の重要性に確信を持つ、そういう教員が複数いて核になり、講座の意義やノウハウが共有され積み上げができたからこそ、そして教員だけでなく事務担当者の協力があったからこそ、続いてきたのだ。

学生定員四学科二〇〇名、教員数三十数名のとても小さな大学で、地域の人々のニーズに応えた生涯学習事業を展開するためには、予算がついてくる委託事業は貴重である。学外の人材も含め、目的にあった講師を選び、充実した講座を提供するという企画力は、大学の生涯学習機能の重要な要素なのである。

大学人として

生涯学習の講座を担当するということは、学生とは違い、期待はずれなら来なくてもよい立場の社会人の方に、大学人としての自分たちがどう通じるかという勝負である。それはまた、はっきりした目的を持ち、忙しい生活の中から貴重な時間を割いて通ってくる意欲満々の人々との出会いでもある。

差し出したものがどんどん吸収され、消化されて新しいものが創られていく展開が、現在進行形で見える楽しさも味わえる。そして最終回の発表会後のミニパーティーで、嬉々としてグループの仲間と労をねぎらい、達成感を共有している受講生の姿を見ると、また来年も……と、思えるのである。

行政と連携し、行政をつなぐ

文科省の補助事業の名称が変わると、この種の講座をそのまま打ち切った県もあるようだ。しかし山梨ではそのたびに、教育委員会の担当者が新たな補助事業の枠組みを活用して事業構成し、県のマイナスシーリングの予算編成の中で、講座の意義を予算担当者に説明しながら存続させてくれた。修了生は募集定員を上回り、数字の上からも、ニーズのある講座であることを実証してきた。

しかし、数字の評価以上に、学校現場から配置されてきた教育委員会の担当者が、毎回大学に来て講座の事務的なことを担い、ときにはグループ学習の話し合いにも参加して、受講生の様子を親しく見ているからこそ、そういう努力をしてくれたのだと思う。

また、毎年講座のうちの一回を県立総合女性センターとの共催で行い、講師の謝金や旅費のいくらかをセンター側の経費で出してもらっている。少ない予算を有効に使い回す手段で相互にメリットがあるが、それだけでなく、男女共同参画についての学習をめぐって、女性センターを統括している県女性政策室と本講座の予算を持つ県教育委員会とが〈連携した〉という事実の意味が大きいのである。

〈縦割り行政〉から少しでも脱却し、同じ目的に向かって連携できるところはどんどんしていく姿勢が必要であろう。女性センターの館長や企画担当者は、共催の回以外にも開講式や発表会などに忙しい職務の合間を縫って参加してくれた。女性政策室長をコメンテーターや講師として依頼しているのも、男女共同参画について真摯な学習を意欲的にしている人々がいることを目の当たりにしてもらい、そういう人材を積極的に登用し、協働していく意識を、県行政の責任者に持ってほしかったからである。

〇三年、県男女共同参画課は、従来の「女性団体リスト」とは異なり、「男女共同参画に関わる活動をしているグループ・団体」のリストづくりを行った。本講座修了生の立ち上げたグループも、いくつかそのなかに含まれている。そういう団体をネットワーキングして、大きな力にしていく働きかけが、行政と住民の双方から必要だと思う。

新たな実験的講座の開拓を

大学は、地域社会の物的、人的「資源」であり、地域の人々の共有財産だ。県立の大学ならなおさらである。

この講座は、そういう大学の生涯学習機能を活用して、地域の男女共同参画課題を住民自身が掘り起こし、学習・調査研究を行って、問題解決のための実践につなげていくという、地域の人々と大学の対等な連携の試みでもあったと思う。多くの人がそこに集まったのは、男女共同参画の新たな動きが国レベルでも起こったという時代のニーズがあったからだ。市町村プランの策定がほぼ一段落し、修了生のネットワークもできたいま、この講座の役割も見直すときがきているかもしれない。

〇二年のアドバイザー養成講座の初回は、「やまなし女と男ネットワーク」がすべて企画実施する初めてのシンポジウムだったが、受講生にとても好評だった。常設の男女共同参画学習の場、仲間が集って情報交換する場としての講座を持続する場合でも、このように「ネット」がさらに力をつけて企画・運営するようになってもいいのではないか。大学はそれをサポートする。住民グループと行政と高等教育機関の三者が協働する学びの場はどうだろう?

そのとき、大学は、また実験的講座を開拓し、男女共同参画社会づくりの新しい種を蒔こうとするだろう。そういう発展的な循環を願っている。

―第3章―

ジェンダー・フリー教育研究の取り組み

地域ネットワークの中核・山梨県立女子短大

イラスト・小林美穂　山梨県立女子短大2001年度卒業生

〈1999年度事業〉

ジェンダー・フリー活動への序奏

山梨県立女子短期大学ジェンダー・フリー教育プログラム研究会の発足と活動

阿部真美子●山梨県立女子短期大学教員〈教育学・幼児教育〉

1　研究補助金拠出の申し出

ある日突然

私たちのジェンダー・フリー活動の発端は、四年ほど前に遡る。それは、一九九九年夏休み中のある日、河合山梨県私学文書課長から一本の電話を受け取ったことに始まる。

私学文書課とは、県立である短大の担当部局である。そのトップにある課長からの突然の電話は、研究補助金を出してくれるという話である。勤続約二五年間で経験のない話に呆然としてしまったくらいである。それは、新聞等マスコミを賑わしていた国会を通過したばかりの「少子化対策臨時特例交付金」に関わる話であった。

河合課長の説明では、交付金は保育園や幼稚園の施設など主にハード面の充実に当てられるが、自分としては将来の幼稚園教育全体の新しい展望に生かすように考えたい、そのために補助金の一部をソフト面に、つまり研究に当てたいので引き受けてみないかということである。

さらに続く言葉は感動的であった。今の長になってはじめて公立短大があまりにも研究補助を受けるチャンスが少ないことに驚いたので、責任者としてこの機会にバックアップをしてあげたいという。ただし調査研究について許可するためには相当の書類が必要で一～二週間しか時間がない、まず数日中に「少子化対策臨時特例交付金実施要綱（案）」に基づいて、調査研究のテーマ等研究計画書を出してほしいということである。時間的に相当に厳しい注文であるが、私は「やらねば」という強い思いに突き動かされていた。

呼びかけと研究計画の提出

興奮の中でまず幼児教育科の池田政子さんに事の次第を告げ、研究について賛同を求めると、打てば響くような「イエス」という回答。そこでテーマについて案を出してくれるよう依頼する。間もなく連絡があり、「ジェンダー・フリーの幼児教育」はどうかということである。こうして私が考えたテーマを合わせて五テーマを提出した。そして、この研究について次のような目的を付すことにした。

＊研究委員会を設置する（山梨県立女子短期大学教員で構成）

＊県少子化対策と幼児教育・保育、地域、家庭の諸課題を念頭において研究し、具体的に地域貢献できることを目的とする

＊研究および実施期間が極めて短期間であることを考慮に入れる

＊共同研究の形態をとる

「地域貢献」できる共同研究の基盤

すでに幼児教育科では、公立短大として、また保育者養成機関として「地域貢献」できる共同研究に取り組むことは課題として共有されており、すでに消えつつある幼児保育遺産を目前にして、その調査結果と後世に伝えるべきものとを研究した（テレビ山梨サイエンス振興基金の助成を受ける）。そして成果を県民に広く見てもらうべくビジュアルにまとめ、『見る山梨県保育史』（山梨ふるさと文庫）を編纂し出版してきていたし、県の担当部局による保育者研修講師には、積極的に協力する姿勢で実績を積み上げてきていた。

その意味では今回の取り組みは、第二弾ということになる。一つの科の教員が、このような地域貢献について活動できることは、我々にとって誇りともなったと思う。

さて、請求した予算（調査等研究、啓発資料作成、資料代等）は六〇〇万円。

最終的に、研究テーマは「男女共同参画社会をひらくジェンダー・フリー教育と啓発～親、幼稚園教師、幼児の教育プ

ログラムの研究〜」が決定し、約三〇〇万円の予算が出されることになった。認められた主な予算内容は次のとおりである。

＊アンケートおよび場面観察、研修会、原稿作成等のための消耗品
＊研究協議会費用
＊講師謝金（啓発のための研修会講師）
＊ジェンダー問題およびジェンダー・フリー教育関係文献購入費
＊啓発資料（ポスター、絵本）、および研究報告書印刷代金

上記のうち、購入された文献、一五七冊は、研究終了後に山梨県立女子短期大学図書館に納められ、地域の方々の利用に寄与している。この間、二〜三週間で購入文献リストまで作成せねばならない。池田さんはもちろん、他学科の教員である松本さん（米田佐代子の別名。女性問題研究者）に連絡、二〜三日で推薦図書のリストアップ協力を要請すると、夏休み期間であることと、時間がない話に戸惑いながらも快諾してくれた。間もなく私の自宅のファックスの周囲は、送られてきた資料名リストの用紙が散乱していた。

書類提出と審査、書類の一部訂正などを終えて、研究へのゴーサインが出されれのは初秋の九月になっていた。熱く走った短い夏という印象が鮮やかである。

お役所からくる仕事は、決定までの手続き書類の作成など時間と手間がかかるが、実施が決まると短期間であろうがなかろうが一定の成果を出さねばならないと、私は思っている。そういう特殊性を受け入れられないと、こういう研究はできないと思うが、共同研究者である教員の方々の共通理解ができていたのが幸いだった。

2　ジェンダー要素を含む無自覚な働きかけを捉える

研究会の組織、研究と啓発活動

こうして、一九九九年九月二五日、研究を含む活動のための組織として「山梨県立女子短期大学ジェンダー・フリー教育プログラム研究会」が発足した。幼児教育科教員（阿部真美子、池田政子、川池智子、川上哲夫、坂本玲子、沢登芙美子、高野牧子、出口泰靖。のち川池は退会、池田充裕が加わる）と一般教育科教員（伊藤ゆかり、佐野ゆかり、藤谷秀）の計一二名がメンバーである。

1999年度　男女共同参画社会をひらくジェンダー・フリー教育と啓発事業一覧

A　保育・子育てにおけるジェンダー・バイアスの調査と分析

A1　山梨県内の公私立全幼稚園（73園）の教諭と研究協力園２園の保護者を対象に質問紙による調査を実施（1999年11月下旬～12月上旬）

A2　分析結果（一部）の回答者へのフィードバックと地域への公表

A2-1　アンケート協力のお礼と報告（研究協力園の保護者に配布）

A2-2　「アンケート調査結果」(B3 の研修会にて資料として配布)

B　ジェンダー・フリー教育研修プログラム(保育者・保護者対象)の実践的研究

B1　研修プログラムの開発

B2　教材の開発・作成

B2-1　ジェンダー・フリー絵本の制作（B3 の研修会にて配布）

B2-2　「遊べるポスター」の制作（同上）

B2-3　ビデオ視聴のための保育場面の撮影(2000年12月中旬、研究協力園にて)

B3　『男女共同参画社会を開く保育・子育てを考える研修会』の開催（2000年３月29日、山梨県立女子短大にて）

B4　研修会の参加者による評価（アンケート調査）

B5　地域への公表と発信

B5-1　研修を保育者・保護者以外の地域の人々にも「公開」

B5-2　絵本・ポスターを希望者に送付（山梨日日新聞にて紹介）

B5-3　絵本・ポスターを研修会参加者、研究協力園とその保護者に配布

B5-4　絵本・ポスターを山梨県内の市町村立図書館等に寄贈し、地域の人々の利用に供する

C　ジェンダー・フリー教育に関する文献の収集と論文のレビュー作成

C1　文献の収集：今後の乳幼児期からのジェンダー・フリー教育・保育の研究と実践にとって示唆に富む文献・論文（主として邦文）を、対象を乳幼児期に限定せず収集。また人権教育、女性運動の史的研究、男女共同参画問題等にかかわる文献にも若干の目配りを行った

C2　レビューの作成：教育におけるジェンダーの問題を扱った文献を中心に作成

C3　地域への発信と公表

C3-1　図書類は本学図書館（学外利用者に開放）にコーナーを設け、地域の人々の利用にも供する。

C3-2　レビューは研究報告書に掲載

D　研究報告書の作成

D1　『平成12年少子化対策臨時特例交付金関係事業　研究報告書』を作成（2000年８月)。研究経過、意識調査の結果、学会発表要旨、研修会の内容とその評価、文献レビュー、収集文献リストなどを含む。

D2　地域への公表と発信

D2-1　絵本、ポスター、研究報告書の３点を、県内全幼稚園に送付(2000年８月)

D2-2　研究報告書を希望者（研修会で予約）に送付（2000年８月）

我々の研究では次のような目的と内容を設定した。

ジェンダーは歴史的社会的に作られてきたが、自然に生まれたときから我々の中に浸透してしまう。そこから解放されること、つまりフリーが重要である。急速に社会化する乳幼児期から刷り込まれていること、身近で影響力を持つ親や保育者は無自覚のうちにそのような働きかけをしていることを、まず自覚的に捉える研究の必要があると考え、実情を調査することとした。

研究は、専門的にジェンダーに取り組んできた池田政子さん（児童心理学、性教育、女性問題研究者）を中心に進められた。また私どもが勤務する短大では、すでに「女性学入門」という科目を教養教育として実施していた。さらに短大の主催する生涯学習においても、女性問題の視点に立つ講座を展開してきた。藤谷秀、伊藤ゆかり、佐野ゆかりさんはその科目を担当した経験があり、後者の中心を担ってきたのが、池田政子さんであり、藤谷・伊藤さんも熱心に取り組んできた。今回の取り組みは、唐突であったが、じつはかなりの実績を積んできた延長上にある。

意識調査と園のビデオ撮影

さて、研究としては、まずジェンダーについて意識調査を行った（対象は甲府市内の幼稚園の保育者と保護者）。さらに研究協力園二園で保育場面と環境をビデオに収録。それらの分析と文献研究（主な図書のレファレンスを作成）を行ったうえで、啓発活動として小さな絵本とポスターの作成を行った。

とくにアンケート調査、観察とレファレンス作成は、われわれの活動の骨格を作った。たとえば、園環境や保育場面でジェンダーはどのように組み込まれているか。保育者はそのことをどう考えているのか。保護者のジェンダー意識はどうか。こうした点を明らかにすることによって、目には見えにくい、意識にはのぼりにくいジェンダーを採り出そうとしたのである。

啓発絵本と「遊べるポスター」の作成

前者の中心は、川上さん（画家、造形表現が専門）と出口、藤谷さん。ジェンダーを教えるというより、ひとり、ひとり絵に触れることを通して自由に〈私〉を楽しむことをテーマにした。なぜなら、無自覚のうちに縛られているものから解

絵本『これ、なぁんだ』（川上哲夫・絵）

放されることがジェンダー・フリーにとって必要な時間だと思ったからである。

したがって、絵の最後に「作り手からのメッセージ」として「女の子はこう、男の子はこう、というのではなく、みんな同じ人間だし、わたしはわたしということを大切にしてほしい。私たちはそう願って、この絵本を作りました」をつけた。

後者の中心は沢登芙美子さん（音楽表現）と在学生の勝亦舞帆さんである。ポスターの絵は勝亦さんの作品でジェンダー・フリー国のイメージ画が主であるが、少しだけ遊びの要素を作った。

学生と教員が〈協働〉した研修会

ポスターのみでなく、次に述べる研修会におけるロールプレイでも数人の学生に参加をしてもらっている。教員と学生との協働の活動でもあったわけである。ジェンダーやジェンダー・フリーについては、日頃池田政子さんの授業でも扱っているため、彼女たちのなかには関心が芽生えており、共に取り組む下地ができていた。

最後に、二〇〇〇年三月二九日、県内の保育者などに呼びかけて「研修会」を行った。タイトルは「楽しく体験！　ジェンダー・フリー保育」。

プログラムは、

1　「どうしていますか？　女の子・男の子」～保育現場でのジェンダー・フリー～

①女の子と男の子　園の生活の中で（ビデオ）

②「こんなとき　どうする？」（ロール・プレイ、アンケート結果紹介）

③親子で楽しくジェンダー・フリー（絵本、遊べるポスター紹介）

2　シンポジウム「ジェンダー・フリーの保育を考える」

3　フリー・トーキング・タイム（あいさつ・山梨県立女子短期大学学長　鶴見尚弘）

上記のように三部構成で、できるだけ柔軟な心で考え合いたい、参加型にしたいと思った。②のロール・プレイは、脚本は池田政子さん、演技者は在学生と我々教員で演じ、見物席から一番拍手をいただくことになった。

この研修参加者対象にアンケートを実施したが、「新たな発見や再認識があった」「今後に役立つ内容だった」「ロールプレイが面白かった」「日常や教育でのジェンダー・バイアスに具体的に気づくことができた」という評価とともに、「『ジェンダーって何』をクローズアップしないと会の意味が見えてこない」「女子短大でのジェンダーフリーの研究に説得力のなさを感じる」という、この会では十分に追究できなかった点について言及する意見も寄せられ、刺激となった。

＊　＊　＊

いま振り返ってみると、短期間にこれだけ盛りだくさんの活動がよくぞできたと思う。研究や研修の内容、購入図書リスト（一部の図書のレファレンスつき）などは『平成一二年少子化対策臨時特例交付金関係事業　研究報告書』（二〇〇〇年三月末日）に収録してある（編集の中心は伊藤さん）。

だが、これでこの一連の活動はピリオドを打つことにならなかった。それはジェンダー・フリー活動の序奏となったのである。

まずその年、二〇〇〇年の八月、国立女性教育会館（ヌエック）における「女性学・ジェンダー研究国際フォーラム」のワークショップに参加。上記の成果を踏まえて「保育の場から地域ジェンダーを変えよう―保育者養成校の試み」を開催。学生たちも参加し、「実習におけるジェンダーへの気づき」を発表。さらに教員とともに「ジェンダー幼稚園の一日」というロールプレイを演じ、好評を博した。彼女たちのなかには社会人入学の学生もいた。社会経験もある成人の学生の存在は、この活動に限らず大きく幼児教育科の教育の推進役になっている。

このヌエック参加を契機に、ジェンダー活動は、地域との連携的活動へと進展をする。

〈遊べるポスター『ジェンダーフリー国』制作〉

赤の文化――服の色は何色？

勝亦舞帆●山梨県立女子短期大学一九九九年度卒業生〈ポスター制作担当〉

「カスタネットが赤と青なのは男の子も女の子も使えるようにしたため」

以前友人からこんな話を聞きました。どこかで聞いた話だというので本当かどうかはっきりとは言い切れないのですが、これは日本のカスタネットだけだということです。

これを初めて聞いたとき、私は少し感動しました。日本の教育のなかで、カスタネットを使う年齢って何歳くらいでしょうか？　もちろん一般的な例としてですが、少なくとも私は中学・高校時代に音楽の授業などでカスタネットを叩いていたという記憶はありません。

そう、大多数の人は、幼稚園や保育園・小学校の活動や授業のなかで、この見慣れた二色のカスタネットに出会うわけです。こんな小さな時期から使う楽器の色ひとつにもこのような配慮がなされていたということは、逆に考えると、このとき、私たちはすでに色によって男女を区別する習慣ができているということになります。

＊　＊　＊

では、私たちはいつからこんなにも色を意識しているのでしょうか？　ジェンダー・フリーのポスターを描いたときからずっと疑問だったのですが、そもそも「赤」という色に対して、一般的に人は「女性」というイメージを持つようです。

私がジェンダー・フリーのポスター制作に参加することになったさい、一番悩んだのは、この『色使い』という点でした。ジェンダー・フリーということは、私たちのなかにある性別に対する固定観念を崩すということ、もっと強く言ってしまえば、タブー視されている部分を、一目で見てわかるように敢えて描く、ということになります。

色使いで言うならばそれは「赤」＝女性・「青」＝男性という構図を極力避ける、といいたいところですが、だからといって、単純に女の子に青い服を着せ、男の子に赤い服を着せれば、それがジェンダー・フリーというわけではありません。私が最も気にしていたのは、「女だって○○していい」「男だって○○できる」ということを強調して描くのではなく、あくまで自然に受け止められる範囲でのジェンダー・フリーポスターを作ることだったからです。

そんなわけから、ポスターの背景は黄色になったのですが（信号も黄色が真ん中ですし（笑））、しかし最後まで悩んだのは登場人物たちの着ているものの色でした。

個々としてというならば、女性は毎日赤い服を身に着けているか？　といえばそうでもないし、逆に男性が赤い服をまったく着ないか？　といえばそんなこともないでしょう。それなのにここまで一つの色が、種の性別を表現するうえで突出しているというのは、本当はすごいことかもしれません。テレビの戦隊モノでは相変わらず、主人公でヒーローのレッドが大人気なのに、それを毎週欠かさず見ている子どもたちのなかにも「赤」＝女性の色という、そのイメージはやはりしっかりと根付いているようなのです。

＊　＊　＊

「赤」という色が、歴史のうえでどんなふうに女性とかかわってきたのか、ちょっと知ってみたいと思うと、これが案外身近なところにありました。そう、桃の節句のお雛様。

今では飾るお家も少ないようですが、目にも鮮やかな赤い段飾りに、三人官女の赤い袴・お雛様の赤い衣裳は、赤という色が何か本能的に訴えてくるものを無意識に表しているのかもしれません。やはりこんなふうに女性のイメージカラーは培われてきたのでしょう。しかし同じように端午の節句もあるのに、男の子のこのお祭りの固定されたイメージカラーはないように感じます。

ただ、この時点では「女性」＝赤のイメージはすでにできあがっているので、実際に使われ始めたとすれば、もっと以前の話ということになります。

＊　＊　＊

たぶん私たちが一般的に習う歴史の授業のなかで、最初に登場する「色」をテーマにしたものがあるとすれば、それは聖徳太子の「冠位十二階」あたりだと思うのですが、これは「赤」＝「女性」とはまったく関係ないといってもいいでしょう。なぜならこれは男性社会においての身分や位を衣裳で区別したものなので、女性はまったくといっていいほど無視されています（ただしジェンダー・フリーの観点から見ると問題ですが（笑））。

とにかくこの「官位」で衣裳の色が決定されるというのは、この後もずいぶん長いこと続きます。かの有名な『源氏物語』でも、源氏の息子・夕霧が六位の浅葱の袍を馬鹿にされたというシーンが出てきますから、彼らの衣裳の色に対する思い入れというのは並々ならぬものがあったでしょう。衣裳の色に対する考えやこだわりは、今と比べると相当強いものだっ

遊べるポスター『ジェンダーフリー国』(勝亦舞帆・絵)

たに違いありません。

でもここで特筆すべきは、女性が歴史の表舞台に立って「赤」という色を強調したことはないということです。私の推察からいくと、「赤」と女性は歴史的にも深い繋がりがあって、そのため今日のような女性に対するイメージカラーができあがったはず、となる予定だったのですが、そもそも歴史上に名を残す女性が稀な状況ではこの考え方は的外れということになります。

しかしながら、現代を見ると、たとえばお子さんたちが幼稚園や保育園に行く前、お母さんが急いでお化粧しているような場面…。「せめて口紅だけでも塗らないと…!」って必死になっているママの姿を見ていたら、やっぱりみんな、「赤」って女の人の色だと思うのかもしれませんね。

＊　＊　＊

私が製作したポスターは、とりあえず『当たり障りのない程度』の表現にしたものだと思うのですが、皆さんはどう捉えられたでしょう。できれば次にポスターを作るさいには是非モノクロで、塗り絵のできるタイプにしたら、個々で面白い作品が出来上がるのではないかと思うのですが…。

遊べるポスター『ジェンダーフリー国』制作をとおして

沢登芙美子●山梨県立女子短期大学教員
〈音楽表現・音楽教育〉

母猫だけがなぜ?

二年前のある五月の夜明け頃、いつもと違う庭の気配に目が覚めました。「あそこを見てごらん」と夫が指差す方に目を向けると、猫が五匹、一匹は上が平らの大きな石の上に座り、他の小さい四匹は座っている猫の指示で、石の近くに植えてある四メートルほどの松ノ木に代わる代わる登っては下っています。その様子は真剣で、少しでも近づこうとすると、座っている猫がキッと睨み、人を寄せ付けない気迫が伝わってきます。どうやら親猫が子猫に木登りの訓練をしているようです。一週間後、毎朝の厳しい特訓の甲斐があったのか、四匹の子猫は実力の差は出てきたものの皆上手になっていました。今朝は静かだけれど特訓はしないのかしら、と思い外を見ると子猫だけがいます。この日を境に母猫は現れませんでした。その後も四匹の子猫は大きな木に駆け上っては鳥を捕らえ、舞っている蝶や、虫を『大ジャンプ』で捕らえたりと特訓の成果を発揮していました。このような名ハンターはいつも雌の白猫二匹です。

彼らが初めて現れてから一年後、白猫が何かくわえて近づいてきて、芝生の上に置きました。生まれたばかりの白い子猫です。どうやら子猫を見せに来たようです。翌日も同じように連れて来ましたが今度は動いていません。あちらこちらと場所を変えて置いていますが動きません。死んでいる様子ですが、猫にはこのことがわかっていないのかもしれません。しばらくして死んだ子猫を置き、子猫から少し離れたテラスに座りましたが、目は置いてきた子猫から一時も離れません。ときどき子猫を見に行ってはまたテラスに戻ってきます。いつもは夜になるといなくなっていましたが、この日はとうとういつものねぐらには戻らず、ずっと子猫を見守っていたようです。翌朝、白猫は普段の猫の鳴声と違い、トーンの高い鳴声でなき始めました。その声は切ない叫び声のように聞こえてきます。たぶん子猫を呼んでいるのでしょう。夫は毎日餌をやっていますが、この朝はまったく食べません。どうやらこの黒猫が子猫の父のようですが、白の母猫が子育てをし、悲しそうに寝ずに死んだ猫を見守っているのに、父猫は普段と変わらずゆったりと寝そべり、しっかり食べています。母猫がいなくなった隙に夫は死んだ猫を片付けました。すると、戻ってきた母猫は低い声で鳴きながら子猫を探しているようです。猫は猫語とでもいう言葉があるのではないだろうかと思われるように、さまざまな鳴声でなくのです。その後、母猫の子探しは三日ほど続きました。

これまで我が家の庭では猫のこのような生活は幾度となく繰り返されてきました。しかし最近妙に気になるのです。「なぜ母猫だけが子育てをしているの?」「母猫はこんなに切なそうなのに、父猫は悲しくないの?(私にはそう見える)」「どうして一緒に捜さないの?」等々。猫のこの一件を見て夫が「男なんて何も役に立たないんだ。男は放っておけば勝手なものなんだ」と言いました。「雄猫には雄猫の役割があるのよ」という人がいますが、ともかく気分が良くありません。動物と人間を比較するのはあまりにも乱暴な事であり、ジェンダーを考える視点ではないことは言うまでもないことですが、ジェンダー教育プログラムと関わったからこそ気になってきたのかもしれません。

ジェンダー・バイアスからの意識的な解放

我が家の家族はジェンダー・フリーの生活を自然にやっているとおっしゃって下さる方がいます。現在の一般的な家庭から見ると確かにジェンダー・フリーに近いかもしれません。しかし今振り返ってみると、初めから自然だと感じられるような生活ではなかったように思います。以前は家事や育児を努力して行なっていたように思えるのです。息子の小さい頃、私は「息子も娘と同じように料理ができるように育てたい」と言うと、「男の子には、料理は教えたくないなあ」と信じられない言葉が返ってきました。

「男なんて何も役に立たないんだ。男は放っておけば勝手なものなんだ」と言った夫の言葉に私はやっと気がつきました。夫は昔からジェンダーを意識し、自分自身のジェンダー・バイアスを自覚していたのだろうと。だからこそ、家事や育児に意識的に参加する生活の中で、一つ一つバイアスから解放されるようにしてきたのでしょう。このような生活の姿勢の原点は、こんな言葉にあったのかもしれません。最近、夫が目指そうとしている生き方は『自由人として豊かな生活をしたい』ことであろうと思い、このことを夫に尋ねると「そのとおり」との答えが返ってきて大笑いとなりました。六年前、母が亡くなり年老いた父が残されました。ひとりになった孤独感と家事は女の仕事と言って何もやってこなかった生活不能の父は、基本的な生活の難しさに直面して孤独感が倍増したようです。この様子を見た夫は『慣習に縛られることなく、人としての自由を互いに楽しみたい』という思いが強化したように感じられます。

「遊べるポスター」に願いを込めて

ジェンダー・フリー教育の活動の中での私の仕事は『ポスター作成』に参加するということでした。「双六のように遊べるポスターにする」という課題です。これは難問だなというのが正直な気持ちでした。

ポスターを描くのは絵の上手な学生の勝亦舞帆さんに依頼することになり、少しほっとしましたが、山のような調査資料を目の前にして盛り込む内容が決まりません。何より双六となると答え方で「三つ進む」「四つ戻る」など一つ一つの項目に点数を付けなければなりません。ジェンダーを点数化することの困難なこと、またポスターとして訴えるには盛りたくさんの双六の構成ではアピール度が低いのではないだろうかと思うようになり、「発想を変えよう」と勝亦さんが「双六」ではない遊べる方法を考え、ジェンダー・バイアスの意識確認的な色合いは強調しないようにしました。「こんな生活ができたらいいなぁ」という思いに留めています。画風は以前勝亦さんが作った絵本のブリューゲル風が素敵という研究会の先生方からの意見で絵のタッチは決まり、背景の色は「ジェンダー・フリーの社会は明るくなくては」との意見と、勝亦さんの意向とも合致して黄色に決定しました。勝亦さんは色使いには特に注意をしました。こうして出来上がった子どもが遊べるポスターが『ジェンダーフリー国』です。「この国には　女だから…　男だから…ということばはありません。みんなが自分らしく　思いやりをもって　なかよく　くらしています」というメッセージを入れました。ポスターのキャラクターの『ふりい』のおしゃべりや、描かれている人の生活行動などをご覧になって、感じていただけるでしょうか。

この『ポスター制作』に関わって、私の何よりの収穫はジェンダーについて、人の生き方についてあらためて考える機会を与えられたことだと思います。そして感性の豊かな勝亦舞帆さんと一緒に仕事ができたこと（一緒に仕事をしたというより、彼女が主体的に進めていくのを脇で見ていただけですが）はとても幸せなことでした。

人はよく「言われなくてもわかっている」とか「そんなことあたりまえでしょう」とおっしゃる。確かに知識としては「わかっている」場合も多いでしょう。本当に「わかっている」ということはどういうことなのでしょう。知識としては「わかっている」という人も「わかっている」ことを行動として表せない人は多いように思います。

今日、ジェンダーを問題にしてきた社会の背景は、いろいろあるでしょうが、一つには「個」を大切にしようとしていることでしょう。これは現代社会が成熟してきたということも考えられます。しかし、ジェンダー・フリーという言葉が消えて、真のジェンダー・フリーの生活が営まれるようになった時、本当に「わかった」と言えるのかもしれません。

〈保育現場のビデオ撮影〉

私が出会った事例から

高野牧子●山梨県立女子短期大学教員〈舞踊学〉

一九九九年のビデオ取材では、甲府市内の二つの園にご協力いただき、子どもたちの様子をビデオ収録させていただきました。そのときの事例を紹介していきます。

サッカーごっこをめぐる二つの事例

【事例1】　自由遊びの時間です。五、六人の男の子たちがサッカーごっこをして楽しんでいます。幼稚園の塀をゴールに見立てて、ボールを蹴りこんでいます。ふと見ると、少し離れた所で、一人の女の子がサッカーボールを両手に抱えたまま、ぽつんと座っています。ボールを手で触りながら、視線の先は男の子たちのサッカー。どうやら、一緒にサッカーをしたいようですが、一人では「仲間に入れて」と言い出せない様子です。そのまま、しばらくすると、先生が女の子に声をかけました。気持ちに気づいてあげたのでしょう。男の子たちの中に、先生もその女の子も加わり、サッカーごっこを始めました。すると、何人か女の子たちが集まり始めました。サッカーをしたい女の子たちが、まだ他にもいたようです。残念ながら、ちょうど楽しくなり始めたところで、お片づけの時間になってしまい、サッカーごっこはこれ以上、発展しませんでしたが、先生が少し関わり、道を開くことで、やりたい遊びが始められるのですね。

【事例2】　次の事例は、同じように自由遊びの時間、もうひとつの園でのことです。小さなサッカーゴールに向かって、ボールを蹴っていく男の子がいました。仲間にパス。そこへさっと走りこんでボールを巧みにカットしたのは女の子。女の子も男の子も一緒に仲良く、サッカー遊びをしていたのですね。またその女の子のドリブルが上手なこと！　観察者がこのように思ってしまうことも、じつは「男の子の方がサッカーは得意」という思い込みがあるからかもしれません。ともかく、男女三、四名で仲良く繰り広げられるサッカーごっこは、攻守なかなか見ごたえのあるものでした。しばらくすると、教室から一クラス全員を連れて、先生がやってきました。どうやら、クラスみんなでサッカーごっこを楽しもうと一斉指導でやってきたようです。小グループで楽しんでいたサッカーごっこはたちまちのうちに、この大集団に飲み込まれ、遊びは途切れてしまいました。またクラスで始まったサッカーごっこで、ボールを蹴るのは男の子ばかり。女の子はグランドのなかで、右往左往するばかりで、ボールには触れられません。クラスみんなで一つのことを楽しむのも、ときにはクラス運営の観点から重要な場合もあるでしょうが、一人一人が存分にボールを蹴る楽しさを味わうには無理があるようですね。

「いろいろ」ではない「色」について

ジェンダー・フリーを研究すると、必ず出てくる色問題。この問題についても、ビデオ撮影を通じて得た事例を紹介していきましょう。

【事例3】 ＶＴＲで撮影をしていますと、必ず子どもたちは「ねえ、ねえ、何撮ってるの?」と尋ねてきます。レンズに向かって、顔を近づけたり、あかんべえをしたり。そこで、観察者の私は急遽、インタビューに変更です。

「ねえねえ、何色が好き?」「一人一人、カメラに向かって何色が好きか、話してください!」

最初の男の子は「青」。次の子は「緑」。その次の女の子は「赤」。そしてその次の男の子は小さな声で「…赤」と言ったように私には聞こえたのです。

「そう、赤が好きなのね!」。観察者として、「やった! ジェンダー・フリーの子がいたわ。そうそう、戦隊もののヒーローで赤はリーダーの色ですものね!」などと、内心ニヤニヤしていますと、その男の子、みるみる顔が曇ってきました。

「あら?」と訝ると、少し大きな声で「青。ぼく、青が好きなの」と言い直しました。私が早とちりで聞き間違えたのか、ギャラリーとしてお友達が見ている中で、「赤はまずい」という気持ちから言い直したのか、定かではありません。しかし、その後も「赤」や「ピンク」と話してくれた男の子がいなかったことを考えると、子どもたちの色へのジェンダー・バイアスは相当強いと感じます。

この色については、子どもたちが描いた絵画では、本当にいろいろな色がたくさん使われていたのに対し、自宅から持ってきたコップや歯ブラシを見せてもらうと、男の子は圧倒的に青系。女の子は赤、ピンクが多い状況です。また、ご家庭で作っていただいた座布団カバーや手提げ袋も同様の傾向が強く見られます。現在、市販されているキャラクター商品のほとんどが、男の子用、女の子用と購買ターゲットを定め、色使いも青系、赤・ピンク系と明確に色分けされています。

こうした社会的な環境は色についてのジェンダー・バイアスを子どもの世界へ押し付け、他の選択肢がない状況を生み出していると考えられます。消費者として「子どもが好きだから」と安易に受け入れるのではなく、また「それしか売ってない」とあきらめるのでもなく、「もっといろいろな色を！」と声を上げる時が来ているのではないでしょうか？

私自身の体験を通して——言葉かけをめぐって

私は身体表現の指導と援助の方法を実践的に研究しています。多くの先生方と同じように指導者として発語には大いに悩むところです。自分はかなりジェンダー・フリーに育てられたと両親には感謝しているのですが、自分の指導言語をＶＴＲから起こしてみて、ぎょっとしたことがあります。実際には女の子の動きに「わあ、かわいいわねえ」、男の子の動きに「かっこいい」をかなりの割合で言っているのです。そして男の子には「かわいいよ」は決して言ってません。これは、どういうことでしょうか。

年長さんを対象に研究をすすめていますので、子どもたち自身がすでにジェンダー意識をもって自己表現をした結果、子どもたちの身体表現に差が存在するからかもしれません。しかし、私自身にも男の子だから、女の子だからと無意識に誉め言葉を選択していたのではないでしょうか。

この気づき以来、私は発語を失い、今度はすべての子どもに対して、「すごい」しか言えない自分を発見したのです。身体表現の指導では、動きは刻々と生まれ、消え去っていくので、その瞬間瞬間に、一人一人を認め、誉めていきたいところです。ジェンダーを意識するほど、焦り、言葉を失い、その自分に当惑することがしばらく続きました。

この頃は「指先までぴっと伸びてるね」「たかーく足が上がったね」「速く回れるんだね」など、身体部位や動きの空間性・時間性など動きの要素に視点を移し、良いところをなるべく具体的に誉めるように心がけています。これもあまり長い発語では間に合わないのですが、こうした視点を自分の中で心がけることによって、動きそのものをより分析的に捉えることが可能になり、一人一人の豊かな動きによる自己表現を支える援助になるのではないでしょうか。

〈2001年度事業〉

0才からのジェンダー教育推進事業

池田政子●山梨県立女子短期大学教員〈ジェンダー心理学〉

カット＊藤谷　秀（山梨県立女子短期大学教員）

視点の共有と「生の姿」の記録——事業の目的と概要

ヌエックでのワークショップの翌年、二〇〇一年度文部科学省委嘱事業は、『やまなし「男女共同参画社会をひらく乳幼児期からのジェンダー・フリー教育」研究・啓発事業』と銘打ってはじまった。

九九年度事業は研究会を立ち上げて、大学の教員（研究者）が中心になって行った。最後の公開研修会は、大学の研究者グループから、保育者や男女共同参画に関心のある人々に発信した「問題提起」であった。もちろん、保護者や保育者の意識調査や、幼稚園現場のビデオ映像など、現場から資料を得ていた。

しかし、大学教員と保育現場はあくまでも研究〈する側〉と〈される側〉、啓発〈する側〉と〈される側〉という位置関係であった。ここにとどまっていては、研究による知見を実践につなげ、また逆に、実践につながるような啓発や研究を行うことはできないだろう。

そこで〇一年度事業では、どうしてもしたいことが二つあった。一つは、せっかく「問題提起」を受け止めて、公開研修会にいろいろな立場の方が関心を持って参加してくれたので、今度は研究者だけでなく、もっと地域で直接幼い子どもたちに関わっている人々と「いっしょにやりたい」ということだった。研究者が一方的に「啓発」するのではなく、現場に〈いま〉いる方々が、「当事者」として〈ジェンダー・フリー〉を自ら「課題」として取り組む力をつけること、そして研究者もその「当事者の視点」を共有することで、より実践につながる成果を生み出せるのではないか——そう思ったのである。

もう一つは、現場の〈生の姿〉を記録したいということだった。それまでも学生たちの授業や保育者の研修会などで、子ども自身のジェンダー意識や行動の事例を記述してもらい、資料として収集してきた。

しかし、それはあくまでもジェンダー視点があって、記憶の中から拾い出せる限りのこと。日常の保育の中での子どもの姿をジェンダーの枠組みで記録した豊富なビデオ映像があれば、様々な立場の人々がいっしょに検討できる共有財産にできると思った。

事業内容は大きく分けて、①「保育の場」における乳幼児と保育者、および「子育て支援の場」での母親たちを対象とした調査研究、②調査研究で得られた資料を活かしての教材開発とそれを活用したワークショップの実施、③その成果を発信するための公開研修会の実施であった（事業内容参照）。

1　保育の場における子どもの姿をめぐって
〈第1プロジェクトから〉

研究者と保育者の見方の違い——ビデオ映像のエピソード

九九年度事業では、アンケート調査によって幼稚園における環境構成や日常的な保育行為の中にジェンダー・バイアスが認められることが明らかになった。〇一年度事業では、保育場面での子どもたちの姿と保育者の関わりをビデオ記録したが、その映像は多くの示唆に富む貴重な資料となった。

色づかい、呼びかけ方、性別カテゴリーの使用（男女別に整列、男児から先に…など）のように「顕在的なカリキュラム」についてはジェンダー・フリーが配慮されている現場にも、「潜在的な（隠れた）カリキュラム」が存在し、まさに、いかに気づきにくいかが示されたのである。ビデオ映像は、その点のチェックに役立つはずだった。しかし、撮影された映像を見ながら「隠れたカリキュラム」を分析するための共同研究会では、研究者と当事者である保育者の見方が食い違うことも多かった。たとえば、こんな例である。

０才からのジェンダー教育推進事業内容

●第１研究プロジェクト●

１　保育現場における事例の収集と分析

ａ　保育者の保育行動におけるジェンダー・バイアス

ｂ　保育の場における乳幼児のジェンダーに関わる意識と行動

次の２つの方法で収集・記録化し、分析。

①研究協力園２園（保育所および幼稚園）における日常の保育場面のビデオ撮影

②保育者および幼児教育科学生によって観察されたエピソードの回想による記述

２　研究協力幼稚園における実行委員との共同研究会の実施

ビデオ記録から数場面を選び、保育者の意図や対応、幼児の意識などについて検討。

３　研究協力園での取組み（本書第１章参照）

４　ビデオ資料による教材制作

保育場面およびワークショップのビデオ記録を活用して、「ジェンダー・フリー保育啓発ビデオ」を制作。第１巻「隠れたジェンダーカリキュラム」、第２巻「ジェンダーと家庭・社会」

●第２研究プロジェクト（本書第１章参照）●

１　子育て中の母親へのインタビュー調査（ピア・インタビュー）

子育て支援センターの母親（スタッフも含む）８人に、生育史、結婚観、夫や子どもとの関係などについて、スタッフ自身が１～２時間のインタビューを行い、資料化。

２　子育て中の女性たちへの情報発信

子育て支援センターの情報紙（4,000部配布）に連載コーナー「ママとパパの学習室」を設け、ジェンダーに関する記事を掲載。

３　啓発リーフレット『ジェンダー・フリーで育ちあおう！　私らしく　あなたらしく』の制作

インタビュー資料や連載記事を材料に、子育て中の保護者向けの楽しくわかりやすいリーフレットを10,000部作成。

●啓発教材の開発とワークショップの実施●

１　シナリオ集の作成と教材の開発

出前先の対象者や時間に合わせて柔軟に演じられるよう、「ワークショップの種――ジェンダー・フリーで育ちあおう！　私らしく、あなたらしく」を作成。「ジェンダー家とフリー家」「ジェンダー保育園とフリー保育園」の２種類のシナリオとパネルシアターを制作。ほかにエプロンシアター「ランドセル」など。

２　ワークショップの実施

保育所、幼稚園、子育て支援センター、子育てサークル、男女共同参画関連イベントなど15か所で実施。地元のＣＡＴＶによって放映されたケースもある。

●保育者対象研修会（2002年2月2日）県立総合女性センターと共催●

保育関係者以外にも広く地域の人々に呼びかけ、239名の参加者があった。基調講演、山梨での実践報告、男性保育者・学生などによるパネルディスカッション、教員のパフォーマンスなど。

女児Aと男児Aが「戦隊もの」の絵本を読んでいる場面。そばにいた男児Bが、女児Aにその絵本を「男のだから、(自分が)見ていいじゃん」と要求する。女児Aは「(男のものだと)誰が言ったの?」と対抗しつつも、男児Bが「おれが言ったの」と言うと、「ちょっとだけよ。あとで返してね」と見ていた絵本を、男児Bに渡す。これを見ていた男児Aが、「これ、見な」と女児Aに向かって『ホットケーキ』の絵本を投げるが、女児は「もういい。見ない」と立ち去る。

研究者はこの場面を、「戦隊ものは男のもの」という理由によって、女児が見たかった絵本を不満だったが男児に渡したと見た。つまり、他のことなら相互了解される「先に使っている者が優先」という暗黙のルールが、「男のものだから」というジェンダー・ルールによって破られたのである。

一方、担任の保育者は、戦隊ものの絵本は男女とも読みたがる子が多いが、女児Aは他児がしていることをしたがる傾向がある、とくに読みたかったわけではないだろうとの見方を示した。子どもたちの行動の中にジェンダー・バイアスの影響を見るか、個別の子どもの行動傾向として説明するか——これは大きな違いである。

不断に流れている保育現場の中から、カメラによって切り取られた一場面だ。保育者はひとりひとりの子どもについて、時間的流れに沿って熟知している。子どもたちの行動は、自分がこれまで蓄積してきた情報によって説明可能なのである。そういう手馴れた認知枠を、ジェンダー視点という新たな枠組みに再編して見直す作業は、そう簡単ではないだろう。

反対に、研究者は積み上げられた子どもと保育者との関係性からは自由だ。だから客観的に見られるとも言えるが、情報不足で誤った解釈をする危険もある。

今回の共同研究のねらいは、ひとつの映像の意味を、当事者からの〈距離〉の異なるいろいろな「眼」で分析すること、そして互いの視点を交流させることにあったが、その点は不十分だった。「食い違っている」という事実を、ていねいに検証してゆく課題が残されたと思う。

観察されたエピソード

保育者や学生の観察による事例もたくさん収集され、ワークショップの素材を提供した。

服装や髪型、キャラクターや色といったジェンダー表象、遊びや特性・行動まで、多くの領域でのジェンダー・ステレオタイプが、三歳児でも観察されている。そして、日常的な子ども同士のかかわりの中で、ジェンダー・バイアスを含むメッセージがやりとりされ、子ども自身の、また他児の行動を規制していることが示された。

　自分の意志に反して仲間から拒否や規制を受ける事例（「男の子はおままごとは、だめ！」「女の子は、〇〇レンジャーごっこには入れない」など）も多い。色に関するエピソードも多い。特に印象的だったのは、いつも青とピンクの二種類置いてあるトイレのスリッパが、ピンクしかなく、保育者が声をかけてもどうしてもトイレに入れなかった男児の例である。色の

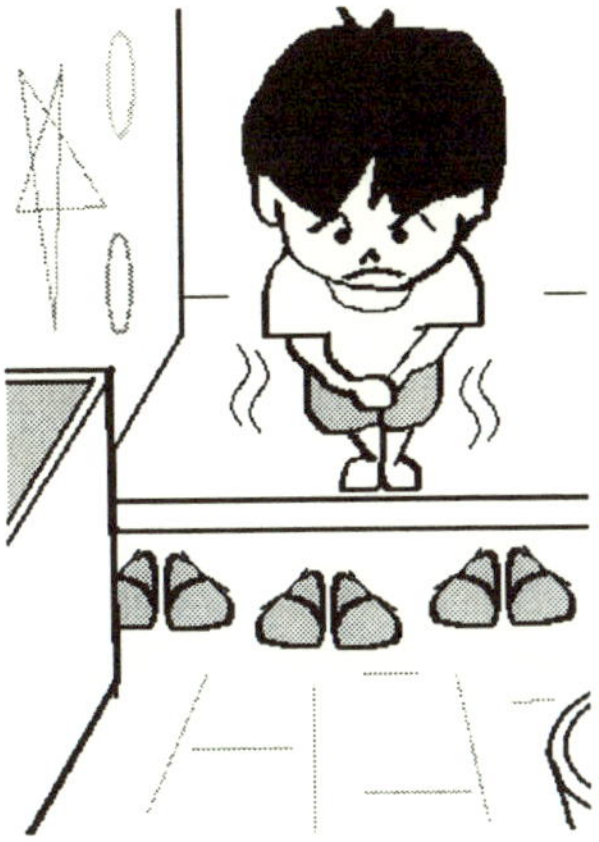

ステレオタイプは、単に色のことだけではない。子どもの思考を硬直させ、からだのこと、生理的欲求さえも抑え込む「規範」となるのだと、思い知らされた。このエピソードは、寸劇のシナリオに使用した。

　「おまえは女なんだから、黙ってろ」「〇〇ちゃんは、女のくせにいばって困る」「男だから、たくさんもらうよ」など、男性優位の意識につながるような言動や、ステレオタイプから外れる子どもへの非難（おままごとを女児と楽しんでいる男児に「オカマじゃないの？」など）も見られた。また、園外保育で男児が道路側を歩き、「ぼくが〇〇ちゃんを守ってあげるよ。だって、ぼくは男の子だから」と言ったというエピソードもあった。

　観察した保育者は、「頼もしい男の子」と考えていた。一見〈やさしさ〉や〈思いやり〉とみなせる行動に潜むジェンダー・バイアスは気づきにくい。女児の学習機会を奪い、ステレオタイプを強化する影響を示唆するエピソードだった。

子どもたちの姿から、おとなのすべきことを学ぶ

　九九年度の研究では、保護者や保育者、つまりおとなの側がどんなバイアスを子どもに伝えているかが明らかにされた。

リーフレット『ジェンダーフリーで育ちあおう！
私らしく　あなたらしく』

そして、〇一年度事業では、子どもたち自身が三歳頃にはすでにジェンダー・バイアスを含むメッセージを、保育の場で仲間とやりとりしている姿が、具体的な映像として、また事例として確認された。このことは大きな意義があると思う。保育者が、自分の保育行為だけでなく、子どもの言動にもジェンダーに敏感な視点で注意を払い、積極的にアンチ・バイアスの援助を行うことの重要性を示しているからだ。

子どもの姿をジェンダー視点でみれば、必ず家庭や地域、メディアなど、保育の場以外での影響に気づく。ジェンダー・フリーの保育実践は、園の外との連携が不可欠だ。研究協力園の実践は、そのモデルとなった。

2　教材の制作でジェンダー・フリー保育の発信を

リーフレットを手から手へ

リーフレット『ジェンダーフリーで育ちあおう！　私らしく　あなたらしく』は、イラストも文もすべて宮沢由佳さん手書きの啓発冊子である。

なかにある「ジェンダー・チェック」は、やりっぱなしではなく、同じ項目に〈考えるポイント〉を併記した「ジェンダー再チェック」をつけて、私たちのメッセージが伝わるようにした。それ以外は、すべてピア・インタビューやワークショップでの母親たちの「生の声」を素材にしており、とても親しみやすい、読んでもらえるリーフレットになった。

Ａ３判両面に圧縮された密度の高いジェンダー・フリー・メッセージとして、子育て支援センターや幼稚園・保育所関係者だけでなく、高校生の授業から、男女共同参画推進の講座まで、また、山梨以外の地域でも、すでにいろいろな人々の手に渡っている。

すべて自前の啓発ビデオ教材づくり

一連の事業が終了した後、収集された保育現場のビデオ記録やワークショップの映像を材料にして、「隠れたジェンダーカリキュラム」、「ジェンダーと家庭・社会」という二編の啓発ビデオを作り、一本のビデオ教材にまとめた。

ビデオ制作を撮影の段階からプロに依頼してすべて外注すれば、膨大な経費がかかる。そもそも保育現場での撮影も、ワークショップの撮影もすべて、教員や保育者や実行委員など、つまり〈しろうと〉がしたのである。映像がぶれたり、子育てサークルでのワークショップなどは、にぎやかな子どもたちの声にかき消され、とりたい声がうまく入っていなかったりと、画像の質も音声の質もばらばらだ。そこからなんとか見られる映像を選び、出演者がトークする間にそれを挿入するというＴＶ番組仕立ての構成にした。

シナリオを書き、教室をスタジオにして出演者に指示を出し、リハーサルしてビデオ撮影するまで、すべて教員がやった。

エル・ネット『オープンカレッジ』の講座作り（第三章「地域の公立大学として」参照）の経験が役立ったと思う。パソコンでビデオ編集ができる教員が大部分の作業をしてくれたため、画面の微妙なつなぎの部分を外注するだけですんだ。施設・設備の不十分な小規模大学では、まさに「人」こそ財産である。

男性保育士からのメッセージ

九九、〇一年度両事業の成果をもとに、エル・ネット『オープンカレッジ』（文部科学省委嘱事業）に「ジェンダー・フリーの子育て・保育を考える」というシリーズ講座として、〇一年、〇二年と二年続けて応募し、採用された。

〇一年版講座を理論編とすれば、「０才からのジェンダー教育推進事業」の成果を中心にした〇二年版は、実践編にあたる。この事業で収集した映像を活かし、啓発ビデオの内容を土台として、同講座「パート２　個性をはぐくむ子育て支援――ジェンダー・フリーの取り組みから」を制作し、提供した。

この講座ビデオには、〇一年度事業の研修会のパネルディスカッションに招いた縁で、東京都練馬区の男性保育士の研究会メンバーが「保育とジェンダー」について話し合っている映像を入れた。山梨県でも男性の保育者はまだ非常に少ない。草分け的な存在であるこの人々は、なかなか「乳児」の担当をさせてもらえなかったなど、職場としての保育現場にあるジェンダー問題を、男性の立場から明らかにしてくれた。

私たちの事業の参加者に、父親はいたが、保育者はすべて女性であった。この点を補完する内容の講座になったと思う。大学の授業で、この男性保育者の場面も使用しているが、女子短大の教育の中で、男性からのメッセージとして貴重な教材となっている。

実践を記録しておくこと

エル・ネット『オープンカレッジ』用二本、啓発ビデオ教材一本と、この事業から三本のビデオが生み出され、さまざまな場で活用されている。

学生の授業に役立っていることはもちろんだが、保育者の研修会や男女共同参画プラン推進のための学習会、子育て中の親やその支援者のための講座などに使用され、また山梨以外の人々の学習にも役立っている。

子どもたちのジェンダー・バイアスを示す行動場面を見て、「こんな小さな子たちにも、実際にこんなことがあるのか」と驚く人もいて、「０歳からのジェンダー・フリー」の必要性を了解してもらえる力がある。

また、山梨でこういう実践があるのだという、そのことに、刺激を受ける人もいる。それまでジェンダー問題に関心を持ってきた人にとっては、自分自身の実践を促す契機にも、モデルにもなるだろう。また、ワークショップなどの内容に関心を持って、自分たちの活動の参考にしたいと言った人もいる。実践を記録化しておくことの重要性は、縦の歴史に自らの表現で参画するというだけではない。いま点在している人々を、横につないで広げてゆく力にもなるからだ。

一人ひとりの「らしさ」をめぐって

出口泰靖●山梨県立女子短期大学教員
〈高齢者介護・障害学〉

男性ホームヘルパーの〈ハンディ〉

私が「ジェンダー」という言葉に出会ったのは、そもそも大学生のころであったように思います。正直なところ、そのころの私は、フェミニズムもジェンダーも勉強する気になれませんでした。なぜなら、女性を蔑視し差別する男たちを糾弾する主義主張だろう、程度の認識で、むしろ男性として自分が糾弾されるのはゴメンだ、という感じでいたように思い出されます。そんな私が、「ジェンダー」という概念に向きあうきっかけになったのは、調査研究のために高齢者介護の現場に参入しはじめ、自分が「〈男性〉であるがゆえのハンディ」を実感したころからだったでしょうか。

調査研究のためとはいえ、介護の現場でスタッフと同じことをすると、「女性が担うもの」とされてきたこの職場ではスタッフからも利用者からも非常に珍しがられ、女性がその職につく以上に「えらいわねえ」とクドいほど賞賛されます。それとは逆に、「他に適当な職がなかったの?」と憐れまれたりもされました。また、ホームヘルパーの資格を取得するための講習を受ける前、主催者側から男性受講者（といっても受講生十数人中私も含めて二人だけ）が呼ばれ、「この資格をとっても、あなたたち男性はホームヘルパーの職にはありつけませんがそれでもいいですか」と説明されました。これらは「性差別」には女性の方にだけあるのでは決してないことを身をもって思い知らされた出来事でした。本書での事業でも「男性も育児を」というメッセージも込められているのでしょうが、育児はもちろん介護にも、まだまだ男性が参入しやすいような生活や職場、社会の場の状況や雰囲気でないことを今現在も痛く感じます。

そんななか、「男性」として介護をすることの難しさも感じました。それは、介護が必要な女性のお年寄りの入浴や排泄の介助で、いやおうにも女性の身体に触れなくてはならないことです。とくに、排泄の介助では、おむつの交換や性器・排泄器の周囲がかぶれていたりすると薬をつけなくてはならないので、女性の性器を見なければなりません。介護施設を利用する女性高齢者が男性より多いことと同性介助に見合うだけの人員配置ができないこともあって、男性介護者が女性の要介護者の入浴・排泄介助をしなければならない現状がありました。

こんなことも

ところで、私は「男性中心の社会を変えてやろう」とか「これからは介護の分野もジェンダーフリーだ」とか言って、介護の現場に関わるようになったわけではありません。だから、私が介護の現場に関わっていることを「ジェンダーフリーの理念を実践している」と絶賛（誤解？）する人もいて、そんな気はからっきしもない私は「めっそうもございません！」と非常にあわてふためいてしまいます。また、最初から自分が「男性」であることを意識して介護現場に入ったわけでもありません。なにげに私が介護の領域に入ってみると、思いのほか介護は「女性の役割、仕事」とみなされがちであったり、「男性」としての自分に向き合わざるを得ない場面に出くわしたにすぎません。それゆえなのでしょうか、「ジェンダーフリーな社会にしよう」と唱え、啓発し教育することよりも、「多様な性と生を生きる」一人ひとりの現実に目がいき、たちどまらざるをえない自分がいます。

というのも、高齢者や障害者のケアの世界に関わっていくと、ジェンダーをあえて用いてケアをした方が意思疎通がうまくいったり、効を奏したりする出来事にも出くわしたからです。たとえば、私があるグループホームで食事の支度で箸やお茶碗を並べ始めたり、食事後台所で食器を洗おうとしたりすると、「男の人にそんなことやってもらっちゃあ、困るわねえ」と私の代わりに流し台にたって率先して食器を洗おうとしたりする女性のお年寄りがいました。皮肉にも、「男性」として私が介護の現場にいることで、今までケアを受けるがままの受け身的な生活をしてきた彼女は、自分から主体的に生活しはじめたのです。このように、女性として当然と決めつけられてきた性役割が高齢者ケアにおいて効を奏したりする場合がありました。

ジェンダーフリーの〈正しさ〉を説けるか

「障害者」とつき合っていても、彼らが「女性（または男性）」として異性である男性（または女性）と恋愛をし、結婚をしたい願望が非常に強いことに気づかされました。とくに、女性は結婚をして家に入って旦那さんにご飯を作ってあげたりしてつくしたいと言い、男性は妻のために仕事をして稼ぎたいと〈熱望〉しているのです。「ジェンダーフリー的」には、そんな性別役割分業の〈熱望〉はもたなくてもいいんじゃないの、と言えばいいのでしょうが、それ以前に彼らの〈熱望〉にこたえられるだけの支援さえ十分にできていないのが現状です。私の友人である障害をもった男性は、夜な夜な「フーゾク」の店に通います。まるで、障害をもっているという理由だけで周囲から「性的な存在」であることを無視されてきたがゆえに、性的な欲望をもつ〈男〉としてあることを誇示しているかのように。彼は私ににらみつけるように、こう言ったことがあります。「俺だって『健常』の女とやりたいよ!」。そんな彼の〈葛藤や悩み〉こそが、ある意味で自ら「障害」に対する差別観にはめ込まれ、またある意味でジェンダーの呪縛にあるといえるのでしょうが、今の私には友として目の前にいる彼に対して、「ジェンダーフリーの〈正しさ〉」をとうとうと説く術など持ち得てません。

障害をもつ女性の場合は、もっと深刻かもしれません。私たちは、彼女たちを「性的な存在」であることを無視する側面と同時に、逆に「性的な存在」として性を管理し、極端な場合、子どもが産めない身体にしてきた過去があります。

さらに、私の友達には、異性を恋愛の対象としない人たちや、両方の性に恋愛感情を抱く人たちがいます。そうした友達と会話をしていると、普段何気なく人と交わしている日常会話が、どれだけ彼らを戸惑わせているか気づかされます。たとえば、ゲイの友達を交えて仲間数人で話をしているさい、「俺はそんな気(ホモセクシュアルの)はねえよー!」と口走ってしまった友達がいて一瞬その場が凍りついたことがありました。口走った友達の方はというと、即座に自分の発した言葉が「同性愛嫌悪」的な発言であったことに気づいてゲイの友達に謝りました。彼の方は「慣れているから気にしなくていいよ」と言っていました。慣れているとは言っても、いつもそのような発言にさらされるのは、どんな感じがするでしょうか。また、同性のパートナーと暮らしている「〈非〉異性愛」の友達(自分の性指向を「同性愛」とは名のらず「〈非〉異性愛」と称す人もいます)は、親しい人以外にはカミングアウトはしていないために、「最近彼氏できた?」という女性同士で必ず出てくる会話に対してどう答えたらいいものかいつも考えてしまうとこぼしていました。

どういうふうに生きればいいか?

よくジェンダーをテーマとした話をすると、「男ってこう」「女ってこう」と語ることで、皮肉にも逆に「男らしさ」「女らしさ」を強調させてしまい、「この世の中には男と女しかいない」という男女二分法を強化してしまっているような印象を私は時にもったことがあります。また、それと同時に、「男は女を愛する」「女は男を愛する」といった「異性愛」を前提として話をすすめてしまいがちになるように感じたときもありました。

「ジェンダーフリー」という言葉は、「男らしさ」「女らしさ」に縛られない、とらわれない生き方ということを意味しているといいます。じゃあ、どういうふうに生きればいいか、というと「自分らしく」生きればよい、といいます。しかしながら、この「自分らしく」とはどういう生き方なのでしょうか。世の中には男と女しかいないから男女を区別して当然だ、という固定観念のもと、まだまだ男か女か性別を二分した生き方を強いられることが根強く、異性愛が当然のこととされ、「男でもなく女でもない性のありよう」が認められない社会に生きている限り、「自分らしく生きろ」と言われても、たとえば「最近彼氏できた?」という日常的に何気なく交わされる会話に「非異性愛者」は、自分らしく素直に答えることができるのでしょうか? あるいは性差がないと不安になる高齢者にとって、「自分らしく生きる」とはどういうことなのでしょうか? そして、今現在でも恋愛や結婚が制限されたり、あるいは自分で恋愛や結婚、出産を自主規制したり、子どもが産めない身体にさせられたり、四肢にマヒがあってマスターベーションやセックスをしたくても介助人によるセックス・ケアが必要だったりする障害者にとって「自分らしく生きる」とは? 女性と恋愛関係になると「男らしさ」を求められ、「男らしさ」をみせようとする私自身にとっての「自分らしさ」って何なのでしょう?

私の「女(性自認的に。性指向はわかりませんが)」友達に、「女性器」を「男性」の付属物・従属物として押しつけられてきたものではなく、自分の身体として自分の性器をキチンと知り、受けとめ、「自分らしい」身体を見つめ、自らの「身体言語」といっていいようなものを獲得しようとするワークショップをしている人がいます。そんな「自分らしく生きられる」場をつくろうとしている友達の活動の話を聞いたりすると、「自分らしく、あなたらしく」といったコトバを単に表面的な標語としてではなく、どういうふうに具体的に表現していけばいいのか、ヒントを与えてくれているように思います。そうしてみると、性自認的に「男性」であるという自分たちの「男性器」をめぐる言動は、いかに男根(ペニス)中心主義かつインサート(挿入)と射精中心主義的な、壮年期男性が主な対象の、現代社会における性文化の風潮にまみれていることでしょうか。

自分のセクシュアリティに関する独自の身体言語を獲得することはもちろん、育児であれ介護であれ、私自身の生活のなかで「自分らしく生きる」場をつくることの難しさをますますしみじみと感じてしまいます。ただ、今まで述べたようなさまざまな「多様な性と生を生きる」人たちとの対話を通じて、その相手の人たちが〈鏡〉となり、私が「どのような性と生を当たり前のものとしてとらえてきたのか」映し出されているなあ、ということだけは深く思う今日このごろです。

地域の公立大学として

池田政子●山梨県立女子短期大学教員〈ジェンダー心理学〉

1 エル・ネット『オープンカレッジ』の講座づくり

文部科学省では、教育情報衛星通信ネットワークを利用した大学公開講座・エル・ネット『オープンカレッジ』を行っている。これは応募して採用された大学の講座をビデオ収録し、通信衛星の専用受信装置を持つ生涯学習機関で視聴できるようにした、委嘱事業である。

九九年度、〇一年度の二つの事業は、このエル・ネット『オープンカレッジ』の講座として、その内容を全国に発信する機会を得た（九九年度事業は〇一年度制作、〇一年度事業は〇二年度制作）。

エル・ネット初チャレンジは参加型出前講座で

初めて応募したのは、二〇〇〇年、私が生涯学習推進委員会の委員長になったばかりのときである。文部科学省からこの事業の通知がきた。「どうしよう?」と藤谷秀、伊藤ゆかりの両委員に相談すると、即座に「やりましょう」という話になった。「予算のつくものはなんでもやろう」である。しかも、全国に向けて公開される講座であれば、大学の宣伝効果も期待できるではないか。

しかし、応募締め切りまでの短期間に、今から新しいものを企画する余裕は、時間的にも人材的にも、ない。そこで、すでに「秋季大学開放講座」として企画の決定している、ある町への「出前講座」を、毎回撮影に来てほしいという図々しい条件つきで応募した。にもかかわらず、地域に出向く参加型の講座ということが評価されて採用され、担当の撮影スタッフが、会場の下調べにも足を運び、毎週一回、四回連続の「山梨県立女子短期大学秋季大学開放講座」が、『オープンカレッジ』の講座として提供された。

ふたを開けてみると、二〇〇〇年度のエル・ネット『オープンカレッジ』は、全国の三十余りの大学が名前を連ねていたが、短期大学は一つか二つ。公立短大としては、本学だけだった。

教員と学生の協働制作——九九年度事業を中心に

二〇〇一年は、「今年も応募しよう、せっかく大勢の教員が取り組んだ事業があるのだから……」ということで、九九年度事業の成果を中心にした「ジェンダー・フリーの子育て・保育を考える」と題した講座を応募し、これも採用された。講座タイトルに「ジェンダー」という言葉が入っている講座は、他に一つくらいだった。それだけでも、応募した意義があった。

この講座は、パネルディスカッション形式で構成することにし、講師や司会者になる教員、全体をアシストする教員も決まった。そしてせっかくだから、学生も「出演」させたいという話になった。

そこで保育の場でのジェンダー・バイアスについて問いかけをするペープサートを、学生たちが作り、演じてくれた。そして、このペープサート劇、学生の話し合いの様子を、前年度の撮影スタッフが大学まで撮影に来てくれたのである。プロの編集技術で、その部分はちょっとしたTV番組風に仕上がった。仕事とはいえ、断わることもできる撮影依頼を受けて足を運んでくれたのは、こうするともっと楽しいものができるという私たちの気持ちを、共有してくれる人がいたからだ。こういう人との「縁」も、小さな大学にとって大切な「財産」だと思う。

遠隔地での実践にも役立つビデオ貸し出し

確かに、このような事業は小規模大学にとっては負担がかかりすぎるので、どこもやろうと思わない。だが、やっているときは大変でも、「形」になったものがあれば、それはさらにいろいろな地域の人々にメッセージを運んでくれるのだ。

このときみんなで作った講座用のテキストは、シンプルでわかりやすく、よくできていると今でも思う。進徳幼稚園やチャイルドルームまみいも、このエル・ネットの講座ビデオを保育者の学習に使ってくれた。学生の授業で使用しているのはもちろん、県内外の保育者・保護者の研修会や男女共同参画関係の講座でも、かなりの数のテキストを配布してきた。

ビデオの貸し出しもしている。〇二年に依頼があった新潟県のある市の男女共同参画行政担当者は、保育所長会議で男女共同参画の理念と保育のあり方について話をしたという。その前に、自分が講座ビデオを視聴して、男女共同参画の視点から保育を見直すことの重要性を確信することができ、自信を持って話せたという。自分の知りたかったことが、かゆいところに手の届くような内容だったと評価してくれた。

この担当者は、職員自身の自主的な学びが重要と考え、私たちの取り組みを紹介し、ビデオ視聴を呼びかけて、次の会議で実現させた。また保育所の担当である健康福祉課も呼びかけてくれ、保育士会から「男女平等とジェンダー・フリー保育について勉強会をしたい」という申し出があり、ここでもビデオによる学習が行われたという。

メールで寄せられた便りは、石和町と同じ、保育現場へ行政の立場で男女共同参画を持ち込むことの難しさを伝えている。しかし、それでも保育所の主管課を動かし、自分の投げかけに対して返ってくる反応に一喜一憂しながらも、少しずつ着実に現場への浸透を図っていく担当者の姿に励まされる。学ぶことによって得られた確信が、そういう意志の持続を生み出しているということも重要だ。

私たちの作った講座ビデオが、山梨から遠い地域での実践を応援していることが嬉しい。

2　地域ネットワークにおける山梨県立女子短大の役割

地域の実情にあわせた実践形態

文科省の「0才からのジェンダー教育推進事業」は三年間継続されたが、本事業のように、大学が中心的な役割を担い、県レベルの関係機関や団体と連携して行った事業は、他にはない。どの事業も、それぞれの地域の実情にあった実施形態がとられている。

住民活動が活発な都市圏では、すでに子育て支援や男女共同参画の活動を活発に行ってきたグループが、単独で事業主体になり、独創的な事業を展開している。山梨の場合、地域全体としてみた乳幼児期のジェンダー・フリーへの関心は、まだ散在し、〈眠っている〉状況だったと思う。それを、大学の研究者が課題化してみせ、問いかけたのが九九年度事業、現場を巻き込んで研究と実践のネットワークを始動させたのが〇一年度事業だといえる。

四つの機能——研究、教育、生涯学習、教員の社会的活動

大学は、その過程で、地域の人と人を結びつけ、活動の広がりを促し、研究者の「知」とさまざまな現場の「知」とを交流させ、互いのエンパワーメントを図る役割をした。山梨という地域の男女共同参画社会づくりのために、地域の人々といっしょに活動したのである。人口九〇万に満たず、県内の大学教員数も大都市に比べると圧倒的に少ない県の県立大学であるからこそ、果たせた役割とも言える。

小規模県であるほど、大学は地域にとって重要な社会資源となる。山梨県立女子短大の場合、研究、教育、生涯学習、教員の社会的活動という四つの機能を活かした地域とのネットワークが潜在的に構築されていたからこそ、「乳幼児期のジェンダー・フリー」をテーマとする地域ネットワークが組織できたのだと思う。

二つのサブ・ネットワークの結節点

この取り組みを可能にした山梨県立女子短大の発信・伝達の回路は図1のようになる。

ここには二つのサブ・ネットワークが認められる。一つは保育者養成課程を持つことによって教育・研究機能を通じて形成された、保育者志望の学生、保育関係者・子育て支援関係者・保護者を含むネットワーク、もう一つは、生涯学習機能や教員の社会的活動を通じて形成された、県市町村の「男女共同参画」に関わる政策や学習の領域を中心とするネットワークである。県立女子短大はこの二つのサブ・ネットワークの結節点として中核に位置している。

〇一年度事業は、保育関係領域と「男女共同参画」政策・学習領域を連結する意図的な働きかけを大学が行い、この地域ネットワークを顕在化させたものといえよう。

小さい県、小さい大学だからこそ

二つの事業は、ジェンダーという中心テーマへのスタンス

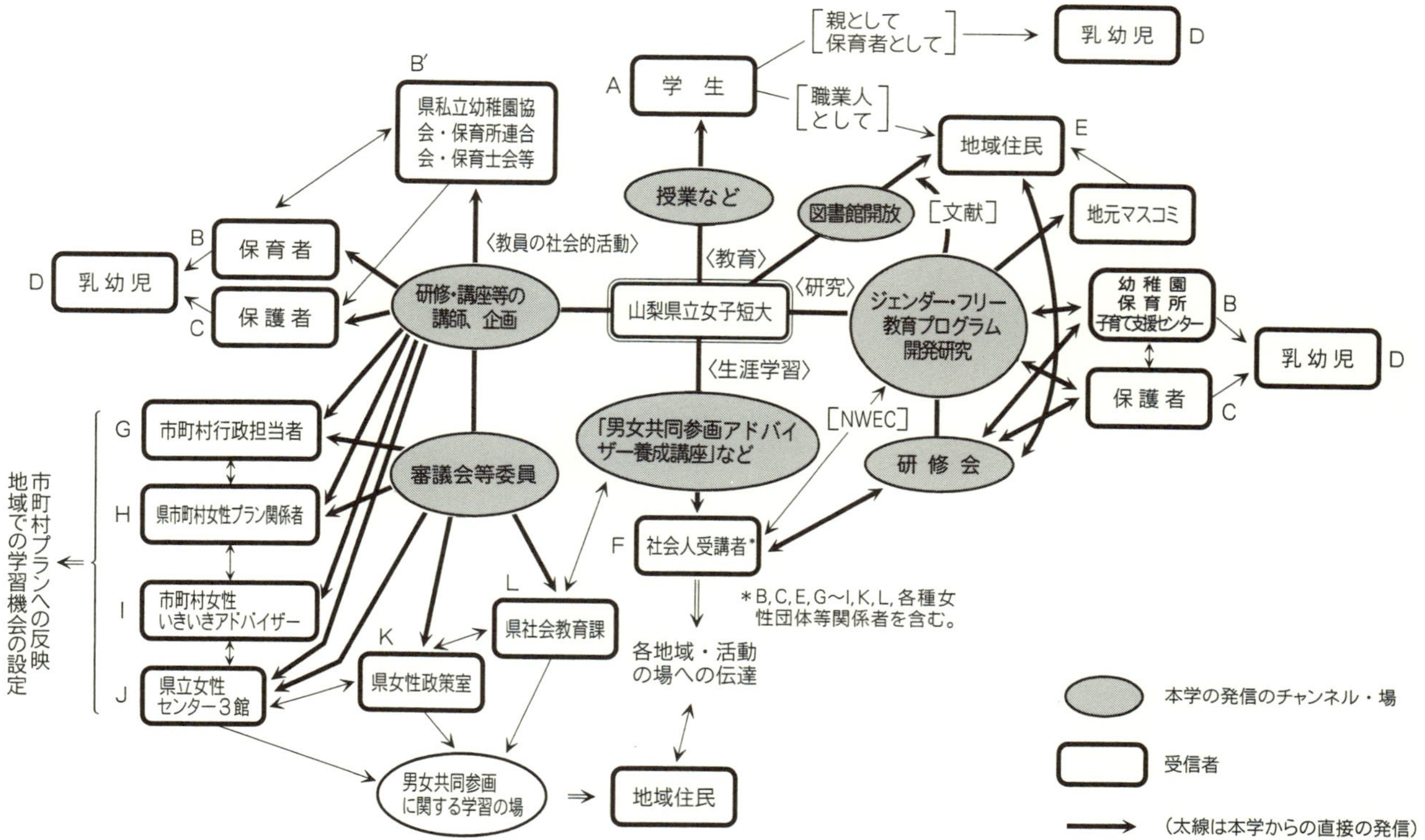

図1　地域への発信と伝達の回路

『乳幼児期のジェンダー・フリー教育：問題提起と地域での実践に向けて(2)─山梨県の動向と地域ネットワークにおける県立女子短期大学の役割』山梨県立女子短期大学紀要、第34号、2001年3月より(一部付加)

はみな違っていても、大学の一一人の研究会メンバーが、それぞれが自分のできる範囲で時間や労力、〈得意技〉を提供したからこそ、成立した。専門分野とは関係ない予算や支出に関する事務、それぞれの教員の動きや全体の流れを常に注意して、スケジュール管理をし、教員どうしの、また外部の実行委員との連絡調整をするなど、形にはならないが大切で根気のいる事務的な役割を引き受けてくれた教員もいる。

教員規模が小さいため、日ごろ顔を合わせる機会が多く、また、〈労働集約的〉に、一人が何役でもこなさなければならない大学である。それに幼児教育科の教員は、みな違う専門分野であるにもかかわらず、実習の指導や一、二年生合同の合宿ゼミなど、全教員で教育にあたる機会が多い。この事業の前には、山梨県の保育史について共同研究をしていた。そういう〈いっしょにする〉経験がベースにあったからこそ、できた事業かもしれない。

同じように、小規模な県であるからこそ、点在する関係者や機関を有効に組織化できた。そして、その事業の過程で地元の新聞が何度も取り上げるなど、伝達の効率も、その手応えも悪くない。

予算も施設も不十分な地方公立短大だが、地域の人々にきちんと向き合い、大学の機能をフル活用して、地域課題にともに取り組む――これが、都市圏の大規模大学とは一味違う、私たちの役割だとあらためて思う。

ジェンダー・フリー教育プログラムが役だったいくつかのこと

池田充裕●山梨県立女子短期大学教員〈比較教育学〉

大学教員には一般的に三つの仕事――研究、教育（授業・学生指導）、雑務（会議！）――が課せられていると言われます。私はこれまでに、本学では教職課程（教育原理や道徳教育など）の授業を担当し、研究活動としては東・東南アジア地域の教育政策、とくにシンガポールやマレーシアを調査対象にしてきました。今回、ジェンダー・フリー教育に関する事業に参加し、この両面――教育と研究――で、とても有効な教材と視点を得ることができたと感じています。

おカタイ道徳教授法をこわすジェンダーの素材

教育面においては、たとえば道徳教育に関する授業でジェンダーを取り上げることが多くなりました。〈道徳〉と言うと多くの方は、〈読み物教材を読まされて、感想文を書く〉といったような〈おカタイ・クライ〉イメージを抱かれるかもしれません。実際、そのような授業も少なくなかったとも聞きます。もちろん、自分の考え方を揺さぶるような教材を読み、堪能し、内省を深めるというやり方は今日でも重要な道徳の教授法の一つです。

しかし最近では、ゲームやディベート、ロールプレイ（役割演技）といった様々なエクセサイズを通して、学習者が主体的・活動的に参加する形態の道徳の授業も増えつつあります。たとえば、〈話し上手さん・聞き上手さん〉といったエクセサイズでは、話し手の口調や表情、身振りや話の展開によって、聞き手の受け止め方がいかに違うのか、といったことを演技を通して学んでいきます。そのなかで、対人関係の効果的な結び方、自分や他者の理解、感情やストレスの処理方法などを修得していくわけです。

〈ライフスキル学習〉や〈エンカウンター法〉とも呼ばれる、このようなニュー・タイプの道徳の教授法を考える場合、やはり学生の〈食いつき〉が一番良い素材はジェンダーです。教職課程を履修する学生に、道徳の授業案を作成してもらうと、ジェンダーに関するエクセサイズがたくさん出てきます。今回のジェンダー・プロジェクトで、父親ダンサーズの皆さんが演じた「割り勘」問題などは格好の素材でした。〈男がおごることは当たり前か!?〉というテーマは、女子学生にとっては非常に生々しい話題でもあり、授業でも多くのホンネが交わされ、これまでの自分の考え方を見つめ直す良い機会になったようです。

しかしその一方で、これらの授業案に対して返される女子学生からの意見のなかには、「いつも同じような話ばかりで、ジェンダーは飽きました」、「ジェンダーはもういいです。楽しくない」、「タテマエと実際の生活とが違いすぎる。あまり役に立たない」といったものも散見されました。ホンネを引き出し、語り合うという授業目的からいえば、このような意見が（アノ）道徳の授業できちんと出てくることは歓迎すべきことなのですが、今後はこのような〈ジェンダー疲れ〉や〈ジェンダー飽和〉の学生に、どのように次の課題や視点を提示するのかが難しいところなのかな、とも感じています。

民族・宗教を語る触媒に

研究面でも、ジェンダー・フリー教育の具体像に触れたことはとても有益でした。私はこれまで中国系やイスラームの方にお会いして、その教育観などをうかがう機会がありました。シンガポールやマレーシアは多民族国家で、私はこれらの社会の「民族問題と教育」に関して興味を持ってきました。しかし〈民族〉や〈宗教〉といったテーマは政治的にも問題が多く、答える側もなかなか本心を話してはくれません。様々な民族の教員や子ども達が集まり、日々民族的な事柄についてセンシティブな問題が生じている学校現場ですから、教育官僚や教員が民族的な話題を表だって口にすること自体、タブーなのです。

このような研究上の困難にあって、ジェンダーという素材は相手側の本心を聞くことができる貴重な触媒となります。現地では日本のドラマがほぼリアルタイムで放送されていますから、日本のジェンダー事情は実はかなりよく知られています。しかしその一方で、〈日本は男尊女卑の国〉、〈日本の男は威張ってばかり〉というイメージ（実像？）も広く流布しています。職場での女性への差別的待遇については知らない人がいないほどでしょう。また、エイズ感染を嫌う日本人男性が、近年タイの山地民やカンボジアの少女を買っている話（そしてよくそのことで逮捕される話）もメディアをよくにぎわせていますし、ジャパゆきさんの話は今さら持ち出すまでもありません。

このため、私が日本（山梨）でも男性の育児・家事への協力、女性の権利や社会進出などに関する、様々な啓発教育などが行われていることを紹介すると、現地の方はほぼ一様に〈驚き〉をもって耳を傾けてくれます。民族問題と異なり、このようなジェンダーに関する話題となると、穏やかな雰囲気のなかで、冗談を交えながら、多くのホンネを引き出すことができるのです。

日本では、アメリカや西欧の価値観と自身の価値観を比較して語るということは、テレビや新聞紙上ならまだしも、日常生活ではあまりないかもしれません。しかし東・東南アジア地域では、〈東洋vs西洋(≒アメリカ)〉という文脈はよく用いられます。「お客さんは同じアジア人だから、ちょっと安くしておくよ」、「アメリカ人って頭にくるよな。日本人(同じアジア人)なんだからわかるだろ?」といった感じです。とくに近年、東南アジア地域、または中華圏内においては、経済発展に自信を深める一方で、それに併行して進行するグローバリゼーションに対する危機感が高まっているように思います。

その影響は教育界でも顕著で、少なくとも私がインタビューした教育官僚や教員の方々は、私が提示する〈ジェンダー・フリー教育〉には総じて批判的でした。「なぜ日本はアジアなのに、アメリカの真似ばかりするのか? 私たちも昔そうだったが、今はそのような考え方を改めようと思っている」、「日本はアジアの仲間であり、リーダー。尊敬できる国。日本人の生き方も共感できる。だから日本には、アジア人としての自分たちの美徳やアイデンティティをしっかり守ってほしい」、「ジェンダー・フリーやアンチ・バイアス(反人種差別)教育は自己批判や皮肉めいた話ばかりしている。そんな教育のどこが楽しいのか? なぜもっと自分たちの伝統や生活スタイルに自信を持たないのか? 教員は子ども達にもっとポジティブなことを教えるべき」、「幼児にジェンダー・フリー? なぜそんなことをするの? 馬鹿馬鹿しい! 反対のことを教えるべきでしょう?」といった意見が大半でした(ちなみにすべて女性教員や教育関係者からの回答)。とくに厳しかったのは、「日本は原爆で、自分たちの魂までも失ったのか?」(男性教員の回答)という言葉でしょうか(怒鳴られました…)。このような調査体験ができるのは、まさにジェンダーならではといえます。正面切って民族や宗教に関する話題を取り上げなくても、ジェンダーはまさに民族的・宗教的な価値観の中核にあるわけですから、このような意見を聞くだけでもその考え方の深層——すなわち〈個人の生き方よりも、家族や民族、信仰のほうが大切である〉〈集団の幸福・利益のためには、個人の主張や意見はある程度抑制されなければならない〉——という信念は十分に伝わってきます。

〈幸福〉や〈健全〉にたどり着けるのか

実際には、アジアでも若い世代の考え方や生活スタイルは、日本ほどではないと思いますが、相当程度アメリカナイズされてきています。それゆえに、このような状況に危機感を抱く中高年世代の教育官僚や教員にとって、まさに〈ジェンダー・フリー〉は格好の〈口撃〉対象なのです。もちろん、シンガポールやマレーシアでも、女性差別的な発言やテレビ番組、教科書教材はほとんどなくなりましたし、女性の社会問題に取り組む団体も数多く生まれています。タイでは女性問題に関する革新的な教育政策やプロジェクトが実施されています。しかし、人としての〈幸福〉や〈健全〉な社会という根本的な部分について、アジアの国々と日本とは大きく異なっているように思われます。いえ、そもそも日本人の私たち自身、〈幸福〉や〈健全〉という価値観を今日きちんと描けているのでしょうか。批判的思考を死ぬまで繰り返すことで、私たちは最後に〈幸福〉や〈健全〉にたどり着けるのでしょうか?

ジェンダー・プロジェクトに参加し、アジアの人たちの意見を聞きながら、学生同様、まさに私自身が道徳教育の学習者になったような気分の毎日でした——。〈疲れ〉や〈飽和〉の挙げ句、思考を停止させないようにと必死に踏ん張りながら、なのですけれども…。

「ジェンダー」にかかわる経験をふりかえって

坂本玲子●山梨県立女子短期大学教員
〈精神医学〉

精神医学の診断のなかには「性同一性障害」があります。私自身は実際の患者さんにはあまり出会いませんでしたが、これを「病気」としてみるか否かは精神科医としても意見が微妙に異なるところだと思います。実際は患者さんの同一性の不安定から生じる「うつ」や、その他の精神症状が治療対象になりえます。要するに本人が困っていて精神的ダメージが大きくなっている場合、といえるでしょうか。

多くの場合女性の医者はあまり違和感なく患者さんと出会うようですが、男性の場合は独特な違和感がある場合が多いように思います。治療場面には出さないわけですが、「気持ち悪い」ということです。個人がどう思っているかまでは問題にならないことが多いのですが、「性」の問題には個人の「コンプレックス」が反映しやすく、しかも無意識の領域に封印されているものに近づく可能性があり、議論になると危険なところです。

「ジェンダーバイアス」のことを話題にしたさいにもそれが垣間見られた気がしたことがありました。「ジェンダーって、文科省が言うからでしょ?」「表面的すぎて研究としては成り立たないよ」「男と女が同じになれってこと? トイレも?」などでしたか……。どの意見にも一部「そう」ということはあるのですが、「そう」だけではないわけなのですが、どうも冗談紛れに感情的になってしまう場合が多く見られました。

それで私は話題を続けませんでした。表面的にとどめて先に行きたくない、というメッセージを感じたからです。話題にすることがその人を傷つける場合、どうしても慎重になります。

「ジェンダー」と「セクシャリティー」の問題は難しいところです。社会的役割としてより自由な選択ができるように、と目標づけても自分たちが育った「文化」を否定されてしまうのでは?と、身構えられることが多いのかもしれません。また、「性」にからむ深層に触れやすく、怒りや攻撃性を誘いやすいものかもしれません。しかし、怒るのは、それが決定的な何かに「当たって」いるからです(怖い。怖い)。

「豊かで深い、おおらかでやさしく力強い性文化」を育てる意味でもジェンダーバイアスにしばられない経験が一度は必要だと思うのですが、現代人はそもそも「豊かな性文化」を必要としなくなっているのかもしれません。医学と試験管のなかに、それは育てられるものになってしまうのかもしれません。

私自身は、両性が象徴するような魅力を、両方とも持てるようになりたいと願っています。そして優れた先輩たちにはその両方を見ることが多いのです。成長とはそもそもそういうものかもしれません。そして文化のなかでも、両性の魅力を大きく広げながら、自由な選択や段階を昇ることができるようになっていけばいいなあ、と思います。

こうした自由はほかの多くの「差別・偏見」の問題の最後に位置しているものかもしれません。

「ジェンダー」の問題はこうした深淵まで覗くような、キーワードでした。

ふたつの覚悟——地域の人たちとふれあうなかで

伊藤ゆかり●山梨県立女子短期大学教員
〈アメリカ演劇〉

ジェンダーフリー教育プログラム研究会発足時にメンバーになって以来、女子短大におけるジェンダー・フリー教育に関する諸活動にずっと関わってきました。その数年間の自分を振り返ってみても、自分自身の内面やジェンダーに対する考え方の点であまり劇的な変化は起こらなかった、というのが正直な気持ちです。研究会に入るときに思ったのは、それまで共同研究をしたことがなかったので経験してみよう、ということでした。ただ共同研究といっても、専門が文学畑のわたしに教育に関する研究は難しい、それでもこの活動は女子短大で生涯学習をするうえでの良い経験になるだろう、そう考えての参加でした。ちょうどその年に男女共同参画アドバイザー養成講座の実行委員となり、生涯学習の面白さに初めてふれたのです。研究会としての最初の一年間は、忙しかったけれど、今思い出すと楽しいことがたくさんありました。その経験を現在、自分が生涯学習事業にどれだけ活かしているのかはいまだに疑問ですが、忙しくてもどうにか辻褄を合わせていくことだけは身についたかもしれません。

この数年で少し変わったことを挙げれば、ようやく覚悟ができてきたということぐらいです。ジェンダー・フリー教育に関する活動が契機というより、それを含めたいろいろな仕事の中から生まれてきた覚悟なのですが、ふたつの覚悟があります。

ひとつは、大学の教員だと名乗った時生まれてくる責任をせおう覚悟です。もちろん、教えはじめてからずっと、教える立場にある人間の責任は感じてきました。それは専門的知識を伝えるという責任です。この短大に勤め始めてからは、もうひとつ大学という組織で働く人間としての責任を感じるようになりました。これらはいずれも大学の中での責任であるのに対し、最近新たに感じるのは地域の中での責任です。大学の教員として地域に出て行ったときに専門的知識以上に求められるものがあり、そして、それに応えようと努力しなければならない、と思うのです。これは生涯学習やジェンダー・フリー教育の活動の中で多くの地域の人たちとふれあうなかで生まれた、「大学の教員です」と名乗る覚悟です。

もうひとつは、フェミニストだと名乗る覚悟です。ジェンダーへの私の関心は、女子短大に就職してから少しずつ強まってきて、今は女性学を担当していますが、かなり長い間フェミニストだと名乗る勇気が出ませんでした。フェミニストだと名乗れば、からかいや時には敵意の対象となる、それと戦うためにはまず理論武装が大事、でもまだまだ勉強が足りない、と長い間思っていたのです。その心境がここ一、二年くらいで変わってきました。ジェンダーがなくなる可能性を探っている人間、フェミニズムやフェミニストということばが無意味になる可能性について考えている人間という意味で、フェミニストと名乗ってみよう、と思うようになりました。相変わらず理論武装は不十分ですし、石が飛んできてもフェミニストだと名乗ることができるのか自信はないものの、今の私のジェンダーに対する心境はこういうものです。

こんなふうに私が教員として、ジェンダーに強い関心を持つ人間として、少しずつ変わっていく過程において、常になにかの形でジェンダー・フリー教育の活動をしていたような気がします。今思うとその重要なきっかけとなったアドバイザー講座では、在外研修に出かけた年を除き、今も実行委員を務めています。この講座における活動を含め、これからもさまざまな形で大学の中、および外の人たちと一緒にジェンダーをなくすことについて話し合い、考えていきたいと思います。

〈解説〉

ジェンダー再生産と保育の場

阿部真美子●山梨県立女子短期大学教員〈教育学・幼児教育〉

1　園生活とジェンダー・バイアス

日常化している「男女別」生活

幼児は日々生活する環境のなかで、自分は「男の子」「女の子」どちらに属するのかという自覚を促されることが多い。我々の研究でも、園環境や自由遊びの場面、そして保育活動の場面を観察しビデオにも収録した。そのなかで次のような場面が目立った。

＊保育者がクラスの園児の名前を呼ぶ場面で、男児は「〜くん」、女児は「〜ちゃん」と声をかけている。

＊行事のための合唱の練習場面で、男の子と女の子と分けて並び方を指示する。

このような場面は特別ではなく、多くの園で日常化しているようだ［松村二〇〇二］。我々のアンケート調査でも、「園庭等で並ぶときには男女別を用いる」という保育者の回答は七〇％である。続いて男女別にしているという回答数の多いのが、「クラスの出席簿・名簿」である（六七％）。さらに名簿では、「男子を先にしている」という回答が、九三%にも上っている。同様に「入園式・卒業式の並び順や証書授与の際」という回答が五七%で、さらに「男子が優先」が八九%に上る。保護者や来賓の参列する「社会的場面」だからこそ、社会的慣習や通念が規範となりやすい。それらと密接に連動し合う形で、男子優先の社会的差別の固定観念の刷り込みは早期から始まっている。

性別を意識させる言葉がけ

保育者は「男の子だから〜」「女の子だから〜」というように、注意したりほめたりする場面で「理由付け」に用いることが多い。ではどのような場面で、どんなふうに性別を意識させる言葉がけをするのだろうか。『平成一二年少子化対策臨時特例交付金関係事業　研究報告書』(二〇〇〇年三月、以下『報告書』)では保育者に多い事例として、女児では「言葉・行動が乱暴な」場合に最も多く、たとえば「そういう言い方は可愛くないわよ」「女の子なんだから顔に傷がついたら困るよ」などと言う。続いて「座り方が悪い」場合で、「女の子はパンツが見えると恥ずかしいのよ」。男児では「泣いたとき」に最も多く、「男の子はそんなことくらいで泣かないの」「男の子は強いんだぞ」「男の子だからがんばれ」など。続いて「力仕事をしてくれるとき」に用いられ、「男の子は力持ちだから片づけてくれるかな」という言葉がけとなる。

このように園では男性=強いと女性=容姿・行儀という価値のイメージは強化される。加えて教材・持ち物の色でも男女別が用いられることが多い。幼児の園生活はジェンダー・バイアスに晒されている。

保育者におけるジェンダー・フリーへの戸惑い

我々が開いたジェンダー・フリーの「研修会」(二〇〇〇年三月、於・山梨県立女子短期大学)でのこと。参加したある保育者の発言は、我々が勤務する短大の卒業生だったこともあって、いささかショックであった。

彼女の発言は、「保育場面で幼児を動かすとき、男女別のグループに分けたり、並ばせたりするのはどこがいけないのか。幼児にはとてもわかりやすい方法なのだからやっている。この方法がいけないとなると他によい方法が思いつかない」というような内容だった。

すでに述べたように我々の調査では、保育者は男女別に並ばせる手法を多くとっているが、必然性を感じているということでもない。では、なぜ多用されるのか。これは必然性をとくに感じないからこそ軽く扱われがちとも考えられる。

「どうしてそれが問題なのか。どうして長い間やってきたことがいけなくなったのか」という疑問や戸惑いが、卒業生である保育者の中では大きく、そこで立ちつくしているという状況かもしれない。保育者の保育行為において、ジェンダーはそれほど差し迫るテーマになりにくい。保育者のまなざしは、今目の前の幼児が楽しんでいるか、喜んでいるかということに注がれる。幼い時期の子どもの特性からしてそれは当然大切にされねばならない。さらに幼い子どもが要求されている行動を理解し自分から動くことができるようになってほしいということも常に保育者の念頭にある。それも主体的に自立できるためには大切なことである。

その一方で、保育や教育はもっと長く広い育ちの射程において「今」をとらえる必要がある。ジェンダーは後者に属する課題であるために、基本的な自立というテーマと比較すると距離が遠い。どうしても自立が優先する。

一人一人の「個」をみつめるためにも

それればかりか、保育者の自覚していないところでジェンダーを強化する役割をしがちである。眼前の幼児は男の子、女の子別に並ぶよう指示されれば、たいてい指示どおりに動こうとする。何の抵抗感も示さないだろう。むしろ先生の言われることがわかってより早く達成できた喜びすら現れている場合も少なくない。

そう感じ取り、保育者は、「ほめる」に違いない。そうして幼児のなかでは性への帰属意識はいっそう強化される。

幼児に対して無自覚に男女を区分けし続けることは、保育者が大切にしている幼児理解とも深く関連する。松村［二〇〇二］は、「男女二分法」は男子優先になりがちであり、その多用は幼児の個性より男女別カテゴリーで見てしまいがちであると指摘している。つまり、その手法の日常化によって、保育者の幼児一人一人の「個」をみつめる目にバイアスがかけられやすいということである。

2　保育者はどうジェンダー・バイアスと向き合うか

ジェンダー・フリーな保育者をめざして

まず保育者は戸惑いから一歩を踏み出して、自覚的に他の手法を工夫してみることである。グルーピングは、生活、遊びや活動の種類によって、また成長・発達段階によって多様化することができる。幼児自身に「なぜそのような分かれ方をするのか」がわかるようになっていき、どんな分かれ方をしたらよいか考えられるようになっていくほうが主体性が育つ。個々の幼児の多様な個性や発想を発揮するチャンスともなる。「集団活動をうまくやるにはどうしたらいいのか」を学ぶ経験にもなるので、社会性を培うことにもなるだろう。

すでに述べたようにジェンダーは、保育行為の持つ特性が大きく作用することで、保育者のなかで見えにくく、とらえにくい。それでも、慣れきってしまったことに固執せず、できそうだと思うことからフットワークを軽くするのがよい。「くん・ちゃん」という呼び方は慣習化しているので、おかしいと感じにくい。ある研究協力園では、男女共通の呼び方にしようということで「～さん」とつけて呼ぶことにした。最初の頃こそ意識したものの、次第に自然に行われるようになったという。

他にも、ロッカーの名前の色、プレゼントの色など、園環境におけるジェンダー・チェックをしてみるのもよいきっかけを与えてくれるだろう。

保育者を核にジェンダー・バイアスを吹き飛ばす

我々の研究で自由遊びの場面を観察し、ビデオに記録していたときのこと。園庭には遊びのグループができていて、思い思いの遊びが展開しているが、おままごとは女児が多く、サッカーは圧倒的多数の男児に混じって女児一名。このようにすでに女の子の好む遊びと男の子の好む遊びというパターンができあがっている。

ところが、一人の保育者が加わることで様子は一変する。その保育者がサッカーボールを持って園庭に立つと、男児も女児もその周囲に集まった。「保育者」を核に遊びにおける男児・女児のグルーピングが解消され遊びに興じる姿があった。ジェンダー・バイアスは、一瞬のうちに、軽やかに場面から吹き飛んだ。保育者の役割は大きい。

家庭との連携も必要に

実際園生活に入ってくる以前に、あるいは入った後も、家庭で強くジェンダーへの刷り込みがなされる。園としては「家庭の領域・領分」にまでは関与しにくく手のつけにくいやっかいな話となる。見方によっては、家庭という環境が園以上にジェンダー環境にあるということである。ジェンダーは幼児のなかでは「好み」や「自己イメージ」として個性と分かちがたくなっていく。色、装飾品（りぼん、フリル、キャラクターなど）、遊びの種類というように。

『報告書』でも、子育ての方針について意見を求める項目で、父親・母親・保育者の三者比較を行っている。その結果「らしく」意識がもっとも強いのが父親、次が母親で、保育者はもっとも低い。このことはジェンダー・フリーについて家庭との連携が重要であることを示している。

自分と向き合う

保育者は自らのジェンダー・バイアスと自覚的に向き合うことが大切である。

我が身を振り返ってみると、ジェンダー・バイアスに目覚め、ジェンダー・フリー意識が、「生」のうちに根を下ろすのには、葛藤と時間が必要だった。バイアスは今でも私の中から完全に消えているとは言えないかもしれないが、この五〇年間ほどで今が一番バイアスが少ないと実感できる。加齢はマイナスばかりではないのだ。この先私における人間の成熟とかかわるジェンダー・バイアスをどこまで払拭できるのか、人生のテーマであり、楽しみである。

さて、ジェンダーというバイアスから解放されるには、社会的に造られた「女性」という性に、つまり外在的な拘束の中に封鎖してしまっている「自分」を解き放ち続ける必要がある。だから、まず自分の中にあるジェンダーの束縛について目を向け発見してみる。「新しい自分」づくり、ジェンダー・フリーに向けて自己変革し続けることをテーマにする。保育者は、そのような自己変革への関心と意欲を自らのうちに育てる一歩を踏み出してみよう。

ジェンダーが何故根深いのか。主たる理由の一つは、それが再生産され続けるということである。幼い時期の子どもにかかわる仕事は、その再生産を担うことになっている。自覚的にではなく無自覚的に、そして善意から。この認識に立って、ジェンダー・バイアスの視点から、自らの日々の保育行為を見直し続けることが必要である。

養成校も脱ジェンダーの視点で自覚的に

またジェンダー再生産という点では保育者養成校も自覚的取り組みをすべきである。これからの保育者の資質として、養成においてジェンダー・バイアスへの関心や視点を育てることが課題となる。

保育者という職業につく以前にジェンダー・バイアスは根を下ろしている。保育者養成において「ジェンダー」を考えていくこと、脱ジェンダーの視点を形成するために、体験型授業は有効である。寺田・西井・益崎・松本［二〇〇三］の研究において、ジェンダー・フリー保育を取り入れた保育所における「実習」が、ジェンダー・フリーについて考え方や意見を持つことを促したというように指摘している。

またそのような園での実習では、ジェンダー・バイアスを意味する言葉がけをした学生に対し、子どもが注意する場面があったという。気づきや促しには、自ら体験し学ぶことが重要であり、そのような授業の工夫の必要性を示唆している。

伝統的に保育者は女性の仕事となってきた。養成も女子を対象にする二年間の養成が圧倒的多数であった。近年男女共学制をとるところが増えてきているものの、女子学生の占める割合は高い。養成校自体、ジェンダー問題に向けた役割を担うと共に、男子学生に門戸開放を促進し、「保育職」をジェンダー・フリーにしていく歩みを進めなければならない。

新しい制度的な動き

ジェンダー・フリーへの関心は、新しい制度的動きにおいても見い出すことができる。厚生労働省が示す保育の質の充実・向上のためのガイドライン、「新保育所保育指針」（二〇〇〇年四月実施）の「総則」には、「子どもの性差や個人差にも留意しつつ、性別による固定的な役割分業意識を植え付けることのないように配慮すること」というように、保育におけるジェンダー・フリーへの配慮が促されている。だが、具体的にどうあったらいいのかというようなことにまで及んでいない。「指針」という性格からして、それらは保育現場に委ねられているいると理解できる。だからこそ、実践の場が主体的に内容を研究し、工夫し、実践することが大切である。

さらに「児童福祉施設における福祉サービスの第三者評価基準（保育所）」および「利用者アンケート（保育所）」（二〇〇二年三月、厚生労働省雇用均等・児童家庭局　児童福祉施設評価基準等検討委員会）が出され、それらにおいて「ジェンダー」に関する項目が含まれた。このことは、利用者型の多様なサービスや民営化とも絡んで現場の負担感や不安感を増大させているが、ジェンダー・フリーを新しい時代の保育所づくりの一助とする積極的姿勢で取り組む必要がある。

一方、文部科学省が教育課程の編成や指導計画の作成の法的基準として示した「新幼稚園教育要領」（二〇〇〇年四月実施）においては、「保育所保育指針」のようにジェンダーについて明記されていない。社会的法的性格から記述法が異なるということなのであろう。要領は、「個」を重視する原則を掲げ、個の育ちの姿を切り口として述べられている。だが、その根拠となるべき歴史的社会的「個」への視点は、「要領」にかかわる他文書においても目にしない。歴史的社会的差別としてつくられてきたジェンダーは、そうした視点の一つとして認識される必要がある。

だが、幼稚園や保育所に期待されている保育の展望は、日々幼児に接する保育者の資質向上の研修プログラムにおいても反映され始めている。たとえば、平成一〇（一九九八）年度以来、山梨県保育技術協議会の講座では、『保育の中の「男の子・女の子」』（講師は池田政子さん）のようにジェンダーをテーマにした講義がとり入れられている。今後、保育者の新しい資質として、「ジェンダー」について積極的に研修内容に含まれるよう期待される。

参照文献

松村［二〇〇一］　松村和子「2　ジェンダー」小田・森編著『保育者論—保育者の探究と創造』光生館　二〇〇一年

寺田・西井・益崎・松本［二〇〇三］　寺田・西井・益崎・松本「保育の中のジェンダーフリー」『共栄児童福祉研究』第一〇号、二〇〇三年三月

文中で我々の研究として引用されているのは次に所収の論文による。

『平成一二年少子化対策臨時特例交付金関係事業　研究報告書』山梨県立女子短期大学ジェンダー・フリー教育プログラム研究会、二〇〇〇年三月

「乳幼児期のジェンダー・フリー教育　問題提起と地域での実践に向けて（1）（2）」『山梨県立女子短期大学紀要』第三四号、二〇〇一年三月

一九九九年度—二〇〇一年度事業にかかわる研究・事業成果リスト

1　『これ　なぁんだ』(絵本、原画・川上哲夫)、二〇〇〇年三月

2　遊べるポスター『ジェンダー・フリー国』(原画・勝亦舞帆)、二〇〇〇年三月

3　『平成一二年少子化対策臨時特例交付金関係事業研究報告書』二〇〇〇年三月

4　「ジェンダー・フリー教育研修プログラムの実践的研究——保育者・保護者を対象として」『日本保育学会第五三回大会研究論文集』七〇四—七〇五ページ、二〇〇〇年五月

5　「保育・子育てに関わるジェンダー——保育者および親の意識」『日本保育学会第五三回大会研究論文集』七〇六—七〇七ページ、二〇〇〇年五月

6　A training program of gender free education for professionals and parents, International Forum and PECERA Inaugural Conference and Meeting, 2000.7.

7　「幼い子どもたちが開く男女平等参画社会　保育の場から地域ジェンダーを変えよう—保育者養成校の試み」二〇〇〇年度女性学・ジェンダー研究国際フォーラム(国立婦人教育会館)二〇〇〇年八月

8　「乳幼児期のジェンダー・フリー教育　問題提起と地域での実践に向けて(1)『男女共同参画社会をひらく　ジェンダー・フリー教育と啓発』研究とその展開」『山梨県立女子短期大学紀要』第三四号、一〇一—一一九ページ、二〇〇一年三月

9　「乳幼児期のジェンダー・フリー教育　問題提起と地域での実践に向けて(2)山梨県の動向と地域ネットワークにおける県立女子短大の役割」『山梨県立女子短期大学紀要』第三四号、一二一—一三四ページ、二〇〇一年三月

10 エル・ネット「オープンカレッジ」テキスト（文部科学省委嘱）教育情報衛星通信ネットワークを利用した大学公開講座『山梨県立女子短期大学　ジェンダー・フリーの子育て・保育を考える』高等教育情報化推進協議会、二〇〇一年七月

11 平成一三年度文部科学省委嘱事業「0才からのジェンダー教育推進事業」やまなし「男女共同参画社会をひらく　乳幼児期からのジェンダー・フリー教育」研究・啓発事業報告書『ジェンダー・フリーで育ちあおう！　わたしらしく、あなたらしく』、「ジェンダー・フリーで育ちあおう！　私らしく、あなたらしく」やまなし実行委員会、二〇〇二年三月

12 平成一三年度文部科学省委嘱事業「0才からのジェンダー教育推進事業」やまなし「男女共同参画社会をひらく　乳幼児期からのジェンダー・フリー教育」研究・啓発事業『「ジェンダー・フリーで育ちあおう！　私らしく、あなたらしく」調査・研究報告書』、山梨県立女子短期大学ジェンダー・フリー教育プログラム研究会・「ジェンダー・フリーで育ちあおう！　私らしく、あなたらしく」やまなし実行委員会、二〇〇二年三月

13 やまなし「男女共同参画社会をひらく　乳幼児期からのジェンダー・フリー教育」研究・啓発事業（山梨県）『平成一三年度0才からのジェンダー教育推進事業　委嘱事業の概要』、文部科学省生涯学習政策局男女共同参画学習課、二〇〇二年三月

14 啓発リーフレット「ジェンダー・フリーで育ちあおう！　私らしく、あなたらしく」、平成一三年度文部科学省委嘱事業「0才からのジェンダー教育推進事業」やまなし「男女共同参画社会をひらく　乳幼児期からのジェンダー・フリー教育」研究・啓発事業、「ジェンダー・フリーで育ちあおう！　私らしく、あなたらしく」やまなし実行委員会、二〇〇二年三月

15 平成一三年度文部科学省委嘱事業「0才からのジェンダー教育推進事業」ジェンダー・フリー保育啓発ビデオー第一巻「隠れたジェンダーカリキュラム」、第二巻「ジェンダーと家庭・社会」、山梨県立女子短期大学ジェンダー・フリー教育プログラム研究会・「ジェンダー・フリーで育ちあおう！　私らしく、あなたらしく」やまなし実行委員会、二〇〇二年三月

16 地域でつくるジェンダー・フリーの子育て・保育　「フォーラム女性と学習二〇〇二　子育て支援を考える――

人間関係とジェンダーの視点から」日本女性学習財団、二〇〇二年九月、一六―一九ページ

17 「地域でつくるジェンダー・フリーの子育て・保育」『We learn』六〇二号、八―九ページ、日本女性学習財団、二〇〇二年一二月

18 エル・ネット「オープンカレッジ」テキスト（文部科学省委嘱）教育情報衛星通信ネットワークを利用した大学公開講座『山梨県立女子短期大学　ジェンダー・フリーの子育て・保育を考える（パート2）個性を育む子育て支援――ジェンダー・フリーの取り組みから――』高等教育情報化推進協議会、二〇〇二年一〇月

あとがき

この本を手にしてくださって、ありがとうございました。山梨の人々の物語、いかがでしたか?

この本をつくることになったそもそものきっかけは、埼玉県吉川市のみなさんの実践記録『埼玉県よしかわ発　男女共同参画物語』を読んで、感動したことです。そして、同時に「やられたなあ」と思いました。だって、山梨でああいう本を出したかったからです。

山梨にも吉川市に負けないくらい、たくさんの人々の貴重な実践があります。そのひとつひとつの実践をつないで力にしてゆくためには、誰かの実践が、誰かのスタートになるように、積み上げてゆくこと。そのためには記録しておくことがどんなに重要か、痛感していました。

この本を書いた人から直接話が聞きたいと思い、吉川市の方々を男女共同参画アドバイザー養成講座にお招きしました。そして、本を持ってきてほしいと頼んだら、出版元、生活思想社の五十嵐美那子さんが、ついてきたのです。それから二年、何度も山梨に足を運び、私たちを励ましながら、出版にまでこぎつけてくれました。もしかしたら、私たちの研究と実践の全体像を一番よく理解しているのは、いまや五十嵐さんかもしれないと思うほどです。

吉川市のみなさんと五十嵐さんの、記録し発信しようとした「意志」が、もう一つの記録、「山梨の物語」を生み出したのです。そのことに、心から感謝します。

私たちの物語には、まさに0歳の赤ちゃんから、高齢者と言ってよい方々まで、年齢もいろいろ、また

「ジェンダーって、なに?」という人から「歩く男女共同参画」と呼ばれる人まで、ジェンダーとのつき合い方も、その程度もさまざま、今回の事業がなかったら、出会わなかったかもしれないたくさんの人々が、登場します。発しているメッセージはみな少しずつ違うかもしれませんが、だからこそ、どうか自分の心に響くメッセージを拾ってください。私たちの物語が、どこかの地で新しい物語が生まれるきっかけになりますように。

もちろん、ひとりひとりの物語は、終わったわけではありません。

「0才からのジェンダー教育推進事業」の終了した翌年、二〇〇二年九月には日本女性学習財団主催の「フォーラム女性と学習二〇〇二　子育て支援を考える——人間関係とジェンダーの視点から」に招かれ、「地域でつくるジェンダー・フリーの子育て・保育」と題して、山梨の実践を発表する機会を得ました。そのご縁で、北海道や島根県の方々とも交流する予定です。大学の幼児教育科ホームページに掲載された事業内容を見て、学生の教育や自分の研究の参考にしたいと、報告書を請求された大学関係者もいます。発信し続けることの大切さを確信しました。

この物語の舞台のひとつ、山梨県立女子短期大学は、〇五年度に県立看護大学と統合して新しい共学の四年制大学に改組されることが決まっています。やっと男性の保育者養成もできるようになります。

四〇年にわたる「女子短期大学」としての歴史に幕を下ろす直前に、大学の名前の入ったこの本を出版できたことは、とても感慨深いものがあります。私たち〈県短〉が、山梨という地域にとって何だったのか、少なくともその答の一つを提示することができたと思っています。

二〇〇三年九月

編著者を代表して

池田政子

●世界・国・山梨県の女性政策と山梨県立女子短期大学の動き（増補）●（国、県、短大は年度掲載）

	国連など	国	山梨県	山梨県立女子短期大学
1966(S41)				山梨県立女子短期大学開学（国文科、幼児教育科、家政科）
67(S42)	「女子に対する差別撤廃宣言」採択			
69(S44)				大学開放講座開始
75(S50)	国際婦人年世界会議（メキシコシティ）開催 「世界女性行動計画」採択 「国連婦人の10年」宣言（76～85年）	「育児休業に関する法律（特定職種）」公布 総理府に婦人問題企画推進本部、婦人問題担当室を設置		
77(S52)		国内行動計画策定 国立婦人教育会館開設		
78(S53)			2月定例県議会において「婦人問題企画推進に関する請願」採択 県民生活局に婦人問題担当窓口設置 婦人問題庁内連絡会議設置 山梨県婦人問題懇話会設置	

79(S54)	「女子に対するあらゆる形態の差別の撤廃に関する条約（女子差別撤廃条約）」採択		「婦人問題に関する意識と実態の調査」実施	
80(S55)	国連婦人の10年中間年世界会議（コペンハーゲン）開催 「後半期行動プログラム」採択	「女子に対するあらゆる形態の差別の撤廃に関する条約」署名	青少年婦人対策課設置 12月県議会にて「女子に対するあらゆる形態の差別の撤廃に関する条約」の批准を求める請願採択	特別受講生制度開始（授業科目の無料聴講）
81(S56)	ＩＬＯ１５６号条約勧告「男女労働者、特に家庭的責任を有する労働者の機会均等及び均等待遇に関する条約」採択 「女子差別撤廃条約」発効	民法および家事審判法一部改正（配偶者の相続分を三分の一から二分の一に） 国内行動計画後期重点目標発表	「山梨県婦人行動計画」策定 市町村事務分掌規則(準則)の一部改正(婦人行政の総合企画及び調整に関することを加え、婦人行政の事務分掌を明確化) 山梨県女性関係行政推進会議設置	
82(S57)			山梨県女性広報紙「ふじざくら」創刊	
84(S59)		「国籍法及び戸籍法の一部を改正する法律」公布	総合婦人会館開館	
85(S60)	国連婦人の10年最終年会議（ナイロビ）開催 「２０００年に向けての婦人の地位向上のためのナイロビ将来戦略」採択	「女子差別撤廃条約」批准・発効 「雇用の分野における男女の均等な機会及び待遇の確保等女子労働者の福祉の増進に関する法律(男女雇用機会均等法)」公布、翌年施行	青少年婦人対策課を青少年婦人課と改称	

	国連など	国	山梨県	山梨県立女子短期大学
1987(S62)		総理府「西暦２０００年に向けての新国内行動計画」策定		
89(H元)			「婦人問題に関する意識と実態調査」実施	
90(H2)	国連婦人の地位委員会「ナイロビ将来戦略」の第１回見直しと評価、勧告案採択		富士女性センター開館	保母養成校の指定を受け幼稚園教諭免許に加え、保母資格取得も可能に。国文科、幼児教育科、生活科学科、国際教養科に改組 県教育委員会委託「やまなしウィメンズカレッジ」第１回「女性学講座」実施
91(H3)		「西暦２０００年に向けての新国内行動計画（第１次改定）」発表 「育児休業法」成立	「やまなし女性いきいきプラン」策定 「やまなし女性いきいきプラン推進懇話会」設置	幼児教育科教員有志「山梨県保育史研究会」立ち上げ
92(H4)	国連環境開発会議（リオデジャネイロ）開催	「育児休業法」施行 婦人問題担当大臣任命 農林水産省『農産漁村の女性に関する中長期ビジョン』（女性農業者の地位確立をめざす）	青少年婦人課を青少年女性課に改称 青少年女性課内に女性政策室を設置	授業科目に「女性学入門」設置

96(H8)	95(H7)	94(H6)	93(H5)
	第４回世界女性会議（北京）開催 「北京宣言及び行動綱領」採択	国際家族年 国際人口開発会議（カイロ）開催	世界人権会議（ウィーン）開催 国連婦人の地位委員会「女性に対する暴力に関する宣言」採択
男女共同参画審議会答申「男女共同参画ビジョン」 男女共同参画推進連携会議（えがりてネットワーク）発足 「男女共同参画２０００年プラン」策定	「育児・介護休業法」成立 ＩＬＯ１５６号（家族的責任条約）条約を批准	高等学校での家庭科男女必修実施 男女共同参画審議会発足 総理府に男女共同参画室発足	中学校での家庭科男女必修実施 「パートタイム労働法」成立・施行
峡南女性センター開館			
県社会教育課委託事業「やまなしウィメンズカレッジ」『女性のエンパワーメント入門』実施（〜97年度）			

	1997(H9)	98(H10)	99(H11)
国連など			
国	男女共同参画審議会設置 「雇用の分野における男女の均等な機会及び待遇の確保等に関する法律」公布（施行は平成11年4月1日） 「介護保険法」公布	男女共同参画審議会答申「男女共同参画社会基本法について」	「男女共同参画社会基本法」公布、施行 「食料・農業・農村基本法」公布 男女共同参画審議会答申「女性に対する暴力のない社会を目指して」 「保育所保育指針」改訂（平成12年4月1日実施）
山梨県		「やまなしヒューマンプラン21」策定 山梨県男女共同参画推進本部設置 やまなしヒューマンプラン21推進懇話会設置 やまなしヒューマンプラン21推進旬間設定 総合婦人会館を総合女性センターと改称	
山梨県立女子短期大学	生涯学習推進委員会設置	県教育委員会委託事業「男女共同参画アドバイザー養成講座」開始 『見る山梨県保育史』（山梨ふるさと文庫）刊行（山梨県保育史研究会）	「ジェンダー・フリー教育プログラム研究会」発足 「男女共同参画社会をひらくジェンダー・フリー教育と啓発」研究事業実施

03(H15)	02(H14)	01(H13)	2000(H12)
			国連特別総会「女性２０００年会議」（ニューヨーク）開催
「次世代育成支援対策推進法」施行 「少子化社会対策基本法」制定	男女共同参画会議「男女共同参画に関する施策についての苦情処理及び人権侵害における被害者の救済に関するシステムの充実・強化に向けた意見」決定	男女共同参画会議設置 内閣府に男女共同参画局設置 「配偶者からの暴力の防止及び被害者の保護に関する法律」施行	男女共同参画審議会答申「男女共同参画基本計画」
	「山梨県男女共同参画計画」策定 「山梨県男女共同参画推進条例」制定 「やまなし女(ひと)と男(ひと)ネットワーク」結成 「やまなし女と男ネットワーク」が中心となり、文科省委託「女性のための男女共同参画学習促進事業」実施		「男女共同参画に関する県民意識・実態調査」実施
	「０才からのジェンダー教育推進事業」報告書 文科省委嘱事業エル・ネット「オープンカレッジ」にて県短講座として「ジェンダー・フリーの子育て・保育を考える　パート２」を提供	文科省委嘱「０才からのジェンダー教育推進事業」実施 文科省委嘱事業エル・ネット「オープンカレッジ」にて県短講座として「ジェンダー・フリーの子育て・保育を考える」を提供	男女共同参画アドバイザー養成講座平成８～12年度修了生へのアンケート調査実施 ヌエックにてワークショップ「保育の場から地域ジェンダーを変えよう―保育者養成校の試み」開催

	国連など	国	山梨県	山梨県立女子短期大学
2004(H16)		「DV防止法」改正	女性センター（総合、峡南、富士）を統合し、男女共同参画推進センターに名称変更 やまなし女性リーダー養成海外研修事業実施（終了）	
05(H17)	第49回国連婦人の地位委員会（北京＋10）ニューヨークにて開催	「女性の再チャレンジ支援プラン」策定 「第二次男女共同参画基本計画」策定	「配偶者からの暴力の防止及び被害者の保護に関する基本計画」策定 「男女共同参画に関する県民意識・実態調査」実施 やまなし女性のチャレンジ支援ネットワーク会議設置 やまなし女性未来塾実施	統廃合により、**山梨県立大学開学**（共学）。県短幼児教育科は人間福祉学部人間形成学科となり、共学の保育士、幼稚園教諭の養成開始。教養教育科目「ジェンダー論」、人間形成学科専門科目「保育とジェンダー」、国際政策学部総合政策学科専門科目として「男女共同参画政策論」（〜08年）開講。学内に地域研究交流センター開設 「男女共同参画アドバイザー養成講座」最終年 『男女共同参画アドバイザー養成講座10周年記念誌』発行 「やまなし地域女性史研究プロジェクト」立ち上げ(05年度から08年度まで、毎年報告書発行)
06(H18)	東アジア男女共同参画担当大臣会合開催	「男女雇用機会均等法」改正	「第二次山梨県男女共同参画計画」策定	山梨県立女子短期大学最後の卒業生を送り、廃学
07(H19)		「DV防止法」改正 「仕事と生活の調和（ワーク・ライフ・バランス）憲章」・「仕事と生活の調和推進のための行動指針」策定	「やまなし女性の知恵委員会」設置 「山梨県男女共同参画企業懇話会」開催	

08(H20)		「女性の参画加速プログラム」策定	「第二次山梨県配偶者からの暴力の防止及び被害者の保護に関する基本計画」策定	
09(H21)			男女共同参画課を県民生活・男女参画課と改称 男女共同参画推進センターに指定管理制度を導入	「やまなし地域女性史「聞き書き」プロジェクト」として継続（10年度から12年度まで、毎年報告書発行）
10(H22)		「改正育児・介護休業法」施行 「第三次男女共同参画基本計画」策定	「男女共同参画に関する県民意識・実態調査」実施	『聞き書き証言集 伝えたい 山梨の女性たち』山梨県立大学・やまなし地域女性史「聞き書き」プロジェクト編
11(H23)			「第三次山梨県男女共同参画計画」策定	
12(H24)	UN Women 正式発足			人間形成学科に小学校教諭課程を導入
13(H25)		「DV防止法」改正 男女雇用機会均等法施行規則を改正する省令等を公布		「免許状更新講習」（選択講座）の1講座として「ジェンダーの視点で幼児期の自己形成を考えよう」を実施（〜現在）
14(H26)			「第三次山梨県配偶者からの暴力の防止及び被害者の保護等に関する基本計画」策定	『聞き書き証言集 伝えたい 山梨の女性たち 第2集』山梨県立大学・やまなし地域女性史「聞き書き」プロジェクト編

参考『ヒューマンプラン山梨県男女共同参画計画』（山梨県、二〇〇三年）、『第三次山梨県男女共同参画計画 Take Action ともに歩むやまなしへ』（山梨県、二〇一二年）、『埼玉県よしかわ発 男女共同参画物語』（よしかわ女／男たちの歩みを記録する会編著、二〇〇一年、生活思想社）ほか

執筆者・プロジェクト関係者紹介（五十音順）

①現在の活動、職業・所属など。〈　〉は専門領域
②男女共同参画、ジェンダーにかかわる活動など。**「養成講座」**→直近で携わった、男女共同参画アドバイザー養成講座実行委員の年度

＊2003年刊行時

浅川早苗（あさかわ・さなえ）　①ウイングやまなし、小学校教諭

阿部真美子（あべ・まみこ）　①山梨県立女子短期大学教員〈教育学・幼児教育〉　②二〇〇二、〇三年度男女共同参画推進のためのトップセミナー（山梨県）のコーディネーター

池田政子（いけだ・まさこ）　①山梨県立女子短期大学教員〈ジェンダー心理学〉　②養成講座実行委員長、山梨県男女共同参画審議会委員

池田充裕（いけだ・みつひろ）　①山梨県立女子短期大学教員〈比較教育学〉　②二〇〇三年度養成講座

伊藤ゆかり（いとう・ゆかり）　①山梨県立女子短期大学教員〈アメリカ演劇〉　②「女性学入門」担当、二〇〇三年度養成講座

乙黒いく子（おとぐろ・いくこ）　①認可保育園チャイルドルームまみい園長

乙黒恵（おとぐろ・めぐみ）　①ウイングやまなし

勝亦（大木）舞帆（かつまた・まほ）　①山梨県立女子短期大学幼児教育科一九九九年度卒業生、ポスター制作担当

川上哲夫（かわかみ・てつお）　①山梨県立女子短期大学教員〈美術〉

小林沙都紀（こばやし・さつき）　①ウイングやまなし

坂本玲子（さかもと・れいこ）　①山梨県立女子短期大学教員〈精神医学〉

桜井京子（さくらい・きょうこ）　①進徳幼稚園園長

佐藤薫（さとう・かおる）　①ウイングやまなし

佐野貴史（さの・たかふみ）　①チャイルドルームまみい園児の父

佐野ゆかり（さの・ゆかり）　①山梨県立女子短期大学教員〈身体福祉論〉

沢登芙美子（さわのぼり・ふみこ）　①山梨県立女子短期大学教員〈音楽表現・音楽教育〉

篠原みよ子（しのはら・みよこ）　①ウイングやまなし

須田聡子（すだ・さとこ）　①進徳幼稚園教諭

高野牧子（たかの・まきこ）　①山梨県立女子短期大学教員〈身体表現・舞踊学〉　②二〇〇三年度養成講座

田中陽子（たなか・ようこ）　①ウイングやまなし代表　②竜王ヒューマンプラン21推進委員会委員、やまなし女と男ネットワーク副代表

出口泰靖（でぐち・やすのぶ）　①山梨県立女子短期大学教員〈高齢者介護・障害学〉

手塚茂子（てづか・しげこ）　①ウイングやまなし、甲府市役所職員　②元女性政策担当

内藤文子（ないとう・ふみこ）　①石和町役場職員　②元女性政策担当

新田治江（にった・はるえ）　①ウイングやまなし、境川村会議員

藤谷秀（ふじたに・しゅう）　①山梨県立女子短期大学教員〈哲学・倫理学〉　②「女性学入門」担当、二〇〇三年度養成講座

藤巻英貴（ふじまき・ひでき）　①チャイルドルームまみい園児の父

松本恵子（まつもと・けいこ）　①NPO法人子育て支援センターちびっこはうすスタッフ

宮沢由佳（みやざわ・ゆか）　①NPO法人子育て支援センターちびっこはうす代表、子育てサークルネットワークママネットやまなし代表　②山梨県男女共同参画審議会委員、山梨こどもすくすく事業推進会議委員

山本正子（やまもと・まさこ）　①ウイングやまなし　②甲府市女性市民会議会員

吉川豊子（よしかわ・とよこ）　①山梨県立女子短期大学教員〈日本文学・ジェンダー研究〉　②二〇〇三年度養成講座、日本女性学会会員

2刷発行にあたって

執筆者を代表して　池田政子

二〇〇三年の本書発行から一〇年余り。〇二年あたりから「ジェンダー・フリー攻撃」が激しくなり、本書は「ジェンダー・フリー」という言葉を掲げた最後の数少ない本となりました。

あれからどんな変化があったでしょうか？　プロジェクトの核となった山梨県立女子短期大学は山梨県立大学となり、念願だった男子学生の保育者養成も始まりましたが、「男性保育者」に対するジェンダー・バイアスの問題を再認識することになりました。学生たちが全国で実習し体験する保育の中のジェンダー・バイアスは、一〇年前に比べれば減っているという実感もある一方で、「男の子は強く、女の子はかわいく…」というメッセージは、相変わらず保育現場で子どもたちに伝えられています。「オチンチンのついている子は強いんだから、泣かないの！」「かっこいいオチンチン、かわいいオマタ」というような、セクシュアリティの形成にジェンダー・バイアスをかける保育者の言葉掛けも続いています。

東日本大震災・原発事故、非正規雇用の拡大、女性・若者・子どもの貧困率の増大——次々に新たな問題が起こるなか、ＤＶやデートＤＶ、「ストーカー殺人」、東京都議会での女性議員への「セクハラやじ」など、両性の平等や男女共同参画社会への道のりもまだまだ遠い現状といえましょう。

二〇一〇年、国の「第三次男女共同参画基本計画」に、重点項目として「男性・子どもにとっての男女共同参画」が盛り込まれました。次代を担う子どもたちが男女共同参画について理解し、将来を見通した自己形成ができるように取り組むことが、社会全体の男女共同参画の推進につながるという認識です。執筆者のみなさんは、さらなる地域の課題を解決すべく、それぞれの場で活動を続け、連携した幼稚園、保育園も、若い学生たちにバイアスのない保育のモデルを提供してくださっています。

本書の活動実践や知恵は、今だからこそきっと保育や教育の現場で、男女共同参画も含めた地域の活動に役に立ち、子どもの育ちを支え、私たちの生きにくさを変える重要な視点を提供するでしょう。

新たな読者のみなさんとの交流を願って、本書の重版を送り出したいと思います。

二〇一四年八月

生活思想社ホームページ
http://homepage3.nifty.com/seikatusiso/

0歳からのジェンダー・フリー
男女共同参画◎山梨からの発信

2003年11月5日　第1刷発行
2014年9月10日　第2刷発行

編著者　山梨県立女子短大ジェンダー研究プロジェクト
&
私らしく、あなたらしく＊やまなし

発行者　五十嵐美那子
発行所　生活思想社
〒162-0825 東京都新宿区神楽坂2-19　銀鈴会館506号
電話・FAX　03-5261-5931
郵便振替　00180-3-23122

印刷・製本　平河工業社
落丁・乱丁本はお取り替えいたします

©2003　山梨県立女子短大ジェンダー研究プロジェクト&
私らしく、あなたらしく＊やまなし

Printed in Japan　ISBN 978-4-916112-12-5　C0036

生活思想社

★推進条例づくりのノウハウも盛りだくさん
●池田政子&やまなしの仲間たち 編著

未来につなげる 男女共同参画
ジェンダー視点の実践活動

2300円（税別） A5判・並製256頁

『0歳からのジェンダー・フリー』から十年。男性社会をかえるべく議員を目指して当選し、合併後の男女共同参画推進に邁進し、推進条例を市民自ら手づくりし…、新たなステージで活躍する人たち。活動のヒント満載の好著